KB071452

초보상담자를 위한

청소년 상담사례의
이해와 실제

천성문 · 김선형 · 김영미 · 김 원 · 문정희 · 박미경 · 박연심 · 설정희 공저

학지사

머리말

　청소년 상담 과정에서 청소년 문제를 어떻게 이해하고 그들에게 어떠한 도움을 주어야 할지에 대해 막막해하는 초보상담자들을 자주 만나게 된다. 이 책은 이러한 초보상담자들에게 실제 상담사례를 보여 주고, 이를 통해 그들이 상담 과정을 이끌어 가는 실제 능력을 키울 수 있기를 바라는 마음으로 선배 상담자들이 함께 쓴 것이다.

　이 책의 가장 큰 특징은 상담현장에서 청소년 상담을 여러 해 동안 수행해 오고 있는 상담자들이 집필했다는 점이다. 집필진은 청소년 상담을 이론적으로만 이해하는 것이 아니라 실제 현장에서 만나는 청소년의 다양한 신체적·정서적·행동적 특징을 이해하고 이를 상담에 적용하고 있다. 따라서 초보상담자들은 이 책을 통해 청소년 상담에서의 집필진의 역량을 고스란히 이어받을 수 있다.

　이 책의 또 다른 특징은 집필진이 초보상담자일 때 경험한 일곱 개의 실제 사례가 축어록을 포함하여 첫 회기부터 종결 회기까지 제시되어 있다는 것이다. 그 사례에는 집필진이 당시에 내담자의 문제를 어떻게 이해했는지부터 상담자 언어 반응 그리고 대안적 질문까지 실제 상담내용이 그대로 담겨 있다. 또한 각 회기가 끝날 때마다 내담자의 행동 변화와 행동 변화의 계기 분석 그리고 추가 탐색이 되면 좋을 부분을 '멘토의 이야기'로 구성하였다. 이를 통해 집필진은 상담자가 청소년의 변화된 행동에 대해 분석하고 유의해야 할 점들을 한 번 더 짚기 위해 노력하였다. 따라서 이 책은 초보상담자들에게 실제 사례를 하나하나 살펴보고 적용할 수 있게 한다.

마지막으로 이 책에서 눈여겨볼 만한 사항은 각 사례의 마지막 부분에 '상담전문가의 사례 되짚어 보기'를 통해 내담자 문제의 발생과 치료적 개입, 상담의 적절성 그리고 대안을 제시하고 있다는 것이다. 따라서 이 책은 초보상담자들이 사례를 통합적으로 한눈에 점검하고, 사례에 대한 대안까지 함께 고민할 수 있게 한다.

이 책은 청소년이 정서적·관계적 어려움을 극복하고 진로의 탐색 및 적응을 할 수 있도록 돕기 위해 상담현장에서 고군분투하고 있는 초보상담자의 실제적 상담 능력을 향상시키는 데 도움이 되리라고 본다. 더불어, 함께 공부하고 전문성을 함양해서 성장해 나갈 상담자들에게는 이 책이 배움의 한 걸음이 될 수 있기를 바란다.

책이 더 알차고 풍성해지도록 도움을 주신 인연들에게 고맙고 감사하다는 말씀을 전한다. 먼저 상담현장의 선배인 김상희, 허미경, 정봉희, 차지영, 류은영, 박선미, 정은미 센터장님께서 초보상담자들에게 보내는 따뜻한 격려의 한마디를 보내 주셨다. 또한 일선 현장의 초보상담자들의 목소리를 반영하여 담았다. 다시 한번 고개 숙여 감사를 드린다.

끝으로 이 책이 나올 수 있도록 적극적으로 도와주신 학지사 김진환 사장님과 출판을 위해 수고를 아끼지 않으신 편집부 직원들께 깊은 감사를 드린다.

2020년 6월
저자 일동

이 책을 읽기 전에

- 먼저, 제시된 사례는 성공적인 상담의 결과를 보여 주는 사례가 아닙니다. 완벽하지는 않지만 청소년 상담에서 흔히 접할 수 있는 사례를 중심으로 제시하였습니다.
- 사례에 제시된 새로운 개입 방안 및 코멘트 등도 초보상담자에게 도움이 될 수 있는 내용으로 제시하였습니다.
- 제시된 사례의 상담목표, 전략, 내담자에 대한 이해 등은 상담 초기에 상담자가 내담자와 합의한 내용을 바탕으로 작성하였으며, 이에 대한 평가는 사례의 마지막에 제시하였습니다.
- 청소년 상담자가 되고자 하거나 이제 막 청소년 상담자의 길로 들어선 초보상담자들께서는 함께 성장하고자 하는 넓은 마음으로 읽어 주시기를 바랍니다.

차례

PART 1 청소년 상담의 이해

청소년 상담사례의 실제

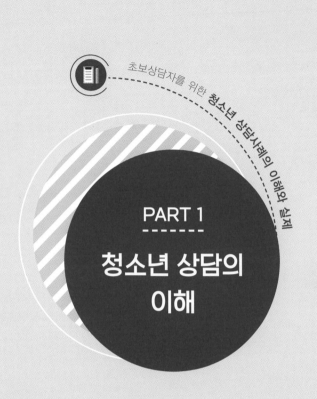

초보상담자를 위한 청소년 상담사례의 이해와 실제

PART 1
- - - - - - -
청소년 상담의
이해

청소년 상담의 개념

청소년 문제가 점점 심각해지고 있다는 우려의 목소리가 높아지고 있다. 청소년 문제가 가정뿐만 아니라 사회문제로 인식되어 그 심각성이 커짐에 따라 청소년 상담에 대한 관심 또한 증가하고 있다. 청소년기는 발달적으로 중요한 변화를 겪는 시기이므로 예방적·치료적 차원의 상담 지원이 중요하다. 일반적으로 청소년 상담 지원은 상담의 이론적 배경이 성인들을 대상으로 하는 상담이론에 근거하고 있기에 청소년이 지닌 독특한 문제 양상은 상담자에게 새로운 도전으로 인식될 수 있다. 청소년 상담은 성인상담과 차별화되어 청소년의 발달단계, 주변 환경, 상담 의뢰 사유 등 청소년이 처한 발달적 조건에 대한 폭넓은 지식과 상담에 대한 차별화된 관점을 유지할 필요가 있다.

이에 전문적인 청소년 상담의 이해를 돕기 위하여 청소년 상담의 특징과 정의를 알아보고, 청소년 상담의 목적을 살펴보고자 한다.

1) 청소년 상담의 특징

청소년 상담은 내담자와 상담자의 관계, 상담과정, 상담 기술과 전략 면에서 성인상담과 다른 접근이 필요하다. 일반 상담과 다른 특징으로 자율성 및 발달과 관련된 이슈, 자살 의도나 약물 남용 등과 관련된 문제, 상담에 대한 비자발성, 사이버상담에 대한 선호, 지역사회의 통합적 접근 등이 있다.

청소년 상담자는 자율성에 대한 청소년의 딜레마를 이해해야 한다. 또한 청소년기가 특수한 발달단계임을 감안해야 한다. 청소년기에 성취할 발달 과제는 부모로부터의 독립, 정체성 형성, 성(性)적·사회적 안정화, 직업 및 자율성과 관련된 인생 목표의 설정 등이다. 특히 자살 의도나 약물 남용, 인터넷 중독과 같은 드러나지 않은 문제들이 복합적으로 나타날 수 있기 때문에 그에 대한 지속적인 탐색이 필요할 수 있다. 또한 청소년들은 성인에 대해 폐쇄적이고 거부적일 수 있다. 따라서 초기의 라포 형성이 매우 중요하다. 그리고 청소년 상담은 지역사회 상담에 기반한 심리적·정서적 지원 및 청소년의 올바른 인격 형성과 발달을 위하여 제공되는 통합적 상담이 되어야 한다.

청소년 상담이 성인상담과 구분 없이 인식될 정도로 절대적인 비중을 차지하고 있는 현황을 고려하여 청소년 상담은 청소년기의 발달적 특수성, 문제의 특수성 등이 고려되어야 한다. 청소년 상담은 우선 그 대상이 청소년 집단이며 발달단계에 따라 청소년의 여러 가지 발달 특성과 관련된 적응의 문제를 다루는 상담이라는 것이다. 이 발달단계에 따른 구분은 좀 더 개인의 발달 과정에 초점을 두는 특징이 있다 하겠다. 다음으로, 문제 유형에 의하여 청소년 비행이나 적응의 문제와 같이 청소년에게 특히 더 발생하는 문제, 즉 청소년 문제를 다루는 상담이 청소년 상담이라 하겠다.

2) 청소년 상담의 정의

청소년 상담은 성장기에 일어나는 청소년의 사회 적응과 잠재 능력을 개발하고 실현할 수 있도록 도와주기 위한 전문적인 활동으로 정의할 수 있다. 이러한 정의에 기초해서 볼 때, 청소년 상담은 '도움을 필요로 하는 청소년과 전문적인 훈련을 받은 상담자 간의 개별적인 관계를 통해 자신의 주위 환경에 대한 이해를 촉진시킴으로써 적응과 발달을 위한 변화를 가져오는 조력 활동'이라고 할 수 있다. 이때 상담을 받는 청소년들은 일반적으로 상담을 상담자로부터 문제 해결에 대한 도움을 받는 과정으로 보기 때문에 상담자에게 지나치게 의존하거나 청소년들이 평가받는 활동으로 생각하는 경향이 있다.

청소년들조차 심각한 정신적 문제나 지적 능력이 낮은 사람들이 상담을 받는다고 생각하는 경향이 있고, 또한 학교에서 이루어지는 상담활동에 대해서는 더욱 부정적으로 생각하는 경향이 있다. 그들은 상담 전문가를 교사나 부모와 마찬가지로 권위적이고 통제적인 사람이라고 생각한다. 즉, 상담자와 자신의 관계가 평가적이고 일방적이고 수직적인 관계라고 이해한다. 상담에 대한 이러한 인식은 상담 초기에 이루어지는 상담관계 형성에 큰 장애요인이 된다.

3) 청소년 상담의 목적

기존의 상담이론들은 대부분의 문제를 해결하고 치료하는 데 목적을 두고 있다. 상담에서 어떤 문제를 어떻게 다루는지에 대해서 이론적 입장마다 다양한 관점을 제시하지만 문제 중심적인 사고가 상담의 근간이 되어 왔던 것이 지배적인 현상이었다. 이러한 관점은 대체로 성인 내담자를 상담대상으로 염두에 둔 것이기에 청소년 내담자의 발달을 촉진하는 상담이었다고 보기 어렵다. 청소년 상담은 문제의 치료와 해결 및 예방을 넘어 청소년의 성장까지 목적으로 삼아야 할 것이다. 그것은 청소년의 성장에 장애가 되는 요인을 제거할 수 있도록 돕고 청소년의 성장을 극대화할 수 있도록 돕는 것이다.

청소년의 성장에 장애가 되는 요인을 제거할 수 있도록 돕는다는 것은 문제의 해결과 예방이라는 두 가지 측면을 포함한다. 청소년의 개인적 발달 특성이나 환경적 특성에서 존재하고 있거나 존재할 가능성이 있는 부정적인 요소들이 바로 문제라고 할 수 있다. 따라서 현재 존재하고 있는 부정적인 요소들을 해결하고 앞으로 존재할 가능성이 있는 부정적인 요소들을 미리 파악하며 그 가능성을 낮추거나 없애는 것이 청소년의 성장에 장애가 되는 요인을 제거하는 청소년 상담의 기능이라 할 수 있다.

청소년 성장을 극대화하도록 돕는다는 것은 청소년의 개인적 특성과 환경적 특성에 문제가 없는 것에 만족하지 않고 청소년의 성장 가능성을 최대한 발현할 수 있도록 돕는다는 의미이다. 따라서 청소년의 개인적 특성과 환경적 특성의 여러 측면이 현재의 수준보다 한층 더 발전하고 향상될 수 있도록 하며 그러한 측면들이 균형과 조화를 이루어서 상보적으로 발달할 수 있도록 노력한다. 즉, 어떠한 발달적 특성이 청소년으로서 적절한 수준이며 정상적인가 하는 관점을 넘어서 청소년 개인별로 최상의 발달이 어떤 방향으로 이루어지는 것이 바람직하며 그러한 발달을 촉진하기 위하여 상담이 어떠한 역할을 할 것인가 하는 관점을 가지는 것이다.

청소년 상담의 궁극적인 목적은 심리적 역기능 상태의 치료와 문제 해결뿐만 아니라 문제의 재발을 예방하고 청소년 발달과 성장을 도모하는 데 있다. 청소년이 겪고 있는 정서적 불안, 부적절한 행동, 정신질환 등을 치료하는 한편 발달 과업을 충실히 달성할 수 있도록 적절한 프로그램을 개발하고 상담 지원을 실시하며, 이를 통해 청소년들이 보다 적응적이고 건강한 사회인으로 성장하도록 돕는다.

청소년 상담의 목표와 필요성

1) 청소년 상담의 목표

여러 학자에 의하면 청소년 상담은 대상인 청소년의 발달적 특징으로 인해 다른 상담과는 다른 상담의 목표를 갖는다.

청소년 상담의 목표는 일반적인 상담의 목표인 심리적 역기능 상태의 치료와 문제 해결뿐만 아니라 그러한 문제의 재발을 예방하여 청소년의 건강한 발달과 성장을 돕는 것이다. 이혜성, 이재창, 금명자, 박경애(1996)는 행동 변화의 촉진, 적응 기술의 증진, 의사결정 기술의 함양, 인간관계의 개선, 내담자의 잠재력 개발이라는 다섯 가지 일반적인 상담목표와 함께 자아정체감의 확립, 긍정적 자아 개념 형성, 건전한 가치관의 정립 및 청소년기의 발달 특성과 관련된 목표를 추가하여 여덟 가지 목표를 제시하고 있다. 정성화, 구승신, 정옥희(2012)는 청소년 상담의 목표로 문제 해결 및 해결 능력의 부여, 관계의 개선, 환경 변화와 조정, 잠재적 역량 인식 및 개발, 성숙으로의 성장 등을 제시하고 있다. 또한 이경희, 가영희, 배석영(2016)은 진로 탐색, 문제와 고민의 해결, 학습상담, 잠재 능력의 개발, 성장·발달의 촉진, 인간관계의 개선을 청소년 상담의 목표로 제안하고 있다. 박지선과 박진희(2018)는 청소년이 겪는 부정적인 문제를 효과적으로 해결할 수 있도록 돕고, 문제가 발생하기 전에 조력하여 문제를 예방하며, 긍정적인 사고와 능력을 길러 건강한 발달을 촉진시키는 것을 청소년 상담의 포괄적인 목표로 제시하고 있다.

청소년 상담 목표에 대한 다양한 의견에서의 공통점을 제시하면 다음과 같다.

첫째, 청소년 상담은 청소년의 건강한 성장과 발달을 촉진시켜야 한다. 청소년은 발달 시기상 신체적·인지적으로 폭발적인 발달을 경험하며 그로 인한 다양한 어려움에 직면할 수 있다. 청소년 상담은 이러한 청소년들이 직면한 문제의 해결을 통해 건강한 청년으로 성장할 수 있도록 조력해야 한다.

둘째, 청소년 상담은 청소년의 문제 해결 및 의사결정에 도움을 주어야 한다. 청소년들이 경험하는 다양한 일상적인 문제를 해결하며 학습 및 진로, 가족 문제 등과 같은 의사결정이 필요한 영역에서 합리적인 결정을 통해 만족감을 얻을 수 있도록 의사결정에 도움을 주어야 한다.

셋째, 청소년 상담은 청소년의 잠재력 개발에 도움을 주어야 한다. 청소년 각자가 자신이 가진 잠재력을 개발하여 다양한 영역에서 유능감을 추구하고 성공 경험을 갖도록 도와야 한다.

넷째, 청소년 상담은 청소년의 관계 개선에 도움을 주어야 한다. 또래관계 및 부모와의 관계, 교사와의 관계 등 다양한 인간관계에서 경험하는 어려움을 해소하고 새로운 인간관계를 맺을 수 있도록 하는 인간관계 개선을 위한 기술을 함양할 수 있도록 도와야 한다.

다섯째, 청소년 상담은 위기 해소에 도움을 주어야 한다. 청소년이 경험하는 가정폭력, 학업 중단, 자살 등과 같은 다양한 위기 상황에 적극적으로 개입하여 위기를 해소하고 청소년 관련 기관과의 연계를 통해 청소년이 가정과 사회에 건강하게 적응할 수 있도록 도와야 한다.

2) 청소년 상담의 필요성

오늘날 청소년들은 급변하는 사회 속에서 많은 갈등과 혼란을 경험함과 동시에 인터넷, 스마트폰과 같은 다양한 매체를 통해 유해한 환경에 접근이 용이하여 중독 및 비행 등 심각한 어려움을 경험하게 되기도 한다. 또한 입시 위주의 교육환경이 초래한 치열한 경쟁 환경이 어려움을 가중시키고 있다. 청소년들은 자신이 바라는 목표에 도달하지 못하고 실패할 때 좌절과 욕구 불만 또는 갈등 상태에 빠져 불안이나 심리적인 긴장 상태를 경험하게 되어 자해를 하거나 심각한 경우 자살에까지 이르게 되는 경우도 있다. 이러한 청소년의 어려움을 해결하기 위해 청소년 상담의 필요성이 대두된다.

앞서 살펴본 바와 같이 청소년 상담은 일반 상담과는 차이가 있다. 따라서 청소년 내담자의 특성에 대한 이해를 바탕으로 청소년 상담의 필요성을 살펴보면 다음과 같다.

첫째, 청소년 내담자들은 심리적 이유기로서 정신적 독립과 자아정체감의 형성을 추구하게 된다. 청소년들은 신체적 성장과 함께 심리적으로 부모로부터 독립하여 자율성을 추구하며 자아정체감을 형성하고자 한다. 그러나 청소년들의 성인기적 신체적 조건과 성적 성숙에 상응하지 못하는 정체성의 혼란, 미숙한 논리적 추리력, 정서적 불안 등은 청소년들에게 많은 문제를 야기할 수 있다.

둘째, 청소년 내담자들은 급격한 신체적 변화를 경험하고 상충된 역할기대로 인한 혼란을 느끼게 된다. 연령적으로는 피아제(Piaget)의 구체적 조작 단계에서 벗어나 형식적 조작 단계에 있지만 인지적 능력이 부족한 상태이다. 구체적 조작기란 경험에 기초한 논리적 사고는 가능하지만 경험에서 벗어난 논리적인 추론은 어려운 시기를 말한다. 청소년은 연령상 형식적 조작기에 이르러 경험의 한계에서 벗어나 사고의 폭이 확대되지만 경험이 부족하여 논리적 추론을 하기에는 역부족이다.

셋째, 청소년들은 한 가지에 관심을 지속적으로 유지하지 못하고 동시다발적인 관심을 보인다. 이와 함께 청소년들은 감각적이고 빠른 변화를 선호하기에 부모나 교사가 이들의 관심사와 요구를 이해하는 것이 어렵다. 그래서 부모들은 자녀들이 교우관계가 적절하지 못하고 흥미를 느끼거나 원하는 분야도 없다고 지적하기도 한다.

넷째, 청소년들은 환경으로부터 지배적인 영향을 받는다. 청소년들은 신체적 · 지적으로 성숙을 추구하고, 정서적으로 부모로부터 독립하고자 한다. 그러나 아직 성인기적 사회적 책임과 의무를 수행할 능력이 없으며 더욱이 경제적 자립 능력이 없기 때문에 보호와 도움이 필요하다.

이처럼 청소년기는 급격히 성장하고 발달하고 다양한 어려움을 겪을 수 있는 발달적 특성을 보이는 시기이므로 청소년이 경험하는 복합적이고 다양한 어려움을 해결하기 위해 청소년 상담이 필요하다. 특히 상담자는 청소년 내담자가 호소하는 문제와 요인에만 국한해서 접근할 것이 아니라 내담자의 발달적 특성, 환경적 어려움 등을 고려하여 총제적인 안목으로 접근할 필요가 있다. 또한 문제 해결방법에 있어서도 적극적으로 활동성을 갖추고 융통성 있는 접근을 해야 한다.

청소년 상담의 유형

청소년 상담은 상담방식, 상담형태, 상담기간에 따라 다양하게 진행할 수 있다. 상담방식에 따라서는 크게 대면상담과 매체상담의 두 가지로 구분할 수 있다. 상담형태에 따라서는 상담자와 내담자가 만나는 형식에 따라 개인상담, 집단상담으로 구분하며, 상담기간에 따라서는 단회상담, 단기상담, 장기상담 등으로 구분한다. 이러한 분류체계에 대해 살펴보고자 한다.

1) 상담방식에 따른 분류

(1) 대면상담

대면상담은 전통적으로 실시해 오던 상담방식으로 상담자와 내담자가 직접 얼굴을 마주하고 앉아 심리적 문제를 다루게 된다. 대면상담의 방식에는 개인상담, 집단상담, 가족상담 등이 있다. 또한 대면상담에서는 내담자의 특성에 따라 놀이치료, 음악치료, 원예치료, 미술치료, 독서치료 등을 매개로 활용하기도 한다. 이와 같은 대면상담은 청소년 내담자의 목소리, 행동, 태도, 정서 변화 등 다양한 비언어적인 면까지도 세심하게 관찰할 수 있다는 장점이 있다.

(2) 매체상담

과학기술이 날로 발전함에 따라 전자매체를 활용한 의사소통이 보편화되었다. 특히 청소년들은 스마트폰이나 인터넷 매체에 빠르게 적응하고 있어 청소년의 눈높이에 맞추는 매체를 활용하는 상담이 필요하다. 매체상담의 유형에는 전화, 사이버, 서신, 팩스, 모바일 상담 등이 있다.

• 전화상담은 서비스의 즉각성, 공간 초월성 및 원격성, 익명성 및 비대면성, 음성의 활용 그리고 단회성의 측면에서 대면상담과는 다른 특징이 있다. 이러한 점 때문에 전화상담은 자신을 드러내고 싶지 않은 청소년들의 감정이 담긴 목소리에 귀를 기울이고, 호소하는 문제에 대한 대처방식을 파악하여 새로운 대안을 제시해 줄 수 있다. 또한 청소년들이 드러내고 싶지 않고 누구에게도 말하고 싶지 않은 비밀을 조금 더 쉽게 털어놓을 수 있게 한다는 장점이 있다.

• 사이버상담은 상담자와 청소년 내담자가 인터넷 통신을 활용한 가상공간에서 만나 이루어진다. 그리고 이를 통해 단순한 정보 교환이나 의사소통의 수준을 넘어서 내면세계까지 만나면서 내담자의 문제를 해결하고 성장을 촉진하는 것을 돕는 과정까지도 가능해졌다. 사이버상담 또한 전화상담과 마찬가지로 편리성, 경제성, 신속성, 시공의 무제약, 청소년 내담자의 주도성 등의 특징을 지닌다. 단, 실제적인 관계가 아닌

가상세계에서의 관계라는 점, 단회적인 상담이 될 수 있다는 점 등의 문제점을 가지고 있다. 사이버상담의 현황을 보면, 전국적으로 청소년 상담 전화, 사랑의 전화, 생명의 전화, 인터넷스쿨, 아동의 전화, 함께 배우는 성과 사랑, 청소년 정보마을 등 청소년을 대상으로 하는 사이트들이 개설되어 운영되고 있다.

2) 상담형태에 따른 분류

(1) 개인상담

개인상담은 상담자와 청소년 내담자가 일대일로 직접 대면하여 상담하거나, 상황에 따라 매체를 활용하여 간접적으로 만나서 상담관계를 형성하고 내담자가 처한 문제 상황을 이해하여 성장과 발전을 촉진하는 과정이다. 이 때 가장 중요한 것은 상담자가 내담자를 존중하고 수용해야 하며 상담자 자신의 생각과 감정에 솔직해야 한다는 것이다. 민감한 청소년인 경우 개인상담을 통해 일대일로 진행되므로 자신만의 이야기를 중점적으로 충분히 다루어 갈 수 있다는 장점이 있다.

(2) 집단상담

집단상담은 집단의 목적에 따라 한 명 혹은 그 이상의 상담자와 여러 명의 집단 구성원이 일정 기간 동안 정기적으로 만나서 일상생활에서 부딪히는 문제에 대한 그들의 태도와 행동을 점검하고 변화시키기 위한 목적으로 현실에 대한 방향 점검, 감정 정화, 상호 신뢰, 이해, 수용, 지지, 허용 등과 같은 치료적 기능을 포함한 의식적 사고와 행동에 초점을 둔 역동적 인간관계의 과정이다. 청소년 집단상담은 상담자와 여러 명의 청소년 내담자가 함께하여 좀 더 편안한 집단 분위기를 가진 하나의 작은 사회 속에서 청소년 내담자들이 다양한 실험과 학습을 경험해 볼 수 있다는 장점이 있다.

코리(Corey, 1995)는 집단상담을 하는 이유를 효율성, 공통성의 경험, 다양한 자원과 다양한 관점, 소속감, 기술 연습, 피드백, 다양한 학습, 실생활 접근, 집단상담 계약으로부터 파생되는 동기강화로 보았다. 청소년 집단상담의 몇 가지 장점을 살펴보면 다음과 같다.

- 집단상담은 리더가 제공하는 안전한 공간에서 독립적인 행동을 연습하게 하므로 덜 위협적이며 새로운 사회 기술을 연습할 수 있다.
- 여러 명의 청소년과 상담자가 서로 신뢰감을 형성하고 바람직한 관계 형성을 하도록 촉진한다.
- 또래 청소년의 참여를 통해 자발성을 증가시키고 청소년이 도움을 받을 뿐 아니라 도움을 주는 사람이 될 수 있다는 것을 경험하게 한다.
- 집단에 참여한 또래들의 반응을 통해 청소년들은 자신의 행동을 되돌아보고 재평가하는 기회를 갖게 된다.
- 집단상담에 참여한 청소년들은 집단원들의 자아 강도를 높일 수 있는 기회를 가진다. 청소년에게는 또래 간에 수용하는 태도를 가지는 것이 중요한 부분이다. 또래 집단원들에게서 수용되는 감정을 경험하는 것은 한 사람에 의해서 수용되는 것보다 훨씬 더 강력하다.

청소년 내담자는 집단상담을 통해 자신의 문제를 또래 친구들과 함께 나누고, 그것이 자신만이 아니라 다른 모두가 경험할 수 있는 문제라는 것을 알게 되면서 자신의 문제에서 벗어나 한결 마음이 가벼워지는 경험을 하게 한다.

(3) 가족상담

가족상담은 한 명 혹은 그 이상의 상담자가 가족 전체를 하나의 단위로 하여 가족의 관계에 초점을 맞추고, 원만하고 조화로운 가족관계를 위해 현재의 관계를 수정해 나가는 과정이다. 가족상담에서는 가족 안에서 개인을 둘러싼 가족이나 사회체계에 관심을 둔다. 사회적인 맥락 속에서 의미 있는 사람과의 역기능적인 관계가 문제를 유발할 수도 있기 때문이다. 또한 한 개인이 아닌 가족체계 내의 많은 구성원이 상담의 단위가 된다. 따라서 상담자는 문제 행동을 보이는 내담자와 다른 가족 구성원의 관계에 초점을 맞추고 가족체계에서 발생하는 대인관계의 양상을 변화시키려고 노력한다.

특히 청소년 문제에 접근할 때 가족관계적 영역을 중요하게 다루지 않으면 그 문제를 해결함에 있어 어려움이 있을 수 있다. 그러므로 가족상담은 청소년과 가족의 관계적 형태가 어떻게 형성되었으며, 앞으로 어떤 방향으로 발전해 나갈 것인지에 대해서 과학적이고 합리적인 관점을 제공해 준다.

3) 상담기간에 따른 분류

(1) 단회상담

단회상담은 상담이 1회로 끝나는 것을 말한다. 이러한 단회상담에서도 상담 진행과정을 구조화하여 상담 초기, 중기, 마무리 단계 상담목표를 토대로 진행한다. 단회상담은 주로 청소년 내담자가 위기 상황에서 위급하거나 심각한 상황은 아니지만 심적인 고통이 크게 부각되었을 때나 정보가 필요한 경우에 실시할 수 있다. 위급하거나 심각한 상황에 있는 청소년 내담자를 상담하는 경우라면 그 상황을 구체적으로 파악하고 현재의 관점으로 대처 방안을 찾을 수 있도록 상담의 초점을 맞추어 진행해야 한다. 이에 청소년 내담자가 필요로 하는 조건에 따라 최선을 다해 정보를 제공하고 상담자가 모르는 내용이라면 관련 기관이나 다른 전문가에게 연계해 줄 수 있어야 한다.

단회상담은 핵심 문제를 신속하게 파악하여 내담자의 강점을 부각시키고 내담자와 협의하여 단회상담이 가능한지 신속하게 결정해야 하기에 시간 관리와 사례 진행에서 상담자의 높은 전문성이 필요하며, 또한 내담자가 주도하여 적극적으로 움직이도록 충분히 배려하는 상담진행이 바람직하다.

한편, 단회상담의 한계는 다음과 같다. 첫째, 효과적인 단회상담을 위해서는 상담자는 다양한 상담기법을 잘 알고 있어야 하며, 이러한 기법들을 내담자의 주 호소문제와 연결시켜 상황에 맞게 적용할 수 있어야 한다. 둘째, 제한된 상담시간 때문에 상담에서 지시적인 방법을 적용하게 되면 비효과적인 상담 결과가 나타날 수 있다.

(2) 단기상담

단기상담은 대체로 짧은 기간에 진행되는 상담을 말한다. 기간은 보통 4개월 미만으로 짧다. 단기상담의 특징을 살펴보면 다음과 같다.

- 실제 상황에 따라 효율적으로 개입하여 작은 변화부터 큰 변화까지의 효과를 기대할 수 있다.
- 내담자의 호소문제를 탐색하고, 그에 따라 강점, 잠재적인 힘에 관심을 가진다.
- 내담자가 현실 상황에 잘 적응할 수 있는가에 초점을 두며, 상담이 끝난 후에도 눈에 보이지 않지만 상담의 효과는 지속된다.

단기상담의 적용을 고려해 볼 수 있는 경우는 다음과 같다.

- 친구와의 갈등을 어떻게 풀어야 할지 모르는 중학교 2학년 여학생이 호소하는 문제가 구체적인 경우
- 중학교 남학생이 2차 성징으로 인해 자신의 몸에 변화가 있어 혼란을 경험하고 있는 경우
- 좋은 대인관계를 맺었던 경험이 있거나 현재 대인관계를 잘 유지하고 있는 청소년 내담자의 경우
- 주 호소문제의 원인이 성격적인 결함에 있지 않은 경우

(3) 장기상담

장기상담은 비교적 오랜 시간 동안 진행되는 상담을 말한다. 청소년 내담자의 문제가 일상생활을 하는 데 심각한 영향을 미치고 있거나 오랫동안 지속된 경우, 주 호소문제의 원인이 성격적인 결함에서 기인하는 경우 등은 단기상담보다는 장기상담이 더 적합하다고 볼 수 있다. 특정 이론적 접근으로서 전통적인 정신분석적 상담이론에서는 무의식을 의식화시키고 아동기 정서 패턴의 핵심 감정을 다뤄야 하는 것으로 내적인 문제를 해결하는 데 많은 노력과 시간이 소요된다.

청소년 내담자의 특성

청소년기는 과도기(transitional period), 주변인(marginal man), 질풍노도기 (time of storm and stress)라고도 한다. 이러한 청소년 내담자를 이해하기 위해서 이 시기의 발달상 특징인 신체적 · 인지적 · 정서적 · 대인관계적 특징을 살펴보고자 한다.

1) 신체적 특징

청소년기에는 사춘기가 시작되면서 신장과 체중이 급증하고 호르몬의 종류와 양이 크게 달라져, 남녀 성인의 체형으로 변화하게 된다. 남아는 어깨가 넓어지고 변성이 이루어지고 근육이 발달하는 등 성인 남자의 모습과 유사해지며, 여아는 가슴이 발달하고 골반이 넓어지고 피하지방이 축적되면서 여성다운 체형으로 변한다. 청소년기에 이루어지는 성 호르몬의 분비는 남녀 청소년에게 성적 관심을 높이는데, 남자의 경우 강력한 성충동을 느끼게 되고 공격적 행동이 커지기도 한다. 이 같은 신체적 변화를 심리적으로 어떻게 받아들이고 성적·공격적 충동을 어떻게 조절하느냐가 청소년 문제의 발생에 중요한 관건이 된다.

청소년기에는 매우 빠른 속도로 신체가 변화하기 때문에 자신의 외모에 대해 많은 관심을 갖게 되고 그에 대한 주관적 평가에 따라 자기신체상과 성적 정체감을 형성하기 시작한다. 그러나 각 신체 부위가 동일한 속도로 발달하지 않아 일시적으로 신체 균형이 깨지기도 한다. 개인마다 성장 속도가 달라서 다양한 차이가 생겨나는데, 이런 차이는 청소년의 신체상과 성적 정체감뿐만 아니라 행동과 성격에도 많은 영향을 준다.

2) 인지적 특징

피아제(Piaget)의 인지 발달단계에서 청소년기는 형식적 조작기(formal operational period)에 해당된다. 이는 구체적인 사물과 자극에 치중하던 인지적 단계를 뛰어넘어 생각 자체를 검토할 수 있게 됨을 의미한다. 청소년들은 이러한 사고 능력으로 실제 사실이 아닌 가상적 상황에 대해 여러 가지 관련 변인을 생각해 보고 그것들 간의 관계를 추론해서 다양한 해결 방식을 찾아내고 보다 융통성 있게 문제 상황에 대처하려는 경향을 보이게 된다. 청소년기가 되면 자신의 생각에 너무 몰두한 나머지 자신의 생각과 타인의 생각을 구별하지 못하고 남들도 자신과 똑같이 생각한다고 느끼는 자아중심적 성향을 보인다. 청소년기의 자아중심적 사고의 한 예로 상상적 청중을 들 수 있다. 자신이 늘 무대에 서 있는 것처럼 여기고 자신이 타인의 관심과 주의의 초점이 되고 있다고 지나치게 의식하는 것을 말한다. 실제로 다른 사람들이 별다른 관심을 보이지 않는데도 대다수의 청소년은 상상적 청중을 즐겁게 하기 위해 많은 노력을 기울인다. 심지어 주위에 모든 사람이 자기를 보고 있다고 생각하기 때문에 길을 걸을 때 걸음걸이가 부자연스러워지기도 한다. 때로는 상상적 청중을 지나치게 의식해 타인이 알지도 못하는 자신의 작은 실수에도 고민하고 사소한 비판에 대해 민감한 반응을 보이기도 하며 유난히 혼자 있는 것을 좋아하기도 한다.

또 다른 자아중심적 사고의 예는 개인적 우화이다. 청소년들은 자신의 우정, 사랑 등을 다른 사람은 결코 경험하지 못하는 것으로 생각하고 다른 사람이 경험하는 죽음, 위험, 위기가 자신에게는 일어나지 않으며, 혹시 일어나더라도 그것으로 인해 자신이 피해를 입지 않을 것이라고 확신한다. 개인적 우화는 청소년들에게 자신감과 위안을 부여하는 긍정적인 측면보다 위험을 감수하는 행동이나 파괴적 행동으로 피해를 입는 부정적인 측면으로 나타날 가능성이 더 높다. 그러므로 청소년들 스스로 이런 사고의 특징을 알고 대처하는 것이 중요하다.

이와 같이 자아중심적 성향이 일련의 발달단계를 거치는 것과 마찬가지로 타인의 입장을 이해하는 과정도 발달단계를 밟는다. 청소년기를 지나면서 형식적 조작 능력의 발달과 함께 여러 가지 상황 및 관련 변인을 동시에 생각할 줄 알게 되고, 자신과 타인에 대해서도 자아중심성에서 벗어나 서로의 입장을 고려하는 방향으로 사회적 인지 능력을 발달시키기도 한다.

3) 정서적 특징

청소년기는 정서적인 변화가 심하여 질풍노도의 시기라고도 한다.

청소년기를 전기와 후기로 나누어 그 특징을 살펴보면 다음과 같다. 청소년기 전기에는 감정이 격하고 기복이 심하다. 긍정적 · 부정적 감정이 교차하기도 하고 자신감과 수치심을 강하게 경험하기도 한다. 또한 부모나 형제 그리고 친구들과 공유할 수 없는 감정의 경험을 통해서 고립감을 느끼기도 한다. 다양한 감정 중에서 강한 수치심, 죄의식, 우울, 분노, 수줍음 등은 문제 행동을 초래할 수 있다. 또한 청소년들은 급격한 정서 변화에 반응하는 양상이 제각각 다르다. 어떤 청소년은 부정적 정서 경험을 지나치게 억압하여 우울증이나 신경성 식욕부진에 걸리기도 하는 반면, 어떤 청소년은 정서에 대한 통제가 이루어지지 않고 지나치게 충동적으로 반응함으로써 비행 행동을 보이기도 한다. 따라서 청소년기에는 자신의 정서 변화에 대한 인내심을 기르고, 타인의 반응에 지나치게 민감한 반응을 보이지 않도록 노력해야 한다.

청소년기 후기에는 자신의 본질적인 인격에 대한 의문에 사로잡히게 된다. 에릭슨(Erikson, 1968)은 청소년기의 주요 발달 과업이 자아정체감 형성이라고 하였다. 자아정체감은 자신의 독특성에 대해 비교적 안정된 느낌을 갖는 것으로, 행동이나 사고 혹은 정서의 변화에도 불구하고 변화하지 않는 부분이 무엇이며 자신이 누구인가를 아는 것이다. 자아정체감의 형성은 아동기의 동일시 경험에서부터 시작된다고 볼 수 있다. 즉, 부모나 교사, 친구들의 감정, 태도, 가치관, 행동을 자신의 것으로 받아들여 그것을 자기만의 독특한 총체로 통합함에 따라 자아정체감이 형성되는 것이다. 청소년들은 자기의 행동에 대해 자주적인 선택을 하기 위하여 부모의 가치와 규범을 점점 더 나름대로 재평가하게 된다. 청소년들이 안정된 자아정체감을 형성하기 위해서는 신체적 성숙과 성적 성숙, 추상적 사고 능력의 발달, 정서적 안정성의 확보, 부모나 또래 집단으로부터의 자율성을 확보할 수 있어야 한다. 그리고 다양한 역할 실험을 통해 자신의 특성을 인정하고 타인의 견해를 이해하며 세계에 대한 지식을 습득하는 과정이 필요하다.

4) 대인관계적 특징

청소년기는 어떤 시기보다도 친밀감이나 대인관계 욕구가 강하다.

첫째, 청소년기는 모든 것을 털어놓고 이야기를 할 수 있는 단짝이 필요한 시기로서 단짝관계가 형성되고 관심이 변화되는 것이 특징이다. 청소년들은 단짝과 사적이고 은밀한 정보를 주고받으며 정직함, 충성심, 신의에 기반을 둔 가깝고 상호적인 우정을 형성한다. 청소년기의 단짝관계는 치유적 기능도 할 수 있다. 좋은 친구는 가족관계가 나빠서 생기는 불안정감을 극복하도록 도울 수도 있다. 청소년기 동안 친밀한 우정관계를 형성하는 것은 성인기에 친밀한 관계를 형성하기 위한 밑거름이 된다.

둘째, 청소년기에는 이성과의 애정관계를 형성하는 상호작용 욕구가 나타난다. 이 시기에는 성적 만족에 대한 새로운 욕구와 긴장 및 불안감이 생기고 현실적으로는 자신의 성적 욕구 충족이 불가능하다는 것을 깨닫게 되어 그것을 의식 밖으로 밀어내려는 노력을 하고 불안에서 벗어나려 함으로써 갈등과 혼란을 겪기도 한다. 또한 이성 친구와의 관계를 통해 인간관계 기술 및 사회성을 발달시키게 된다. 청소년기의 중요한 사회적 관계 중 하나인 이성관계는 나와 다른 이성의 정체성을 발견하고 어울리며 친밀감을 발달시키는 기능을 한다. 그러나 이성교제는 이성 친구로 인해 학업에 소홀하게 하고 진로 준비에 부정적인 영향을 미칠 수도 있다. 이성교제로 인해 부정적 정서를 경험할 수도 있다. 원만하지 못한 이성교제는 정서적·심리적 문제와 직접 관련이 있는 큰 갈등요인이 될 수 있기 때문이다.

셋째, 청소년기에는 부모보다는 친구들과 더 많은 시간을 보내기를 원하고, 친구들과 더 많은 정보를 공유하기를 원하며, 부모로부터 독립하려고 한다. 인지가 발달함에 따라 청소년은 부모가 설정한 규칙이나 제한에 대해 이견을 내놓거나 논리적으로 반박하고 부모의 권위에 도전하면서 더 이상 부모가 시키는 대로 하지 않는다. 부모와 청소년의 갈등은 청소년기에 가장 높고 청소년 후기에 서서히 감소한다. 부모-자녀 관계와는 달리 형제자매관계는 수평적인 양상을 보인다. 청소년기에는 경쟁보다는 서로 신뢰하고 도와주며 정서적으로 친밀한 관계를 이뤄 나간다. 청소년 후기에는 형제자매를 자신의 인생에서 '의미 있는 타인'으로 자각하고 중시하게 된다.

청소년 상담자의 Tip

청소년기는 부모나 선생님, 친구 등 주위 사람들에게 인정받고 싶은 욕구가 강한 시기이다. 따라서 상담을 할 때 저항을 불러일으킬 만한 말은 주의해야 한다. 청소년들이 저항을 일으킬 가능성이 높은 것은 직면인데, 상담자와 충분한 공감이 이루어졌을 때라고 할지라도 그것을 신중하게 해야 한다. 특히 부모의 돌봄을 받지 못하는 위기 상황에 있는 청소년이나 학교 밖 청소년들은 심리적인 지지 작용을 해 줄 사회적인 지지 환경이 매우 미비한 실정이다. 따라서 그러한 열악한 상황에 있는 청소년들에게는 우선적으로 사회적 지지망을 보완하고 그들 스스로가 극복해 나갈 수 있는 능력을 기르도록 지지 환경을 넓혀 주는 것이 매우 중요하다.

청소년 상담의 기본 원리

상담은 '인간은 기본적인 가치와 존엄성을 인정받아야 한다'는 기본적인 가정에서 출발한다. 그렇기에 상담자는 아무런 편견 없이 내담자를 있는 그대로 이해하고 가치중립적인 자세와 태도를 확립하기 위해 노력한다. 청소년 상담에 있어서도 상담자와 청소년 내담자의 신뢰 있는 관계 형성의 기반이 되는 것이 바로 이러한 인간의 가치와 존엄성이라고 할 수 있다. 다만 상담의 기본 원리를 적용하는 데 있어 대상이 청소년임을 인식하고 청소년의 발달적 특성요인과 환경적 특성요인을 충분히 참고하여 상담을 진행하는 것이 필요하다. 청소년 상담의 기본 원리를 살펴보면 다음과 같다.

1) 개별화의 원리

개별화란 인간은 기본적으로 개별적 차이가 있는 인격이라는 의미이다.

청소년 상담에서 개별화의 원리는 청소년 내담자의 독특한 성격적 특성요인을 알고 참고하여 각 개인의 특성에 맞게 상담을 진행해야 한다는 것을 말한다. 인간은 일반적이고 보편적인 마음의 원리에 따라 움직이기도 하지만, 각자 자신만의 개성을 가진 존재이다. 그러므로 내담자들이 저마다 하는 말과 행동에 집중하여 경청하면서 내담자의 욕구와 기대 수준과 성향에 맞추어 상담을 진행해야 한다. 즉, 청소년 내담자의 개성과 특성을 이해하고 청소년이 자신의 환경에 적응하는 방법을 배우고 발달시킬 수 있도록 조력해야 하며, 상담 방법 또한 내담자의 개인 특성에 따라 다르게 전개해야 한다는 것이다. 이러한 개별화의 원리를 위해 갖추어야 할 상담자의 자세와 태도는 다음과 같다.

첫째, 상담자는 편견과 선입견을 갖지 않도록 해야 한다. 내담자가 자신의 경험에 대해 새롭게 해석하고 재정의하면서 성장이 이루어질 수 있도록 이끄는 것은 상담자의 공감적 이해이므로 상담자는 자신이 가지고 있는 편견을 내려놓는 것이 필요하다.

둘째, 청소년 내담자의 말을 경청하고 세밀하게 관찰해야 한다. 내담자의 말을 평가하거나 비판하지 않고 있는 그대로의 표현을 경청하고, 표현한 경험뿐만 아니라 표현하지 못한 경험까지도 민감성을 갖추고 관찰하는 것이 필요하다.

셋째, 청소년 내담자의 속도에 맞추어 진행해야 한다. 내담자의 문제를 성급하게 해결하려고 시도하기보다는 내담자의 문제 해결력과 상담 동기 수준을 점검하고 파악해서 상담의 속도를 조절하는 것이 필요하다.

넷째, 청소년의 감정 변화를 민감하게 포착할 수 있어야 한다. 내담자가 다양하게 경험하는 감정에 대한 민감성을 갖추는 것이 필요하다. 그것이 내담자의 변화를 위한 실천을 촉진할 수 있기 때문이다.

2) 의도적 감정표현의 원리

청소년 상담에서 의도적 감정표현의 원리는 청소년 내담자가 자신의 생각이나 감정을 부정적인 부분에 대해서도 자유롭게 표현할 수 있도록 보장받아야 한다는 의미이다. 감정은 정확한 인식을 위한 필수요소이다. 어떤 사안에 대해 자신에게 가장 적절한 행동과 문제 해결을 하기 위해서는 먼저 그 사안에 대해 정확하게 파악해야 한다. 이는 객관적인 정보와 사실뿐만 아니라 주관적인 감정도 충분히 느끼고 표현할 때 가능하다. 그러나 어려움을 경험하는 상태에서는 감정을 충분히 드러내기가 쉽지 않고, 이는 다시 판단과 행동에 영향을 미치게 된다. 그러므로 내담자에게 영향을 미치고 있는 감정을 찾아내고, 하나의 감정에 매여 있거나 현실 상황에 맞지 않게 지나치게 낮은 혹은 높은 강도로 반응하는지, 감정이 제한되어 있는지 살펴보는 것이 필요하다. 특히 내담자가 자신의 감정을 자유롭게 의도적으로 표현할 수 있도록 지지하고 격려하며 경청하도록 한다. 의도적 감정표현의 원리를 지키기 위해 상담자는 내담자의 긴장을 완화시키고 부정적 감정이나 행동도 표현하게끔 허용적이고 안전한 상담 분위기를 만들어서 내담자의 자기표현을 도울 수 있도록 해야 한다.

3) 비판단적 수용의 원리

청소년 상담에서 비판단적 수용의 원리는 상담자가 자신의 개인적 가치관이나 사회적 기준으로 청소년 내담자의 문제를 평가하고 심판하는 등 판단적 태도를 가져서는 안 된다는 의미이다. 여기서 수용이란 청소년 내담자의 적응상 드러나는 다양한 성격적 특성이나 대인관계적 특성에 대해 존엄성을 기본으로 하여 있는 그대로 이해하고 받아들이는 자세를 말한다. 그러므로 비판단적 수용에서 상담자는 내담자를 하나의 인격체로 존중한다는 것을 말과 행동, 비언어적 태도로 전달할 수 있어야 한다. 상담자가 내담자의 문제를 다루어 나가는 데 있어 잘못이나 책임성 유무를 따지는 것과 같은 심판적인 태도를 보이는 것보다는 내담자의 긍정적인 면을 인정해 주고 내담자와의 사이에 일어나는 지금-여기에서의 느낌을 즉시적으로 다루어 주는 것이다. 내담자에게 동의할 수 없는 부분은 솔직하게 표현을 하되, 서로 입장과 관점이 다른 것일 뿐 어느 쪽이 일방적으로 옳고 그른 것은 아님을 표현하는 것도 필요하다. 더불어 상담자는 내담자 스스로가 자신 이외의 어떤 기준도 배제하고 삶의 주체임을 인정할 수 있도록 도와주어야 한다.

4) 자기결정의 원리

자기결정이란 내담자가 스스로 자신의 문제에 대한 해결책을 선택하고 의사결정을 하는 것이다. 상담에서 자기결정의 원리는 내담자가 도움을 필요로 하는 존재라 하더라도 내담자의 자기결정권을 존중하는 것을 의미한다. 이는 자신의 삶의 내용을 선택할 권리와 의무는 전적으로 내담자에게 있는 것이므로 자신의 삶의 주체로 살아갈 수 있도록 상담자가 내담자의 선택을 격려하고 존중하고 보장해 주어야 한다는 것이다. 상담자는 내담자의 사고, 감정, 행동에 미치는 영향이 크지만 내담자가 무엇을 선택해야 할지를 제시하거나 가르치려 해서는 안 된다. 상담자의 역할은 내담자 스스로 자신에게 가장 적합하고 적절한 내용들을 선택하고 채워 나가면서 변화를 추구해 나갈 수 있도록 돕는 것이다. 즉, 내담자의 자기결정 권리를 존중하면서 내담자가 책임 있는 결정을 내릴 수 있도록 정보를 제공하고 자신감을 가질 수 있도록 도와주는 것이다.

5) 비밀보장의 원리

비밀보장이란 상담 과정에서 있었던 모든 사항에 대해 제3자가 알지 못하도록 하는 것을 의미한다. 상담과정에서 내담자에 대한 습득된 정보를 존중하고 알려지지 않도록 보호하는 비밀보장은 상담자의 윤리적 의무인 동시에 원할한 상담 진행을 위해서도 필수적인 요소이다. 즉, 상담관계 형성에 신뢰감은 필수적인 요소인데 이러한 신뢰감의 형성과 유지를 위해서는 비밀이 보장되어야 한다. 비밀에 대한 보장이 없다면 내담자는 상담을 받으러 오지 않거나 아무런 걱정 없이 자신의 내면세계를 있는 그대로 털어놓고 자유로운 자아 탐색은 시작할 수 없다. 그것은 적어도 상담관계에서는 내담자가 무슨 이야기를 어떻게 하든 안전하게 보호받으리라는 기대가 있기 때문이다. 그러나 상담자는 내담자에 대한 책임뿐만 아니라 사회적 책임도 가지기 때문에 비밀보장의 문제가 단순하지 않은 경우가 많고 엄격히 보장되기는 쉽지 않다. 그러므로 상담자는 상담 초기에 비밀에 대한 보장과 그 한계에 대해서 청소년 내담자에게 명확하게 알려 주어야 한다. 일반적인 비밀보장의 예외 규정은 내담자나 타인 및 사회의 안전을 위협하는 경우, 폭력(가정폭력, 성폭력, 학교폭력 등) 및 신체적 · 심리적 · 성적 학대를 받고 있는 경우, 내담자가 심각한 질병에 감염되었다는 확실한 정보를 가졌을 경우, 법원이 내담자의 상담 관련 정보를 요구할 경우 등이다.

청소년 상담자의 자질

청소년 상담자는 어려움에 봉착한 청소년 내담자의 인지 · 정서 · 행동 발달과 주체성 함양을 도울 수 있어야 한다. 청소년 상담자가 갖추어야 할 자질로는 인간적 자질과 전문적 자질이 있다.

1) 인간적 자질

청소년 상담에서 상담자가 어떠한 인간적 자질을 갖추고 있는가는 상담관계 형성 및 내담자의 변화 촉진에 큰 영향을 미친다.

상담자가 부모(선생님이나 어른)의 입장에서 내담자를 대하거나 자신의 자녀에게 느꼈던 감정으로 내담자를 상담하게 되면 내담자의 문제 해결을 도울 수 없다. 즉, 상담자 자신의 미해결 과제가 많거나 상담자가 심리적으로 불안정한 상태에 있다면 내담자의 문제를 다룸에 있어 자신의 역할을 제대로 할 수 없다. 따라서 청소년 상담자는 내담자의 문제 해결과 성장을 촉진하기 위해서 상담장면에서의 자기점검을 비롯하여 자신의 역동과 관련된 아동기 감정 양식을 이해하고 그것을 조절할 수 있는 능력을 키우는 것이 매우 중요하다. 또한 청소년 내담자의 입장에서 그 문제를 인식하고 공감할 수 있어야 한다. 청소년 상담자의 인간적 자질을 함양하기 위해 상담자가 갖춰야 할 태도와 능력은 다음과 같다.

- 태도: 인간에 대한 깊은 관심, 자기성찰적 태도
- 능력: 감정 인식 및 수용 능력, 인간관계 형성 및 유지 능력, 원숙한 적응력

2) 전문적 자질

청소년 상담자에게는 청소년 내담자의 성장을 촉진하기 위해 인간적 자질 이상의 전문적 자질이 요구된다. 이러한 전문적 자질은 청소년의 발달적 특성과 상담이론에 대한 이해와 실습 및 훈련을 요구한다.

(1) 청소년의 발달적 특성에 대한 이해

청소년은 성인으로 성장해 나가는 과정에 놓여 있기에 청소년 상담자는 그들의 발달단계에 따른 발달적 특성을 이해하는 것이 중요하며 인간 발달에 대한 기본적이고 객관적인 지식을 갖추고 있어야 한다. 즉, 청소년이 호소하는 문제가 병리적이고 일탈적인 행동의 범주에 들어가는지 혹은 발달특성상 정상 행동의 범주에 들어가는지에 대한 정확한 진단을 할 수 있어야 한다.

(2) 청소년 상담이론에 대한 이해와 실습 및 훈련

청소년 상담자는 상담이론에 관한 전문적 지식을 가지고 있어야 내담자의 이상 행동이나 심리적 문제의 원인에 대해 정확한 진단을 내릴 수 있고, 구체적인 상담 및 치료 방법의 적용을 통해 내담자의 문제 해결 및 성장 촉진적 상담목표를 달성할 수 있다. 또한 내담자의 문제에 따라 상담방법을 적용하기 위해서는 지속적인 연습과 훈련, 수퍼비전이 필요하다.

청소년 상담사의 전문적 자질 함양을 위한 내용은 다음과 같다.

- 인간 발달과 성격에 대한 이해
- 진단평가에 대한 지식과 기술
- 상담 이론과 실제에 대한 지식
- 상담실습
- 연구 방법과 통계적 기술
- 상담자로서의 책임과 윤리강령에 대한 이해 및 실천

3) 청소년 상담자의 윤리

상담자의 윤리는 상담자와 내담자를 보호하는 역할을 하며, 윤리적인 판단이 필요할 때 현명한 선택과 결정을 할 수 있도록 도와준다. 특히 청소년 상담에서 내담자는 미성년자이므로 성인상담의 경우보다 내담자에게 해가 되는 상황을 판단하는 것이 더 복잡하다. 따라서 청소년을 상담하는 상담자의 경우 상담자의 윤리에 대한 민감성을 갖고 있어야 한다.

청소년 상담자는 자신이 효과적으로 도움을 주기 어려울 경우에는 상담 서비스를 제공하지 말아야 할지, 제한적으로 내담자에게 도움이 될 수 있도록 상담을 해야 할지를 결정해야 한다. 이는 상담자의 스트레스 및 소진과도 연결되는 것으로 상담자 스스로 자신의 상태를 인식할 수 있어야 한다. 이때 상담자는 타 기관 상담자와의 협조관계 형성, 동료 수퍼비전, 다른 전문가로부터의 정서적 지지 등을 활용해 소진을 예방하도록 노력할 필요가 있다. 상담자의 과도한 스트레스와 소진은 상담자의 능력을 떨어트려 상담 과정 및 성과에 부정적인 영향을 주게 된다. 따라서 상담자는 시간 관리, 스트레스 관리, 사회적 지지체계 활용 등을 통하여 소진을 극복하기 위해 노력할 필요가 있다.

청소년 상담자는 청소년 내담자와의 관계에서 전문적 관계 외의 다른 관계를 맺지 말아야 한다. 예를 들어, 페이스북이나 트위터와 같은 소셜 네트워크 서비스(SNS)에 학생과 동일하게 가입하면 상담자의 여러 행동과 말이 청소년 내담자에게 전해지기 때문에 상담에 방해가 된다. SNS를 통해 청소년과 연락할 수 있지만 이러한 관계가 상담자–내담자 경계를 넘지 않도록 주의할 필요가 있다. 또한 청소년 내담자와의 상담에 영향을 줄 수 있는 교사와의 이중관계도 피해야 한다.

상담자가 불가피하게 내담자와 이중관계를 맺거나 전통적인 상담자–내담자 전문적 관계의 경계를 벗어나는 경우라면 내담자와의 사전 동의, 자문, 수퍼비전, 상담기록 등을 통해 내담자에게 가해지는 잠정적인 해를 줄이려는 노력을 하는 것이 도움이 된다. 또한 청소년 상담자는 내담자와의 관계의 경계를 넘는 행동이 내담자에게 어떤 영향을 미치는지에 대해서 숙고하고 이러한 숙고과정을 통해 행동을 결정할 필요가 있다.

상담에서의 비밀보장에는 청소년 내담자가 상담에서 말한 내용뿐만 아니라 내담자가 상담을 받고 있다는 사실까지 포함된다. 상담자는 상담 초기에 비밀보장과 그 한계에 대해서 청소년 내담자에게 알려 주어야 한다. 비밀보장을 깨야 하는 상황인 경우, 상담자는 그 상황에 대해 내담자와 의논해서 비밀보장을 깨더라도 내담자의 자율성이 존중되는 방향으로 상황을 다루는 것이 바람직하다.

상담 대상이 미성년자이기 때문에 내담자의 문제에 대해 보호자와 내담자의 복지를 담당하는 다른 전문가들(교사 등)과의 의사소통과 협조가 필수적이어서 비밀보장의 문제가 더 복잡할 수밖에 없다. 상담자는 또한 부모가 내담자에 관해 알고 싶어 하는 부분을 최대한 존중하도록 노력해야 한다. 즉, 상담자는 내담자의 상담내용에 대한 비밀보장을 하면서 동시에 부모의 알 권리를 존중하도록 노력을 기울여야 한다는 것이다.

청소년 상담에서 위기상담은 자살, 가출, 임신, 폭력, 따돌림, 아동학대, 성폭력이나 성희롱 등을 말한다. 위기 상황에서 내담자의 위기를 평가하지 못하거나 혹은 평가하더라도 적절한 개입을 하지 않는다면 이는 상담자가 내담자에게 해를 끼치는 것이 된다.

간혹 청소년 내담자들은 부모에게 알리는 것을 피하려고 자살의 위험을 감추거나 부모에게 알리면 상담을 그만두겠다는 식의 위협을 가하기도 한다. 이러한 상황이 발생하면 상담자는 내담자의 위기 정도와 충분한 보호망이 갖추어졌는지를 주의 깊게 평가해야 한다. 부모는 내담자의 위기에 관한 정보를 얻고 내담자에게 필요한 개입을 할 권리와 의무가 있으므로, 상담자는 내담자의 위기 상황에 대해 일차적으로 부모에게 알리고 필요한 협조체제를 만드는 것이 바람직하다.

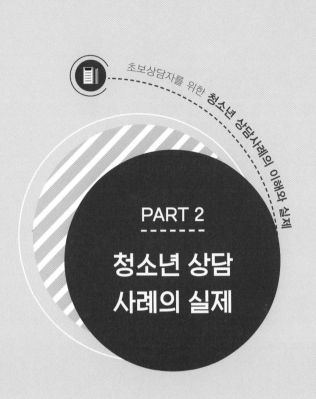

초보상담자를 위한 **청소년 상담사례**의 이해와 실제

PART 2
- - - - - - -

청소년 상담
사례의 실제

사례 1

해야 한다는 것은 알지만 공부가 되지 않아요

내담자의 말

나는 중학교 3학년 여학생이에요. 나는 요즘 걱정 때문에 공부가 안 돼요. 공부를 해야 한다는 건 아는데 하기 싫고 할 의욕이 없어요. 초등학교 때부터 공부는 하면 하는 대로 성적이 잘 나왔어요. 중학교에 들어오고는 학원에서 특목고를 가라고 해서 나름 공부를 열심히 했어요. 그런데 숙제를 베껴서 내는 친구들이 나보다 성적이 좋은 걸 보고 나니 공부를 해야 한다는 것을 알지만 그때부터 공부가 잘되지 않아요. 게다가 얼마 전에 엄마가 다른 남자를 만난다는 것을 알게 됐어요. 가끔 엄마가 웃으면서 통화하는 모습을 보면 그 사람과 통화하는 것 같아 의심스러워요. 그런 생각 때문인지 해야 한다는 것은 알지만 더욱 공부가 되지 않아요.

📋 내담자 기본 정보

1. 내담자 인적 사항

여, 16세, 중학교 3학년, 1남 1녀 중 막내

2. 내담자 상담 경위

내담자의 어머니가 그동안 공부를 잘해 왔던 내담자가 갑자기 학원을 그만
두겠다고 하고 공부가 하기 싫다고 하는데 이유를 몰라 상담을 의뢰하였다.

3. 주 호소문제

'공부를 해야 한다'는 것은 알지만 되지 않는다. 친구들과 비교되어 더 하
기 싫다. 엄마가 불쌍하면서도 화가 난다.

4. 가족관계

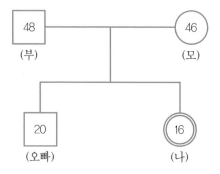

아버지(48세, 회사원) 무뚝뚝하며 말수가 적다. 가족에게 다정하게 대해 주지
않는다. 내담자가 짜증내거나 하면 엄마가 잘못키웠기 때문이라며 아내를

비난하기도 한다. 공부에 대해서만 관심을 갖고 그 외에는 내담자에게 별다른 관심이 없다.

어머니(46세, 회사원) 말을 이랬다저랬다 하는 일이 많다. 내담자가 어릴 때부터 계속 직장생활을 하고 있다. 내담자에게 공부에 대한 기대를 많이 하고 있으며 공부에 대한 압박을 준다. 최근 내담자는 엄마가 다른 남자를 만난다는 사실을 알게 되었다.

오빠(20세, 대학생) 내담자와는 대화를 거의 나누지 않으며 내담자는 오빠를 좋아하지는 않는다. 자신이 잘못한 일도 엄마 때문이라고 말하기도 한다.

상담자가 본 내담자 문제 이해

내담자는 공부를 해야 한다는 것은 알지만 공부가 되지 않고, 어머니가 다른 남자를 만나고 있다는 사실을 알게 되어 불쌍하면서도 화가 난다고 호소하였다. 이러한 내담자의 호소문제는 내담자가 현재 공부에 대한 걱정을 호소하면서도 공부를 하지 않음으로써 자신의 문제를 드러내고 있는 것으로 볼 수 있다. 그동안 내담자는 무뚝뚝한 아버지와 자신의 문제를 어머니 탓으로 돌리는 오빠로 인해 힘들어하는 어머니를 기쁘게 하기 위해 공부를 열심히 해 왔으며, 그로 인해 주변에서도 계속 인정을 받으며 성장해 왔던 것으로 보인다. 그러나 최근 어머니가 다른 남자를 만나고 있다는 것을 알게 되면서 어머니에 대한 배신감으로 인해 공부에 집중하지 못하고 있는 것으로 여겨진다. 또한 그동안 인정받았던 학원에서도 자신보다 공부를 못하던 친구들이 성적을 좋게 받는 것으로 인해 불안해하며 친구들이 정직하지 못하게 베껴서 숙제를 함에도 자신보다 잘하는 것에 더욱 분노하는 것으로 보인다. 이러한 불안과 분노가 내담자로 하여금 더욱 공부에 집중할 수 없게 만들었으며, 공부에 대한 의욕을 떨어뜨리고 공부를 열심히 해야 하는 의미를 상실하게 만든 것으로 생각된다.

내담자는 어린 시절부터 주요 양육자가 자주 바뀌었으며 경제적인 어려움은 없었으나 심리적으로 따뜻함과 정서적인 교류가 부족한 부모로 인해 자신의 욕구를 표현하고 수용받은 경험이 부족했던 것으로 보인다. 내담자는 사랑과 인정의 욕구를 충족하기 위해 공부를 열심히 하였고, 착한 딸의 역할을 해 왔던 것으로 생각된다. 또한 내담자는 어머니가 무뚝뚝한 아버지로부터 관심을 받지 못하고 있는데다 오빠에게도 원망을 듣고 있어, 자신은 어머니를 측은하게 생각하며 이해하고자 애를 써 왔던 것으로 보인다. 그럼에도 불구하고 어머니가 자신이 아닌 다른 사람에게서 위로를 받고 있다는 사실에 대한 분노를 느끼고 있다. 이러한 상황이 내담자에게 감당하기 어려운 어머니에 대한 양가감정(분노, 측은함)을 가지게 했을 것으로 생각된다. 따라서 내담자에게 공부는 인정 욕구를 충족하는 수단임과 동시에 어머니와의 관계를 이어 주는 역할을 하는 것이며, 내담자는 어머니에 대한 감정들을 표현하지 못하고, 공부를 하지 않아 버리는 수동공격적 태도를 보이는 것으로 생각된다.

상담의 진행

상담 목표 및 전략 설정을 위한 tip

- 청소년 상담에서 상담목표는 청소년과 상담자가 합의하여 설정하였을 때 상담의 효과를 더 높일 수 있다.
- 상담목표는 내담자의 주 호소문제를 바탕으로 가시적·행동적이며 긍정적인 방향으로 실천해 나갈 수 있는 것을 기준으로 세우는 것이 좋다.
- 상담전략은 상담목표를 실천하기 위한 것으로 상담과정에서 실천할 수 있도록 설정한다.

1. 상담 목표 및 전략

1) 상담목표

- 공부에 집중하지 못하는 원인을 안다.
- 친구와 비교하게 되는 자신을 이해한다.
- 어머니에 대한 감정을 알고 표현한다.

제시된 상담목표는 내담자의 주 호소문제 및 내담자의 이해에 근거한 내용과 차이가 있으며, 평가 가능한 내용으로 수정할 필요가 있어 수정된 목표를 제안하면 다음과 같다.

- 공부를 하기 싫은 이유를 알고 표현해 본다.
- 어머니에 대한 양가감정이 있음을 알고 표현한다.
- 친구와 비교하지 않고 자신이 잘하는 것을 찾는다.

2) 상담전략

- 공부와 관련된 경험, 가족 및 대인관계 탐색을 통해 공부에 집중하지 못하는 이유를 탐색한다.
- 내담자의 학교생활(성적 등) 탐색을 통해 내담자의 말을 확인하고 자신에 대한 객관적인 이해를 돕는다.
- 친구와의 비교를 통한 좌절감을 충분히 표현하고 수용받는 경험을 한다.
- 공부 이외에 자신이 가지고 있는 강점을 자각하여 좌절에 대한 현실적인 대처 방안을 갖도록 한다.
- 어머니에 대한 감정을 자각하고 표현 방법을 찾아 시도해 본다.

2. 상담내용(총 14회)

 1회

걱정을 자주 많이 해서 도움이 필요하다. (^{1}무슨 걱정인가?) 공부를 해야 하는데 귀찮고 하기도 싫다. (^{2}귀찮다는 것과 하기 싫다는 것의 의미는 무엇인가?) 귀찮아서 하기 싫다는 말이다. (^{3}언제부터?) 봄방학 때부터 그런 생각이 많아졌다. 예전부터 그냥 다른 애들도 열심히 하니까 했는데 지금은 공부하기가 싫다. (^{4}구체적으로?) 2학년 기말고사 지나면서 영어학원에서 공부를 너무 많이 시켜서 힘들었다. 공부하기가 싫어서 학원을 모두 그만뒀는데 놀면서도 즐길 수가 없다. (무엇 때문에?) 다른 애들은 공부할 텐데 하면서 걱정이 된다. 공부에 대해 사소한 걱정을 너무 많이 한다. 해야 하는데 할 의욕이 없다. (^{5}예전하고 달라진 것이 무엇인가?) 집중은 잘되는데 하기가 싫어졌다. (어떻게 해서 공부가 하기 싫어졌나?) 예전에 다니던 영어학원에서 아무리 해도 할 수 없는

1. 구체화되지 않은 내담자의 호소문제를 구체화시키기 위한 질문이다.
2. 내담자의 호소문제 탐색을 위해 의미를 분명하게 하고자 하는 질문이다.
3. 문제의 발생 시점을 질문하여 촉발요인 탐색을 시도한다.
4. 내담자의 문제에 대한 탐색으로 좀 더 구체적인 질문이 필요하다. "봄방학 때 무슨 일이 있었는가?"
5. 내담자의 변화에 대해

숙제를 내줬다. 너무 힘들었다. 애들은 다들 베껴 와서도 잘하는데 나는 그렇게 안 됐다. (잘하고 싶었는데 힘들었겠다. 영어학원에서 어땠나?) 처음 학원을 갔을 때는 평범한 아이였고 그렇게 잘하지 못했다. 학원을 다니면서 잘하는 반으로 올라가게 되었고, 원장선생님이 나에게 특목고에 가도 되겠다고 했다. 그 뒤로 특목고에 가야겠다는 생각을 하고 열심히 했다. 그런데 공부할 양이 너무 많아지면서 잘할 수가 없게 되었다. 원장선생님은 성실하게 잘한다고 했지만 나는 그런 아이가 아니다. (⁶어째서?) 요즘 들어서 안 좋은 생각을 많이 한다. (안 좋은 생각?) 계속 귀찮고 아무것도 하기 싫다. (도움 받고 싶은 부분?) 공부 상담을 하고 싶다고 생각했는데 그건 아닌 것 같다. 영어 성적이 나오는 걸 보면 다른 아이들은 베껴서 내는데도 다 기억하는지 나보다 잘한다. 얼마 전에 학원을 같이 다니는 아이가 있었는데 나보다 성적이 안 좋아서 내가 모르는 것을 가르쳐 주기도 했었는데 지금은 성적이 많이 올랐다. 나보다 잘하는 건 아니지만 잘하게 될 것 같아 걱정이다.

질문한다. 주 호소문제를 구체화하기 위해 한 번 더 질문할 필요가 있다. "공부에 대한 사소한 걱정은 구체적으로 무엇인가?"

6. 내담자가 타인의 기대에 부응하지 못하는 자신에 대해 말하고 있어 구체적인 질문을 통해 자아상을 파악할 필요가 있다. "너는 자신을 어떤 아이라고 생각하나?"

 1회 멘토의 이야기

1. 내담자의 행동 변화

첫 회 상담에서 내담자는 어머니에 의해 의뢰되었으나 상담자와 상담을 진행하는 과정에서 상담에 대한 동기가 생긴 것으로 보이네요. 상담자의 질문에 따라 자신이 상담을 통해 해결하고자 하는 문제를 구체적으로 표현하는 것으로 보입니다.

2. 내담자의 행동 변화 계기 분석

첫 회에 상담자와 라포 형성이 잘 되었던 것으로 생각되네요. 그로 인해 내담자가 어머니에 의해 의뢰되었음에도 자신이 스스로 상담을 지속하기 위해 상담자의 질문에 솔직하게 답하려고 하는 모습을 보이고 있는 것이겠지요.

3. 추가 탐색이 되면 좋을 부분

상담자가 내담자의 주 호소문제를 파악할 때 영어학원에서의 경험뿐 아니라 가족, 특히 자신을 의뢰한 어머니와의 관계에 대해 직접적으로 질문하여 탐색했다면 하는 아쉬움이 남습니다. 이러한 직접적인 질문을 통해 가족관계와 관련된 내담자의 주 호소문제의 발생 원인을 파악할 수 있었을 것으로 생각됩니다.

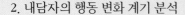 2회

주말 동안 엄마랑 쇼핑했다. 자주 엄마랑 다니곤 했다. 지금은 내가 [1]힘들어하니까 엄마가 기분 좋게 해 주려고 하는 것 같다. ([2]어렸을 때 기억?) 진짜 어렸을 때는 고집이 너무 셌다. 다른 아이들 것을 다 뺏으려 하고 울기도 많이 울었다고 한다. (누가 말해 주었나?) 엄마가 그랬다. 나도 울었던 기억은 난다. ([3]학교생활은 어떤가?) 친구들이랑 잘 놀았고 생활도 잘했다. 중학교 올라와서도 별문제가 없었다. (친구들은 어떤 친구들이 있나?) 이○○. 초딩 친구이다. 지금 중학교에는 믿을 만한 친구가 없다. 다들 자기 할 일이 바빠 그런지 서로 깊게 이야기할 기회도 없다. 요즘에는 내가 자꾸 누구한테 의지하려고 한다. 혼자서 생각하고 행동해야 하는데 뒤따라가야 한다. (누구를?) 엄마한테 그렇게 한다. 혼자서 잘 견디면 되는데 답답해서 못 참고, 놀러 가려고 해도 엄마를 찾

1. 내담자가 힘들어하면 어머니가 기분을 맞춰 주는 경향이 있는지 확인하는 질문을 하여 내담자와 어머니의 관계 패턴을 파악하는 것이 필요하다. "힘들어하면 어머니는 어떻게 해 주시나?"

2. 발달사를 파악하기 위한 질문이나 어머니에 대한 감정이나 상황에 대해 질문하는 것이 필요하다. "어머니는 어떠

게 된다. 힘들어도 엄마를 찾는다. (^{4}엄마를 찾는 자신과 연결된 어릴 때 기억?) 일곱 살까지는 옆 동 아줌마가 키웠고 유치원 다닐 때는 다른 아줌마가 돌봐 줬다. 엄마가 나를 귀찮아할 거라는 생각이 들었다. 하도 달라붙으니까 귀찮다고 하기도 했다. 엄마는 다른 사람들한테 내 칭찬을 많이 한다고 말을 해 주는데 요즘 들어서 내가 느끼기엔 엄마가 내 말을 귀담아 듣지 않는 것 같다. (뭘 보고?) 내 말을 안 듣는다. 관심 없고 대답이 바로 안 나온다. '내가 귀찮나' 하는 생각이 든다. (예전 경험은 어떠한가?) 엄마는 늘 똑같은데 나는 그렇게 느끼는 것 같다. 내 기분 때문에 그렇게 느끼는 것 같다. 초등학교 5학년 때까지는 놀기만 했다. 공부는 하는 만큼 성적이 나왔다. 다른 애들보다 잘하고 싶었고, 기분도 좋고, 앞서가는 느낌이 좋았다. 한 만큼은 성적이 잘 나왔기 때문에 좋았다. (^{5}공부 말고도 내가 한 만큼 잘 되었던 다른 것들이 있다면?) 춤추는 것, 지금도 반대표로 장기자랑을 하기도 한다. 춤출 때 기분이 너무 좋다.

신가?" "어머니랑은 사이가 어떠한가?"
3. 학생인 내담자의 현재의 기능 정도를 알아보기 위해 학교, 친구에 대해 탐색한다.
4. 어머니와 관련된 내담자의 초기 기억을 파악하려는 질문이다.

5. 내담자가 강점을 파악하기 위한 질문이다.

 2회 멘토의 이야기

1. 내담자의 행동변화

이번 회에서 내담자는 지난 상담에 이어 좀 더 구체적으로 어린 시절에 대해 이야기하고 있는 것으로 보이네요. 내담자는 어머니와의 관계에 대해 이야기하면서 의존하고 사랑받고 싶어 했으며, 현재도 어머니의 사랑을 확인받고 싶어 하는 자신에 대해 이야기하고 있네요. 또한 이러한 자신을 받아 주지 않는 어머니에 대한 섭섭함을 표현하기도 하는 것으로 보여집니다.

2. 내담자의 행동 변화 계기 분석

내담자가 자신의 어린 시절, 교우관계, 어머니와의 관계에서의 감정을 다양하게 표현하고 있네요. 이것은 내담자가 그동안 어른들과의 관계에서 인정받았던 경험들과 상담자의 수용적이고 공감적인 태도로 인해 자신이 지금까지 잘해 왔음을 인정받고 싶어 자신을 잘 드러내는 것으로 생각됩니다.

3. 추가 탐색이 되면 좋을 부분

아쉬운 점은 내담자가 어머니에 대한 감정을 이야기할 때 좀 더 구체적인 질문이 부족했다는 점이에요. 구체적인 질문을 통해 내담자와 어머니의 관계 및 내담자가 어머니에게 가진 감정에 대해 탐색해 볼 수 있을텐데 아쉽네요. 또한 현재 어머니와의 관계에서 내담자가 어린 시절부터 형성해 온 감정들이 어떻게 드러나는지를 파악할 필요가 있을 것으로 보입니다.

 3회

상담을 자주 했으면 좋겠다. 마음이 편해진다. [1]일주일에 서너 번 만나고 싶다.[2] (상담시간에 대해 다시 한번 구조화하고 일주일에 한 번 만나는 것으로 합의. 학교생활은 어떠한가?) 학교는 괜찮다. 생활하는 데 문제가 없다. 학교진도 따라가려고 공부했는데 자연스럽게 하게 되었다. (대단하다. 어떻게 해서 그렇게 할 수 있었나?) 수업이 어려워서 할 수밖에 없었다. 방송 강의도 듣는데 요즘은 한 강의 쉬다가 한 강 듣고 그렇게 한다. 예전에는 하고자 하는 의지가 있었는데 요즘은 자주 다른 게 하고 싶고 마음이 귀찮고 하기 싫어졌다. ([3]예전과 무엇이 달라졌나?) 예전에는 하기 전에 학습 다이어리에 계획을 세우고 목록을 가졌고 그걸 다 해야겠다 생

1. 상담자와의 관계에서도 인정과 수용에 대한 욕구를 표현하고 있다.
2. 상담에 대한 내담자의 경험과 생각을 구체적으로 탐색하여 내담자가 상담자에게 의존하고자 하는 욕구가 있는지를 탐색할 필요가 있다. "상담하고 나서 어떤 것을 느꼈나?" "무엇 때문에 상담을 자주 하고 싶나?"

각하고 했다. 예습을 안했다. 지금도 보기는 보는데 예전만큼은 아니다. 며칠 전에 엄마가 나에게 갑자기 '엄마는 다 너를 위하는 마음뿐이다'며 우셨다. 나도 울었다. (어떤 마음인가?) 그냥 엄마가 슬프고 불쌍해 보였다. 그냥 엄마가 말하는데 '저 말이 맞나?' 하고 있었다. (좀 더 구체적으로?) [4]엄마한테 속마음을 얘기하려고 하면 말이 끊기고, 다른 방향으로 새거나 나가게 되고 묻어 두게 된다. (묻어 두게 된다니?) 끝까지 문제가 해결된 적이 없었다. 기분 나쁠 때는 말하기도 싫어서 불편한 것도 있고 엄마한테 말해도 별로 도움이 안 되는 것 같다. (예를 들면?) 공부가 힘들다고 말하면 '다른 애들도 잘하는데 해.'라고 한다. 엄마가 하기 싫다는 마음만 알아주면 좋겠다고 했는데 좀 해결해 줬으면 좋겠다. ([5]엄마는 해결해 주지 못한다고 느끼네.) 뭘 말하면 즉시 대답을 하고 말을 좀 했으면 좋겠는데 답답하고 엄마한테 말해도 마음이 들게 해결된 적이 없다. 말이 하기 싫다. (답답하겠구나. 어떻게 해결되었으면 좋겠나?) 그냥 공부가 잘 되었으면 하는 것이 내 해결책인데 잘 모르겠다.

3. 변화의 원인을 탐색하는 질문이다. 내담자가 하고 싶어하는 '다른 거'에 대한 구체적인 탐색이 필요하다. "다른 건 어떤 것이 하고 싶나?"

4. 내담자가 어머니와 의 사소통하는 방식이 드러난다.

5. 현재 어머니와의 관계에서 내담자의 욕구를 파악할 수 있도록 내담자가 어머니에게 바라는 것이 무엇인지를 탐색하는 질문이 필요하다. "어머니가 무엇을 해결해 주면 좋겠나?"

 3회 멘토의 이야기

1. 내담자의 행동 변화

   내담자는 상담을 더 자주 하고 싶다고 말하고 있네요. 또한 어머니에 대한 감정을 좀 더 다양하게 표현하고 있어요(슬프고 불쌍해 보인다, 말하기도 싫다, 불편하다, 답답하다).

2. 내담자의 행동 변화 계기 분석

내담자가 보여 주는 이러한 행동의 변화는 자신을 받아 주는 상담자와의 관계에서 의존하고 사랑받고자 하는 욕구를 드러내는 것으로 보여지네요. 또한 상담자의 기대에 부응하고자 자신의 마음을 알아주지 않는 어머니에 대한 부정적인 감정을 구체적으로 표현하고 있는 것이 아닌가 생각됩니다.

3. 추가 탐색이 되면 좋을 부분

현재 어머니와의 관계에서 내담자의 욕구를 파악해 볼 수 있는 질문이 좀 더 필요해 보여요. 또한 내담자가 표현한 어머니에 대한 양가감정(불쌍하다. 답답하다.)에 대해 확인할 필요가 있을 것 같아요. 이를 통해 내담자의 현재 어머니와의 관계 패턴에 대해 살펴볼 수 있을 것으로 기대됩니다.

4회

친구가 회장되는 것을 도와달라고 했다. 이 친구는 약간 이기적이고 자기만 아는 것 같다. 욕심이 많아서 다 열심히 하려고 하고. 열심히 해서 좋은데. 어학연수 다녀와서 공부를 못해 내가 많이 도와줬다. 중2 때쯤 와서 같이 공부를 했다. 중간고사와 기말고사를 같이 공부하다 보니 비슷한 성적이 되었고, 지금은 친구가 더 잘하는 것 같다. [1]나는 잘하게 되지 않는데 친구만 성적이 계속 올랐다. (친구만 올라서 어땠나?) 씁쓸했다. 괜히 가르쳐 줬나 했다. ([2]어떤 친구인가?) 애들이 많이 안 밀어 준다. 친한 친구 중에 활발한 애들도 없고 귀찮아한다. 예전과 달리 2학년 때 성적이 확 오르니까 다른 애하고 어울리면서 메이커 밝히고 너무 짜증나게 군다.

1. 내담자가 자신이 도와주던 친구가 공부를 잘하게 되자 비교하는 감정을 가졌음이 드러난다.
2. 내담자가 드러내는 솔직한 감정에 대한 공감 또는 상황과 연결 짓는 질문이 필요하다. "내가 가르쳐 주던 친구가 나보다 잘해서 속상했구나." "안 가르쳐 줬으면 나보다 못했을 텐데 하는 마음이 드나 보다."

또 다른 친구가 있다. 어떤 일이든 많이 해 보려고 즐겁게 하면 되는데 공부 잘하는 애들한테 가서 얻어 내려 하는 게 싫다. 열심히 하려고 하는 그 애가 싫다. 나도 예전에는 그랬는데 1학년 때 딱 들어서서 공부만 하자 생각하고 안 꾸미고 열심히 했다. 그때 축제 때 춤 연습도 같이 하고 좋은 친구였다. [3]2학년 때 공부하려고 마음먹고 나니 그 애는 나를 경계하는 느낌이 들었다. 하면 얼마나 잘 하겠냐 잘해도 내가 더 열심히 하면 되지 했는데 열심히 하려는 마음이 생겨 좋았는데 더 열심히 해야 하니까 무거운 짐을 얹은 것처럼 그렇다. ([4]어떤 마음이 본인 마음이라 생각되나?) 더 잘하고 싶다. 내가 못했다는 기분이 더 많이 드니까 안 좋다.

3. 내담자가 친구들에게 가지는 마음이 투사되어 드러난다. 또한 내담자가 공부를 하려고 마음을 먹게 된 계기를 탐색하여 지금의 호소문제와 관련이 있는지 파악할 필요가 있다.

4. 내담자가 스스로 투사한 감정에 대해 자각하도록 하는 질문이 필요하다. "친구를 보면서 어떤 마음이 들었나?" "나와 비교해 보면 어떤가?"

 4회 멘토의 이야기

1. 내담자의 행동 변화

   내담자는 자신의 호소문제와 관련된 친구관계에서 공부에 대한 비교로 인한 감정에 대해 좀 더 솔직하게 말하고 있네요.

2. 내담자의 행동 변화 계기 분석

   내담자는 친구와 비교하여 공부를 더 잘하고 싶어 하는 마음 밑에 깔린 친구와의 비교로 인한 질투와 열등감을 솔직하게 드러내고 있는 것으로 보이네요. 이는 내담자가 자기표현을 충분히 할 수 있도록 상담자가 기다려 주었고 판단하지 않고 허용적인 분위기를 조성한 결과로 보입니다.

3. 추가 탐색이 되면 좋을 부분

상담자가 내담자의 표현 중 '더 잘하고 싶은' 욕구에 대해 내담자의 구체적인 경험을 통해 질문할 필요가 있을 것 같아요. 또한 친구의 이기심에 대해 말하면서 자기도 이기적인 마음을 가지고 있음을 표현하고 있어 이런 부분에 대해 자각할 수 있도록 하는 것이 필요합니다. 또한 내담자의 표현이 일치되지 않는 부분이 많은 것이 청소년 내담자의 특징일 수 있으나 내담자가 스스로 자신의 모습을 객관적으로 살펴보도록 하는 것이 도움이 될 것 같네요.

5회

독서실에 갔다. 가면 공부가 잘될 것 같아서 갔고 노력하고 있다. 지난번에 말한 회장 되려고 하는 친구는 떨어졌다. 회장으로 당선된 애는 성실하고 초등학교 때부터 같이 지냈는데 착하고 다 잘하고 공부도 잘한다. 그 회장 되려고 한 친구는 하고 싶기도 했지만 특목고 가려고 한 것 같다. 나도 ○○외고는 갈까 했다. 성적은 변함없이 잘 나오는데([1]성적이 어느 정도?) 반 1등, 전교 4등. 성적이 떨어질지 모른다는 것 때문에 걱정이다. 시험 준비 하려고 나름 노력했다고 생각한다. 특목고 갈 것도 아닌데 할 만큼 했다고 생각한다. ([2]공부는 언제부터 잘했나?) 공부는 6학년 되니까 해야겠다는 생각이 들었다. 5학년 때 지나치게 놀았다. 글짓기, 춤추기를 잘했고 공부도 벼락치기 했는데 잘했다. 영어학원에서 중1 때쯤 열심히 해서 반을 올라갔는데 원장선생님이 '특목고 갈 수도 있겠다' 해서 나도 '갈까?' 했다. [3]2학년 말쯤에는 계속 영어학원을 다녔지만 거기 가서 애들이 다 토익·토플 잘할 텐데

1. 내담자의 보고와 현실을 확인하며 내담자가 잘한다는 것을 스스로 자각하도록 하는 질문이다.

2. 내담자의 문제와 관련 있는 공부에 대한 질문을 통해 문제의 발생 시점을 탐색하려는 질문이다.

3. 내담자의 문제 발생 시점에 대한 언급이 나와 구체적으로 질문할 필요가 있다. "2학년 말쯤에 무슨 일이 있었는가?"

'내가 할 수 있을까' 하는 생각이 들었다. [4]일반고 가서 대학을 잘 가는 게 좋겠다 싶었다. 영어학원에서 잘 못하니까 일반고 간다고 생각할까 봐 싫었다. [5]사실 특목고 간다고 해도 잘하는 애들 때문에 힘들 것 같았다. 영어학원에 유학 다녀온 아이들이 반 넘게 있다.

4. 특목고에 가고 싶으나 못갈 것 같은 불안을 회피하려는 내담자의 패턴이 보인다.

5. 내담자의 솔직한 마음이 드러난다. 스스로에게 자신이 없으며 친구와의 비교에서 좌절하고 있음을 알 수 있다.

 5회 멘토의 이야기

1. 내담자의 행동 변화

내담자가 자신이 지금까지 노력한 경험과 자신은 늘 잘하고 싶지만 다른 친구들에 비해 못할지도 모른다는 불안을 가지고 있음을 말하고 있네요. 또한 내담자가 불안에 대응하는 모습으로 '할 만큼 했다.' '일반고에 가서 대학을 잘 가는 게 좋겠다.'라고 말하면서 자신에 대한 합리화를 하고 있는 것으로 보입니다.

2. 내담자의 행동 변화 계기 분석

내담자는 상담자와의 관계에서 자신의 노력을 인정받고자 하였으며, 지지받고자 했던 것은 아닌가 생각되네요. 또한 지난 회기에서 친구와의 관계에서 자신이 가지는 감정을 충분히 나누었기에 자신이 가지는 걱정, 힘듦에 대해 솔직하게 말하게 된 것이 아닌가 생각됩니다.

3. 추가 탐색이 되면 좋을 부분

내담자의 현실에서 드러나는 생각, 행동과 정서가 내담자의 근원적인 욕구와 어떻게 연결되는지를 파악할 필요가 있어요. 내담자는 현재 성적이 우수함에도 불구하고 자신이 잘하지 못할 것이라는 불안을 가지고 있으며 이러한 불안은 내담자가 어머니의 공부에 대한 과도한 기대 혹은 주어졌던 사랑과 관심이 언제든지 철수될 수 있다는 근원적인 불안에서 온 것일 수도 있으니 충분한 탐색이 이뤄졌으면 하는 아쉬움이 듭니다.

수련회에 다녀왔다. 춤추고 장기자랑을 하는데 친구들이랑 연습해서 나갔다. 그런 건 재미있게 잘한다. (재미있으면 잘하는구나. 공부는 재미가 없네.) 공부는 학원 등록 하고도 가지 않고 독서실도 가기 싫어서 안 나갔다. (어땠나?) 독서실을 관둘 때 실망스러운 기분이 들었고 애들이 열심히 하는데 걱정이 되었다. 학교에서나 그냥 얘기할 때 친구들이 '몇 시까지 했다.' '독서실 다닌다.' 이런 이야기 들으면 '나는 왜 끝까지 안 되는가.' 내 자신이 불만스럽다. 그러면서 더 하기 싫다는 생각이 든다. 예전엔 하기 싫어도 해야지 하며 잘했는데 요즘에는 그렇게 안 된다. ([1]그때하고 뭐가 달라졌나?) 그때는 이만큼 했으니까 더 하는 게 더 좋다고 생각했는데 지금은 그런 생각보다 '미루고 나중에 하지 뭐.' 하는 생각이 든다. 초등학교 때는 선생님들이 다 잘해 주고 열심히 하려고도 했고 칭찬을 많이 받았다. [2]'잘한다 잘한다' 했으니까 좋았다. (칭찬이 없었다면?) 만약 6학년 때 시작 안 했더라도 공부해야지 하는 마음이 들었을 것 같다. 지금까지는 어느 선생님을 만나든지 계속 잘한다는 칭찬을 받았다.

1. 내담자의 말을 구체화하는 질문을 할 필요가 있다. "예전이라면 언제인가?" "그때는 어떻게 해서 그렇게 할 수 있었나?" "요즘이라면 언제부터인가?" "어떤 일이 있었나?"

2. 주변의 관심과 인정이 공부에 대한 동기가 되었음을 알 수 있다.

6회 멘토의 이야기

1. 내담자의 행동 변화

내담자가 자신이 공부를 하기 싫어도 열심히 했는데 지금은 그렇지 않으며, 자신이 교사의 칭찬을 통해 공부에 대한 동기를 가져 왔음을 스스로 말하고 있네요.

2. 내담자의 행동 변화 계기 분석

내담자가 공부를 잘했던 과거에 대해 상담자가 질문하면서 내담자가 현재 달라진 지금의 자신에 대해 깊은 탐색을 하도록 도왔기 때문이라고 생각됩니다.

3. 추가 탐색이 되면 좋을 부분

상담자는 내담자가 인식하고 있지 못하는, 지금 현재의 내담자에게 여전히 주어지고 있는 관심과 칭찬이 무엇인지를 찾아 내담자가 자신의 모습을 이해하도록 도울 필요가 있을 것 같아요. 또한 내담자가 스스로 동기를 부여했던 일인춤과 공부가 어떤 차이가 있는지를 질문하여 자신의 내부에서 변화의 동기를 찾아볼 수 있도록 하는 것도 도움이 될 것 같네요.

 7회

엄마가 어제 학교 마치고 와서 내가 자고 있는 방문을 열어 보고 그냥 나가셨다. 사실 나는 자지 않았고 누워만 있었다. [1]내가 일어나서 '내가 자고 있는 거 보니까 엄마 기분이 어땠냐'고 물었더니 '속상했다'고 했다. '왜 그러냐'고 계속 물었더니 '이불을 제대로 안 덮고 자서 그랬다'고 했다. 그런데 계속 물었더니 결국 엄마가 내가 '공부하는 모습'을 기대했는데 아

1. 내담자가 어머니가 자신을 믿지 않는 것에 대해 확인하려는 의도가 있음이 드러난다.

니어서 실망했다는 것을 말했다. (²어머니의 마음을 알고 있었던가 보다.) 알고 있었지만 확인하고 싶었다. (말할 때 크게 말하지 않는다. 알고 있나?) 어른들하고 말할 땐 늘 그렇다. 엄마한테도 속의 말이나 고민을 말할 때 우물쭈물하며 작게 말한다. 어른들이 안 들린다고 한다. (특별한 이유?) ³예전에 담임이 오랫동안 겸손하게 말할 때는 아무 말 없다가 친구들한테처럼 좀 크게 말하니 '시끄러워졌다'고 했다. 그래서 계속 이렇게 말한다. 엄마도 그런 말을 하던데 그전에는 문제가 된다고 생각 안 했다. (지금은?) 문제는 안 되겠지만 지금도 어른들을 보면 잘해야겠다고 생각한다. 학교에서도 선생님을 보면 목표물로 정하고 잘 보여야겠다고 생각하고 잘하게 된다.

2. 내담자가 느끼는 어머니의 태도에 대해 직면시켜 볼 필요가 있다. "어머니도 너도 솔직하게 말하지 않네."

3. 선생님의 말에 자신을 맞추는 모습을 보인다. 중요한 타인에게 잘 보이고 싶은 욕구가 많음을 알 수 있는 부분이다. 그때 어떤 기분이었는지 탐색한다면 내담자가 자기이해를 하는데 도움이 되었을 것이다. "선생님이 그 말을 했을 때 어떤 생각이 들었나?" "그 말을 들었을 때 어떻게 느껴졌나?" "시끄러워졌다는 말이 어떻게 들렸나?"

7회 멘토의 이야기

1. 내담자의 행동 변화

내담자는 어머니가 공부하지 않는 자신에 대해 실망하고 있음을 확인했다고 말하고 있네요. 스스로 다른 사람들, 특히 교사와 어머니의 판단에 영향을 받아 자신의 행동을 결정하고 있음을 말하고 있는 것으로 보입니다.

2. 내담자의 행동 변화 계기 분석

   내담자가 자신이 어머니나 교사처럼 외부에서 주어지는 관심과 지지를 받고자 애써 왔음을 스스로 어느 정도 깨닫게 되었기 때문으로 생각됩니다.

3. 추가 탐색이 되면 좋을 부분

   이때 중요한 것은 내담자가 느끼는 상담자에 대한 전이 감정을 확인하여 내담자가 상담자와의 관계에서 인정 욕구를 충족하고 있는지를 확인할 필요가 있습니다. 또한 인정받고자 노력하는 관계 방식이 교사, 상담자, 어머니 외의 다른 대인관계에서는 어떻게 드러나는지 파악해 보는 것도 필요할 것으로 생각됩니다.

8회(축어록)

상$_1$: 어떻게 지냈어?

내$_1$: 오늘 좀 힘들었어요.

상$_2$: 뭐가 힘들었어?

내$_2$: 그게. 공부하기가 싫어져서 수업 듣기도 귀찮고 학원 숙제도 하기 싫고 수업 내용을 따라가지 못하니까. 학원을 등록했어요. 수학이랑 과학이랑. 근데 학원에서도 듣기 싫어질 때가 있어요.

상$_3$: 학원에서도?

내$_3$: 학교에서 더 심한 것 같아요. 지난주는 계속 잘해 왔는데 오늘 많이 힘들었어요.

내$_1$: 내담자가 처음 말하는 정서적 단어가 중요하다.

상$_2$: 내담자만의 힘들다는 것의 의미를 주의 깊게 살펴보고자 하는 반응이다.

상$_3$: 내담자의 표현 중 상반되는 '공부를 하기 싫은데 학원을 등록'한 것에 대해 좀 더 살펴보는 것이 필요하다. "학원은 어떻게 해서 가게 되었어?

상₄: 지난주와 다르게 오늘 많이 힘들었구나. 오늘 특별한 일이 있었던 거야?

상₄: 내담자의 힘듦에 대한 정서적 공감이 이루어지고 난 뒤 촉발 상황을 탐색하는 질문이다.

내₄: 아무래도 시험이 다가오니까 공부해야겠다는 생각은 들고 독서실 갔다오면 밤 11시인데 집에 가서 해야지 하다가 누웠다가 새벽에 해야지 하다가 시계 맞춰 놓고 깨긴 깨는데 결국 아침에 학교 갈 시간에나 일어나게 되거든요.

상₅: 으응. 시험이 다가오는데 잠들어서 깨지 못하는구나. 그럴 때 어떤데?

내₅: 그러면 내 자신이 실망스럽기도 하고 그래요.

내₅: 자신에 대한 심리적 불편감이 좀 더 분명하게 표현한다.

상₆: 일어나기는 해야 하는데 마음처럼 되지 않아서 속상하겠다. (네.) 엄마도 아시니?

상₆: 내담자의 실망감에 대한 어머니의 반응을 탐색하며 어머니와의 관계 변화에 대해 확인하는 질문이다.

내₆: 엄마는 지금은 내가 고민 없이 잘 지내는 줄 알아요. (그래?) 내가 힘들다는 말을 안 해요. 그냥 공부를 잘하고 있다고 생각하나 봐요.

내₆: 자신의 문제에 대해 어머니와 소통하지 않음을 확인할 수 있다.

상₇: 엄마한테 이야기 안 하는 이유가 있어?

상₇: 내담자와 어머니의 관계를 더 탐색할 수 있는 질문이다.

내₇: 엄마랑 이야기하면 좋긴 한데. 약간 답답하고 거리감이 느껴져요. 엄마는 무슨 고민을 말해도 마음이 편하지가 않아요.

내₇: 내담자와 어머니가 소통하지 못하는 이유들을 스스로 탐색하면서 심리적 불편감이 드러나고 있다.

상₈: 뭐가 그렇게 불편하게 하는 것 같아?

상₈: 심리적 어려움에 대해 구체적으로 확인하는 질문이다.

내8: 음, 엄만 있잖아요. 말할 때 보면 자기가 말하면서도 공부하지 말라고 했다가 또 그래도 공부는 해야 한다고 했다가. (이랬다 저랬다 하는구나.) 네.

상9: 엄마한테 그런 기분은 언제부터 느낀 것 같아?

내9: 엄마한테 느끼는 이 뭐라 말할 수 없는 그런 거. 그러니까 답답하달까 그거는 공부 고민을 시작하면서 생긴 것 같아요. (으응) 엄마는 근데 진짜 솔직하지 못한 것 같아요.

상10: 솔직하지 못하다고? 으음, 무엇을 보고 그렇게 생각했을까?

내10: 그게 있잖아요. 엄마도 엄마지만 아빠가 말이에요. 아빠는 다정하게 대하려고는 하는데 어려워하시는 것 같아요. 아빠는 같이 산책하거나 하면 이야기가 서로 이렇게 이어지지가 않아요. 말하는데 솜씨가 없다고 하나. 전에 한번은 아빠가 내가 공부 때문에 힘들다고 하니까 '공부는 고등학교 가서 하면 된다'고 했거든요. 근데 사실 저는 그때 진짜 '지금도 이렇게 힘든데 고등학교 가면 얼마나 힘들겠나' 하는 생각이 들었어요.

상11: 속상하고 부담스러웠겠다.

내11: 아빠도 은근히 기대하고 있어요.

내8: 공부에 대해 어머니의 기대를 느끼는 내담자의 불편감이 그대로 드러나고 있다.

상9: 구체적 시점을 파악하는 질문이다.

내9: 어머니와의 관계에서 오는 심리적 원인에 대해 더 구체화시키고 있음을 알 수 있다.

상10: 심층적인 감정으로 더 파고 들어가는 질문이다.

내10: 내담자가 화제를 변경하여 어머니뿐만 아니라 아버지와의 관계에서도 공부에 대해 심리적 불편감을 표현하고 있다.

상11: 내담자의 이해받지 못한 마음을 구체적으로 공감해 주는 것이 필요하다. "네가 얼마나 힘든지 아버지가 이해 못하는 것 같구나." "아버지에게 공부가 힘들다고 하소연을 했는데 이해받지 못했다는 생각이 드는구나."

상₁₂: 무엇을 보고 그렇게 생각하게 됐어?

내₁₂: 아빠가 다른 사람들한테 내가 1등 한다는 자랑을 하시
고 공부에 대한 인터넷 기사를 오려 놓기도 하고 사촌
오빠들이 오잖아요. 그럼 오빠들한테도 내가 잘한 것만
자랑해요. (으응.) 그냥 느낌이 그래요. 아마 내가 공부
못하면 실망할 것 같아요.

상₁₃: 아빠가 다른 사람들한테 이야기하는 걸 보고 공부 못하
면 실망할 것 같다고 생각했구나.

내₁₃: 아빠는 제가 그런 생각하는 줄 모르실 거예요. 제가 남
자친구가 있단 말이에요. 그런데 걔도 내가 완벽한 줄
알아요. (아, 그래?) 그게, 그게 남자친구도 소극적이어
서 저한테 크게 도움이 되진 못하고 있어요.

상₁₄: 남자친구한테 도움 받고 싶구나.

내₁₄: 음…… 그 애 때문에도 제가 고민이에요. 남친하고는 아
무런 관련이 없는데도 공부를 안 하면 그것 때문이라고
말하는 선생님들 이야기도 듣기 싫어요.

상₁₅: 남자친구가 있는 것 때문에 선생님들이 공부를 안 한다
고 말할까봐 걱정하고 있구나.

내₁₅: 네, 그렇게 생각하기가 쉬우니까요.

……〈중략〉……

내₃₈: 선생님, 그런데 있잖아요. 엄마가 바람을 피우면 어떻게
돼요?

상₃₉: 무엇 때문에 그런 질문을 하는데?

상₁₂: 아버지의 기대감에 대
한 내담자의 지각을
확인하는 질문이다.

내₁₃: 어머니, 아버지와의
관계뿐 아니라 남자
친구와의 관계에서도
기대를 받고 있다는
것을 표현하고 있다.

상₁₄: 내담자가 표현하지
않은 것에 대한 반응
으로 좀 더 탐색적
인 질문이 필요하다.
"어떤 도움을 받고
싶은가?"

내₁₄: 남자친구와의 관계에
서도 공부와 관련된
주변 사람들의 평가
에 신경 쓰고 있음이
드러난다.

내₃₈: 내담자 증상의 주요
원인으로 짐작되는
어머니의 외도 문제
를 드러내고 있다. 자
신의 남자친구에 대

내40: 사실…… 제가 엄마의 메일을 몰래 확인했어요. 근데 몇 년 전부터 메일이 왔더라고요. 제가 보니 남자고 서로 좋아하는 사이인 것 같았어요. (아, 그래?) 음…… 그게…… 음…… 엄마가 지난번에 오빠 병원에 갔을 때도 있잖아요. 근데 엄마가 전화가 오니까 다른 곳으로 가더라고요. 제가 엄마가 어디 가나 싶어서, 그니까 화장실로 간 것 같아서 따라갔더니 웃으면서 전화를 끊는 게 보였어요.

상41: 엄마가 너한테는 보여 주지 않는 모습을 보였나 보구나.

내42: 네. 환하게 웃었어요.

상43: 그때 무슨 생각이 들었어?

내44: 그냥 처음에는 내가 들으면 안 되는 전화를 한다고 생각했어요. 그때는…… 그런데 자꾸 의심이 생겼어요. 그리고 엄마 전화에 문자 오는 소리만 들리면 신경이 쓰였어요. 제가 의심이 들어가지고 엄마 전화에, 그니까 지난번에 이름이 없는 번호인데 자주 전화가 들어와 있어서 엄마한테 "누구야?" 하고 물어본 적이 있거든요. 근데 그다음에 엄마 전화기 보니까 제가 확인했을 때 여자 이름으로 되어 있었어요. 근데 그 전화를 남자가 받았어요.

해 이야기하면서 어머니의 외도에 대해 떠올린 것으로 생각된다.

내40: 내담자가 몰래 어머니의 메일까지 확인할 정도로 불안했으며 내담자의 심리적인 어려움이 증폭되는 촉발 사건임을 알 수 있다.

상41: 내담자가 그 당시 느꼈을 감정을 공감하는 반응이다.

상43: 내담자의 어머니에 대한 기억을 통해 심리적 어려움과 어떻게 관련지을 수 있는지 다시 한번 구체적으로 확인한다.

내44: 내담자가 어머니에 대해 느끼는 의심과 불안이 좀 더 구체적으로 드러난다.

상₄₅: 전화를 해서 확인을 해 봤구나? (네.) 엄마가 아빠가 아닌 다른 사람을 만나는 게 아닌가 생각하나 보다.

상₄₅: 내담자의 의심이 현실이 되는 순간을 확인하면서 내담자 생각의 내용을 다시 한번 구체화시키며 탐색한다.

상₄₆: 사실은 너무 고민되어 사이버상담을 한 적도 있어요. 그런데 지금은 있죠. 엄마가 얼마나 외로웠으면 그럴까 하는 생각이 들어요. 요즘에는 아빠도 불쌍하고 엄마도 불쌍해요.

상₄₆: 내담자가 심리적으로 어려웠음과 자신의 감정을 부모에 대한 연민으로 처리하였음을 보여 준다.

상₄₇: 걱정이 많이 되겠다.

내₄₈: 〈침묵〉 엄마가 밉기도 해요.

상₄₇: 내담자가 어머니의 전화를 확인하고 사이버상담을 한 이유를 탐색하는 질문이 필요하다. "상담을 통해 무엇을 도움받고 싶었나?"

상₄₉: 그래. 미운 마음이 드는 게 당연하겠다. 너도 힘들잖아.

내₅₀: 나도 힘들어도 이렇게 지내고 있는데. 근데 엄마가 그것도 모르고 얼마 전에 "각자 살자."라고 말한 적도 있어요.

상₄₉: 내담자가 자신의 감정을 스스로 자각하고 표현할 수 있도록 질문하는 것이 필요하다. "밉다는 것은 어떤 의미인지 좀 더 이야기해 줄래?"

상₅₁: 그랬구나. 그게 어떤 말로 들렸어?

내₅₁: 〈침묵〉 가족들이 다 귀찮고 싫다는 말로 들렸어요.

상₅₂: 어떤 기분이 들었어?

내₅₂: 화가 났어요.

상₅₁: 구체적인 상황이 드러나지 않아 상황을 탐색하여 내담자의 상황에 대한 인식을 파악할 필요가 있다. "어떤 상황에서 엄마가 그런 말을 했나?"

상₅₃: 화가 나서 어떻게 했어?

상₅₃: 감정을 다루는 방식을 확인하는 질문이다.

내_53_: 화가 났지만 아무렇지도 않은 것처럼 지냈어요.

상_54_: 그렇게 하는 이유가 있어?

내_54_: 말하면 안 될 것 같고 어떻게 해야 할지 몰라서요.

상_55_: 엄마가 네가 알고 있다는 것을 알면 어떨 것 같아?

내_55_: 울겠죠. 엄마는 잘 울고 하니까.

상_56_: 그런 엄마가 어떻게 생각되니?

내_56_: 내가 더 힘든데 엄마가 우는지. 엄마가 울면 안됐다 싶기도 하지만 짜증나기도 하고 우는 모습이 보기가 싫어요. 각자 살자고 말하기나 하고. 내가 어떤 마음인지 모르면서 무슨 생각인지 모르겠어요.

〈후략〉

내_53_: 내담자의 일치하지 않은 표현으로 내담자의 패턴이 드러난다.

상_54_: 내담자의 감정을 표현하는 방식에 대해 탐색한다.

상_56_: 어머니의 대처에 대한 내담자의 반응을 살펴보는 질문이다.

내_56_: 어머니에 대한 연민과 미움의 양가감정이 있음을 말하고 있다.

9회

엄마에게 메일을 봤다고 이야기했다. 엄마가 울면서 절대 아니라고 했고 다시는 연락하지 않겠다고 걱정하지 말라고 했다. (¹어떻게 해서 그런 말을 할 수 있게 되었나?) 선생님이랑 이야기하고 나서 엄마가 울든 말든 해 버려야지 싶었다. 사실이든 아니든 안 만나겠다고 하니 믿어야지 싶다. 내 문제가 더 급한 것 같다. 시험이 2주 남았는데 공부가 안 되는 게 더 힘들다. 독서실 가면 한 시간 있다 와서는 잠들고 아침에 일어나곤 했다. 너무 힘들고 자신이 한심스럽다. (무엇 때문에 그렇게 생각되나?) 할 것은 많고 ²애들은 잘하는데 나만 안 되는 것 같다. 친한 친구가 있는데 생각이 깊고 나를 도와주고

1. 내담자의 직면하는 행동 변화에 대해 지지하는 공감적인 반응으로 자신의 변화를 자각하도록 돕는 질문이다.

2. 친구와의 비교에 대한 내담자의 감정이 좀 더

싶어 하는데 그 친구 말이 다른 친구들도 바빠서 나의 고민을 들어줄 시간이 없다고 했다. '누가 관심 써 주냐'고 했다. (섭섭했겠네.) 그 말이 많이 섭섭했다. 그 친구가 오늘 내가 남자친구가 있어서 다른 친구들이 욕한다고 했다. 아닌 것 같으면서 할 건 다한다는 말을 하며 남자친구와 "손은 잡았냐." "놀러 안 가냐." 하고 조롱하듯이 말했다. 기분이 나빴다. (기분 나쁘고 속상했겠다.) 다른 애들이 나를 가벼운 애로 볼 것 같아서 싫다. 생각이 없고, 말이나 행동을 함부로 하는 애가 되는 게 싫다. [3]아무 생각 없이 살았으면 좋겠다. 아무도 이해 못한다는 생각이 들어서 너무 힘들었다. 나는 늘 선생님들한테 잘 보이고 싶다고 생각해 왔다. 성적이 떨어지면 담임과 생각 없는 애들, 다른 샘들이 손가락질하고 가벼운 애로 볼 것이라 생각한다.

솔직하게 표현되므로 좀 더 탐색하는 질문이 필요하다. "나만 공부가 안되면 무슨 일이 생기나?" "친구들이 잘된다는 것은 어떻게 알 수 있나?"

3. 스스로 감당하기 힘든 생각과 감정들이 많음을 표현하고 있다. 이후 내담자의 감정들이 솔직하게 드러난다.

 9회 멘토의 이야기

1. 내담자의 행동 변화

   내담자가 어머니에게 자신이 어머니의 메일을 보았다는 사실을 이야기했군요. 내담자는 어머니에 대한 감정뿐 아니라 친구와 교사와의 관계에서 남자친구로 인해 인정받지 못하는 섭섭함과 불편감을 표현하고 있네요.

2. 내담자의 행동 변화 계기 분석

   지난 상담에서 내담자가 가진 어머니의 외도로 인한 분노와 우는 어머니에 대한 측은한 감정을 가지고 있음을 충분히 표현하였으며, 문제 해결을 위해 무언가 하지 않으면 안 된다고 느낀 것으로 생각해 볼 수 있어요. 어머니에게 직접 질문함으로써 어머니에 대한 감정을 조금이나마 해소한 것이 아닌가 보여지네요. 그것 때문에 내담자가 다른 사람과의 관계에서 느끼는 감정도 표현할 수 있었던 것으로 생각됩니다.

3. 추가 탐색이 되면 좋을 부분

내담자가 어떤 마음으로 어머니에게 자신이 알고 있음을 말하였는지에 대한 구체적인 탐색이 되지 않아 아쉽네요. 또한 내담자가 어머니에게 자신이 알고 있음을 말하면서 어머니를 자신이 원하는 대로 움직이도록 한 것은 아닌지에 대한 확인이 필요해요. 이야기하는 과정에서 자신의 분노와 연민의 감정까지도 충분히 호소하였는지, 또한 어머니의 말을 통해 내담자의 감정이 어느 정도 해소되었는지를 포함해서 앞으로 어머니와의 관계 변화에 대해 좀 더 확인해 보는 것이 필요합니다.

 10회

시험은 어렵지 않았다. 성적은 생각보다는 잘 나왔다. 등수는 좀 떨어지겠지만 시험을 치고 나니 괜찮다. [1]사람들이 어떻게 볼까에 대해 걱정을 많이 했다. ([2]다른 사람이 신경이 쓰이는 모양이다.) 다른 사람들이 날 어떻게 생각하나 항상 궁금하다. (어떻게 생각할 것 같은가?) 참 괜찮은 애라고 생각하면 좋겠다. (괜찮은 애?) 잘 웃고 예쁘고 말도 잘하고 착하게. (지금은 어떤가?) [3]지금은 한편으로는 '내 마음대로 하고 싶다'는 생각이 든다. ([4]어머니와의 관계에서는 어떤가?) 엄마가 아직도 공부하기를 기대하고 있는 것 같다. 답답하다.

1. 내담자가 성적이나 등수보다 다른 사람의 인정과 평가에 신경쓰고 있음이 드러난다.
2. 내담자에게 공감하면서 탐색을 촉진하는 반응이다.
3. 변화된 생각에 대해 말하고 있어 질문을 통해 지지할 필요가 있다. "어떻게 해서 그렇게

나를 믿어 주고 이해해 주면 좋겠다. 그동안 많이 힘들었는데 이제 그만 힘들었으면 좋겠다. 그래도 전에 비하면 엄마 아빠가 달라지셨다고 생각된다. 공부 말고도 신경 많이 쓰신다. (어떤가?) 고맙다는 마음도 든다. 지금은 내 공부가 제일 문제다. 성적 떨어진 것도 신경이 많이 쓰이고 남자친구와 헤어져서라도 공부에 집중해야겠다고 생각한다.

생각하게 되었나?"
4. 어머니와의 관계도 변화가 있었는지 확인한다.

 10회 멘토의 이야기

1. 내담자의 행동 변화

    내담자는 다른 사람에게 잘 보이고 싶은 긴장된 마음과 내 마음대로 하고 싶은 양가적인 마음이 있음을 표현하고 있고, 공부에 집중하고 싶은 욕구를 다시 한 번 표현하고 있는 것으로 보이네요.

2. 내담자의 행동 변화 계기 분석

    상담자가 지금 현재 느끼는 감정에 주목할 수 있도록 이끌었기 때문에 내담자가 현재 자신의 욕구에 집중할 수 있었던 것으로 생각해 볼 수 있어요.

3. 추가 탐색이 되면 좋을 부분

    상담이 진행되어 감에 따라 내담자가 자신의 모습에 직면해 볼 수 있도록 시도해 보는 것은 어떨까요? 이번 회에서 내담자가 자신에 대해 과거로부터 가져온 이상적인 모습에 도달하지 못해 괴로워하는 모습에 대해 직면하도록 시도해 보는 것도 도움이 될 것으로 생각됩니다. 또한 부모님의 변화에 대해 구체적으로 탐색하고, 내담자가 어머니의 외도에 대해 어머니에게 말한 이후 관계의 변화에 대해 다시 한번 점검해 보는 것이 필요할 것 같아요.

11회

(¹지난 상담에서 아빠 이야기를 잠깐 했다.) 아빠는 말보다는 조용히 잘해 주시는 편이다. (그런데?) 별로 안 좋다. (어째서?) 그냥 별로 안 좋다. 아빠가 엄마한테 당신이 잘못해서 애들이 나를 싫어한다고 말했다고 한다. 그것도 싫다. (어떤 것이 싫나?) 유치하게 생각된다. 왜 그런 식인지 모르겠다. (어머니는?) 엄마가 아빠가 그랬다는 말을 하는 것도 신경질 난다. 답답해서 두 번 말하면 알아들어야 하는데 못 알아듣고 자꾸 묻는다. 학원 가기 싫다는데도 다른 데로 말을 돌린다. (어떤가?) 그럴 때면 엄마한테 죄책감을 가지게 된다. 오빠도 나도 엄마 때문이라고 생각한다. 오빠는 정말 짜증난다. 자기가 잘못한 것을 엄마 탓으로 돌리고 있다. (²너는 어떤가?) 나도 그렇지만 탓하면 안 될 것 같고 엄마한테 미안하다. (³어머니를 탓하고 싶은 마음과 어머니한테 미안한 마음?) 두 가지 마음이 다 든다. 마음이 약하고 간도 작고 표현 방법을 모르고 소심한 가족이다. 짜증나거나 화나는 것을 다 같이 표현하게 된다. 저녁에 산책하는 동안 엄마는 쉬어라, 공부해라 두 가지만 말한다. 쉬라고 해도 마음이 믿기지가 않고, 공부하라고 해도 진심으로 이해가 되지 않는다. (듣고 싶은 이야기는?) 듣고 싶은 게 뭐냐고 엄마가 적어 달라고 했는데 ⁴위로받고 싶다. (⁵그런 때가 있었나?) 기말고사 준비할 때는 엄마가 많이 받아 주셨다.

1. 내담자가 아버지에 대해 언급한 이후 아버지와의 관계를 탐색하기 위해 질문한다.

2. 문제의 초점을 자신에게 옮겨 오도록 하는 질문이다.
3. 내담자가 어머니에게 가진 양가감정을 분명히 하는 질문이다.

4. 내담자가 어머니와의 관계에서 원하는 것은 따뜻하게 위로임을 확인할 수 있다.
5. 관계에서 경험을 떠올려 보도록 하는 질문이다.

11회 멘토의 이야기

1. 내담자의 행동 변화

내담자는 아버지의 행동에 대한 부정적인 감정에 대해 적극적으로 표현하고 있고, 어머니가 자신을 받아 주고 따뜻하게 위로해 주기를 바라고 있음을 표현하고 있네요.

2. 내담자의 행동 변화 계기 분석

내담자가 인정받고 싶고 착한 딸이기 위해 억압했던 감정들이 표출되기 시작한 것으로 보여지네요.

3. 추가 탐색이 되면 좋을 부분

아버지의 행동에 대해 내담자가 느끼는 부정적인 감정을 깊이 있게 탐색하여 내담자가 아버지에 대해 가지는 감정이 아버지와 어머니의 관계에서 오는 것인지 확인할 필요가 있을 것 같아요. 또한 어머니에 대해 자신이 느끼는 감정을 충분히 표현하게 하여 자신의 감정을 자연스럽게 수용할 수 있도록 도울 필요가 있을 것 같아요.

 12회

지난주에 스스로 국어학원은 안 간다고 했다. (어떻게 해서?) 어학연수 가니까 영어를 못하면 안 되니까 영어를 배우고 가고 싶어서 영어학원을 다시 다닐까 한다. ([1]스스로 결정했나?) 스스로 결정하고 말했다. 외국 가는 준비를 하면 마음이 편하고 좋다. (외국에 가는 일정에 대해 어머니를 통

1. 내담자가 자신의 의지를 가지고 결정하고 있는지를 확인하는 질문이다.

해 들었다. 상담은?) 다음 주까지 한다고 들었다. (어떤가?) 갑자기 결정되어 아쉽다. 가서도 이야기하면 안 되나? (할 수 있으면 연락해도 좋다. 다른 일은?) 시험은 어떻게 해야 할지 모르겠다. 최대한 버티려고 한다. 엄마한테 조르고 있는데 안 될 것 같다. 부담된다. (어떤 부담?) 시험 안 친다 하면 엄마 말처럼 회피하려고 하는 것 같다. 이러고 싶어서 이러는 게 아닌데. (^{2}정말 어떻게 하고 싶은가?) 스스로 내 뜻대로 하고 싶다. (^{3}어떻게 구분되는가?) 하고 싶을 때는 EBS 방송 들을 때이다. 엄마가 간섭 안 하고 수업 진도 따라가려고 방송 강의도 재미있을 때이다. 기분이 좋을 때이다. 공부하고 싶은 마음이 든다. 그럴 때면 엄마하고 그전 날 싸우고 왜 이랬지 하면서 갑자기 오버했다고 생각되고 지나가면 아무것도 아닌데 한다. (^{4}그런 상태가 지속되려면?) 좀 더 스스로 하고 책임도 지고 그래야 할 것 같다.

2. 내담자가 마음과 달리 행동하는 것에 대해 원하는 것을 질문하여 스스로 선택하고 결정하는 것을 지지하려는 질문이다.

3. 스스로 선택하는 상황을 명확히 하도록 질문한다.

4. 변화를 지속시키기 위한 질문이다.

 12회 멘토의 이야기

1. 내담자의 행동 변화
   내담자가 스스로 결정한 것은 즐겁게 잘하고 있고, 책임지고자 한다고 이야기하고 있네요.

2. 내담자의 행동 변화 계기 분석
   내담자가 어머니나 다른 사람의 인정을 받고자 하는 것이 아니라 스스로 결정하는 시도를 통해 만족감을 느끼는 경험을 한 것으로 보이네요.

3. 추가 탐색이 되면 좋을 부분

내담자가 스스로 시도하는 것에 대해 격려하고 변화가 지속될 수 있도록 변화를 방해하는 요인이나 상황에 대해 미리 생각하고 대처해 볼 수 있도록 도울 필요가 있을 것으로 보여지네요. 또한 상담 종결이 예정된 상황이라면 종결에 대한 내담자의 감정을 다루거나 종결을 서로 합의하는 과정이 필요합니다.

 13회

기분이 좋아졌다. (무슨 일이 있었나?) 외국 학교에 가는 것에 대해 이야기했다. 엄마가 내가 뭘 해 주면 좋겠냐고 했다. 뭔가를 해 달라는 건 아니라고 말했다. 엄마도 내 마음을 알려고 노력하시는 것 같다. (¹어머니가 달라졌다고 느끼나?) 얼마 전에 엄마랑 이야기를 나눴는데 엄마가 자기도 위로를 못 받고 자라서 나에게 그런 것을 잘 못해 준다고 말하셨다. (그 말 듣고 어땠나?) ²엄마가 좀 이해가 되었다. 엄마도 위로받고 싶었을 것 같다는 생각이 들었다. 외국에 가서도 계속 연락하겠다. 돌아와서 다시 상담하면 좋겠다. (상담을 통해 달라진 것이 있다면 무엇인가?) 아직도 조금은 힘들고 어렵지만 잘 지내고 싶고 이제 좀 더 혼자서도 잘 할 수 있겠다는 마음이 든다. 외국에 간다고 하니 가서 한번 잘 지내 보고 싶고 영어를 한다는 게 재미있을 것 같기도 하다. (³새로운 시각이다. 그런데 돌아와서는 어떨 것 같나?) 걱정은 되지만 앞으로는 더 편한 마음이 되었으면 좋겠다. 잘 지내도록 지금보다는 노력하겠다. (추후상담은 가능하다.) 외국 가서도 연락하겠다.

1. 어머니의 변화에 대해 구체적으로 질문한다.
2. 어머니에 대한 좀 더 객관적인 이해가 드러난다.
3. 추후상담에 대한 구체적인 안내가 필요하며, 변화에 대해 유지할 수 있기 위해 다양한 상황을 생각해 볼 수 있도록 질문하는 것이 필요하다. "외국에 가서 힘든 것은 무엇인가?" "외국에도 나보다 열심히 안 하는데도 잘하는 친구들이 있을 텐데 어떨 것 같나?" "어머니에 대한 걱정은 없나?"

13회 멘토의 이야기

1. 내담자의 행동 변화

   내담자가 상담과정에서 어머니를 새롭게 이해한 것에 대해 이야기하고 있네요. 또 스스로 잘해 보고 싶다는 욕구도 표현하고 있어요.

2. 내담자의 행동변화 계기 분석

   내담자가 학교·학원을 떠나 공부에 대한 부담을 덜고 외국에서 생활하는 기회를 갖게 된 현실적인 상황에 대한 기대가 생긴 것 같아요. 또 내담자가 상담을 통해 어머니에 대한 감정들을 표현함으로써 어머니를 이해할 마음이 조금은 생긴 것으로 보이네요.

3. 추가 탐색이 되면 좋을 부분

   이번 상담의 경우 목표 달성 및 종결에 대한 정확한 합의가 보이지 않아 아쉬워요. 상담자가 상담을 통해 내담자가 지각한 자신의 변화를 탐색하고 표현하며 상담과정을 정리할 수 있는 종결에 대한 과정을 충분히 다룰 필요가 있어요. 또 내담자가 생활의 변화를 급격하게 겪을 수 있는 외국에서의 생활을 준비할 수 있는 다양한 대처 방안을 한번 함께 생각해 봤다면 하는 아쉬움이 듭니다.

14회(추수상담) 전화상담

생각보다 재미있고 잘 지낸다. 처음에는 적응하기 힘들어서 돌아갈까 하는 마음도 있었는데 홈스테이 하는 집에 외국인 아주머니가 잘 챙겨 주신다. 따뜻한 분이시다. 친구들도 사귀었다. 몇 명 안 되지만 시험, 경쟁이 없으니 친구들이 서로 도와가면서 공부한다. 마음이 편하고 좋다. 여기서 계속 학교를 다닐 수 있게 되면 좋겠다고 부모님과 의논 중이다. 부모님과도 집에 있을 때보다 자주 연락을 주고받는다. 엄마도 내가 없어서 많이 허전하다고 자주 연락 주신다. 엄마가 나를 많이 사랑했다는 느낌이 든다. 기분이 좋다.

상담전문가의 사례 되짚어 보기

1. 내담자의 문제 발생

내담자의 주 호소문제는 공부를 해야 하는 것을 알지만 공부가 되지 않는다. 엄마가 불쌍하면서도 다른 남자를 만나는 것이 화가 난다는 것이다. 현재 내담자는 자신이 공부를 통해 인정받아 왔으나 영어학원에서 자신보다 더 잘하는 친구들을 만나면서, 인정받지 못하는 것에 대한 불안이 커진 상태에 어머니의 외도를 알게 됨으로써 공부에 더욱 집중하지 못하는 것으로 보인다. 또한 내담자는 자신이 인정받고 관심받았던 공부를 하지 않음으로써 자신의 문제를 드러내고 있는 것으로 보여진다. 내담자는 어린 시절부터 주요 양육자가 자주 바뀌는 등 정서적인 보살핌이 부족하였으며, 무뚝뚝하고 가부장적인 아버지로 인하여 힘들었을 어머니를 위해 공부를 열심히 함으로써 위로하는 역할을 해 왔을 것으로 생각된다.

내담자가 상담에 오게 된 경위를 살펴보면, 내담자가 그동안 잘해 왔던 공부를 하지 않고 힘들어하자 걱정된 어머니에 의해 상담에 의뢰되었다. 그러나 첫 회기부터 상담에 솔직하게 임하는 모습을 보여 상담을 통해 어머니의 문제에 대해 이야기할 수 있게 되기를 기대했던 것으로 생각된다.

이러한 내담자의 주 호소문제와 상담 내방 경위를 통해 내담자가 공부라는 현실적인 어려움을 호소하고 있지만 내담자의 주 호소문제는 내담자가 어머니와의 관계에서 느끼는 양가감정으로 인한 혼란, 공부를 통한 만족감과 우월감의 상실 등과 관련이 있는 것으로 보인다.

2. 치료적 개입

상담자는 내담자를 수용하고 있는 그대로 받아 주는 태도를 통해 내담자가 어머니의 외도로 인한 분노와 불안, 측은함과 미안함 등의 감정, 자기보다 못했던 친구가 잘하는 것에 대한 질투, 공부와 관련된 친구관계에서 느끼는 우월감의 상실로 인한 좌절감 등에 대해 솔직히 털어놓을 수 있도록 했던 것으로 보인다. 또한 공부뿐 아니라 내담자가 잘해 왔던 춤과 같은 다른 장점들에 대해서 지지하고 격려함으로써 내담자가 스스로 결정하고 시도해 볼 수 있는 힘을 얻었던 것으로 생각된다. 또한 내담자가 어머니의 외도에 대해 스스로 확인하며 어머니를 떠나 어학연수를 갈 수 있게 된 것은 상담을 통해 내담자가 가족 문제와 자신을 분리하고자 하는 시도를 보여 주는 것으로 생각해 볼 수 있다.

3. 상담의 적절성

이번 상담에서 상담자는 내담자가 주 호소문제를 파악하고 적절한 상담개입을 하는 데에서 다소 부족함이 있었던 것으로 생각된다. 내담자는 첫 회기에 자신이 '공부가 싫다.' '사소한 걱정을 많이 한다.' '요즘 들어 안 좋은 생각을 많이 한다.'라는 다양한 표현을 통해 현재의 어려움을 호소하고 있다. 이러한 경우 상담자가 내담자의 표현에 대해 '언제부터인가?' '그때 혹시 무슨 일이 있었나?' '안 좋은 생각은 무슨 생각인가?' '부모님은 어떤 말을 하시는가?' 등의 질문을 함으로써 내담자의 주 호소문제를 구체화시킬 필요가 있다. 또한 내담자가 어머니에 의해 의뢰된 만큼 의뢰한 어머니에 대한 감정에 대한 구체적인 탐색을 했다면 공부가 되지 않는다는 내담자의 주 호소문제가 가족 문제로 인한 것이며, 특히 어머니의 외도에 따른 감정과 관련이 있다는 것이 좀 더 빨리 드러날 수 있었을 것으로 생각된다.

또한 내담자가 지금 현재 상담에 의뢰된 이유가 첫 회 상담에서 충분히 탐색되지 못하였으며 상담목표 또한 내담자의 주 호소문제와 맞지 않아 내담자가 상담을 진행하는 동안 지속적으로 자신이 '공부를 해야 하는 것을 알지만 공부가 되지 않는다.'는 것에 대해서 반복적으로 호소하고 있는 것으로 보인다. 이러한 내담자의 공부를 해야 하는 것을 알지만 되지 않는다와 같이 상담과정에서 반복적으로 보이는 양가적인 표현이나 관계에서의 패턴이 공부를 하라고 했다가 하지 말라고 하는 식의 어머니의 '이랬다저랬다' 하는 것으로 표현되는 양가적인 표현과 비슷한 면이 있어 내담자를 통해 좀 더 깊이 탐색하여 내담자의 패턴에 대한 원인을 파악하고 변화를 시도할 필요가 있었을 것으로 생각된다. 또한 내담자가 어른들에게 인정받고 수용받았던 경험으로 인해 공부에 대한 자신감과 우월감을 가지고 있으나 그로 인해 또래관계에서 친밀한 정서적 관계에 대한 경험이 부족한 것으로 보인다. 이러한 관계에서의 경험이 다른 대인관계에서 어떻게 드러나는지에 대해서 내담자가 자신의 모습을 알 수 있도록 질문하고 구체화시켜 나가는 접근이 필요하겠다.

4. 대안

- 상담이 목표 달성 혹은 합의에 따라 종결하지 못한 경우, 마지막 회기에 내담자가 자신의 상담과정을 돌아보고 상담과정에서 얻은 것과 앞으로 해결해야 할 문제에 대해 스스로 정리하고 자각하는 과정이 반드시 필요하다.
- 내담자가 자신의 불안을 다루기 위해 어학연수를 가서 적응하는 데 발생할 수 있는 다양한 문제를 미리 예상해 보는 것도 내담자의 적응을 위해 도움이 되었을 것으로 생각된다.
- 상담자는 청소년들이 공부, 진로 등의 문제를 주 호소문제로 상담을 의뢰되었다 하더라도 호소문제가 내담자의 현재의 어려움을 드러내는 증상이며, 이면에 가족문제와 같은 다양한 문제가 복합적으로 작용할 수 있음을 알고 있어야 하겠다.
- 가족 간의 문제로 인해 공부에 집중하지 못하는 내담자와 같은 경우는 가족상담을 통해 문제를 해결하기 위한 시도를 할 필요가 있다.

후배 청소년 상담자에게 보내는 선배의 따뜻한 한마디

김상희 교수(동명대학교 상담심리학과)

청소년들은 많은 어른이 자녀의 공부와 성적에 관심을 집중하고 있음을 알고 있습니다. 따라서 가장 강력한 의사소통의 수단이 공부와 관련된 것일 수 있습니다. 인정과 사랑을 받기 위해서 공부를 열심히 하기도 하고, 자신의 불만과 심리적인 어려움을 호소하기 위해서 공부를 하기 싫다고도 하며, 공부에서 아예 손 놓으면서 무기력을 표현하기도 합니다. 극단적으로는 자신을 망치거나 포기하면서 세상에 자신의 분노를 외치기도 합니다. 아이러니하지만 우리는 이러한 의사소통 방식을 이해하고 잘 들을 수 있어야 합니다.

이와 함께 상담자는 청소년들이 상담을 받으러 올 때 겉으로 드러나는 문제 이면에 감추어진 문제가 있다는 것을 늘 염두에 두어야 합니다. 이는 내담자가 의식하고 있기도 하고 자신도 전혀 모르고 있는 경우도 있습니다. 예를 들어, 공부가 하기 싫고 친구관계도 힘들어서 학교를 다니기 싫어하는 내담자를 만난 적이 있습니다. 이 내담자와 한참을 상담하다 알게 된 사실은 공부를 잘해서 부모님이 원하는 대학에 가게 되면 부모가 이혼을 하게 될 것이고 자신이 혼자가 될 것을 두려워한다는 것이었습니다. 이는 내담자도 알아차리지 못하는 무의식적인 마음으로, 내담자 스스로 자신을 무기력 상태로 만들어 버려서 학교 적응을 하지 못하는 것이었습니다.

이 사례에서는 내담자가 공부가 잘 되지 않는다는 표면적 문제 이면에 엄마의 외도를 알게 된 충격과 두려움, 불안 등을 어떻게 처리해야 할지 모르는 상태에서 친구들 관계의 어려움이 복합적으로 작용하고 있는 상태입니다. 이러한 경우에 상담자는 이를 알지 못하고 있었으나 내담자와 신뢰할 수 있는 관계가 잘 형성되면서 내담자가 자신만의 비밀을 털어놓게 됩니다. 결국 상담의 진행은 내담자와 상담자의 관계에서부터 비롯됨을 알 수 있습니다. 내담자가 상담자를 믿을 수 있게 되면 언젠가는 하고 싶은 진짜 이야기를 하게 되는 것입니다. 그런 의미에서 이 사례에서 상담자는 내담자를 있는 그대로 받아들이며 편안하게 상담을 진행했기에 내담자가 스스로 자신의 이야기를 불쑥 꺼내놓고 또한 그 용기에 다시금 힘을 얻어서 어머니와도 직접 이야기를 하면서 마음의 무게를 털어내고 자신의 삶을 살아가게 된 것입니다. 이는 상담자가 어떤 의도를 가지고 이러한 방향으로 가려고 한 것이 아니라 내담자의 마음을 자연스럽게 따라가다 보니 내담자의 자기치유의 힘이 발휘된 것으로 보입니다.

그러나 많은 경우에 내담자가 말하는 것만 따라가다 보면 표면적인 문제만을 다루다가 상담이 종결되는 경우도 있을 수 있습니다. 진로 고민, 친구관계의 걱정, 학업의 어려움, 학교에서의 적응 등 청소년들이 흔히 고민할 수 있는 호소문제 이면에는 그 청소년만의 독특한 배경이 있다는 것 그리고 많은 경우에 가족 갈등이 묻혀 있음은 당연한 일입니다. 상담자는 드러나는 것이 전부가 아님을 염두에 두고 미지의 그 세계로 함께 들어가야 하며, 이것이 진정한 공감이며 치유의 시작입니다.

이 사례는 이러한 청소년 내담자의 심리 상태를 이해할 수 있으며 상담자와의 관계 형성을 통해 내담자 스스로 극복해 나가는 내담자의 내면적 힘이 잘 드러나는 것을 볼 수 있습니다.

대인관계

사례 2

얼굴을 가리지 않고 편하게
사람들을 만나고 싶어요

내담자의 말

나는 전문계 고등학교 1학년 여학생이에요. 엄마가 세 살 때 나를 버리고 가출하여 그 뒤로 친척집 이곳저곳을 다니며 눈칫밥을 먹고 살았어요. 그러다 초등학교 1학년 때부터 아빠랑 살면서 심한 욕설과 폭력을 당하다가 일 년 전부터는 할아버지 집에서 살게 되었어요. 하지만 할아버지와 아빠는 맨날 싸우니까 내가 힘들다는 말도 못해요. 나는 요즘 사람을 만나는 것이 너무 힘들어요. 특히 고등학교 입학하고 더 심해졌는데 그 이유는 중학교 때 친했던 친구와 헤어지고 혼자 낯선 고등학교에 와서 그런 것 같아요. 밖에 나갈 때는 머리카락으로 얼굴을 가리고 고개를 푹 숙이고 나가는데 너무 불편해요. 나는 얼굴을 가리지 않고 사람들을 편하게 만나고 싶은데 어떻게 해야 할까요?

📝 내담자 기본 정보

1. 내담자 인적 사항

여, 17세, 고등학교 1학년, 2녀 중 장녀

2. 내담자 상담 경위

내담자의 친구가 외출을 꺼릴 뿐만 아니라 외출할 때는 긴 머리로 얼굴을 가리면서 사람 만나는 것을 두려워하는 내담자를 보고 상담을 권유하여 친구와 함께 내방하였다.

3. 주 호소문제

- 밖에 나가면 사람들이 나만 쳐다보고 무시하며 비웃는 것 같아 밖에 나가기 두려워 머리카락으로 얼굴을 가리는데 얼굴을 가리지 않고 편하게 외출하고 싶다.
- 강한 친구에게는 아무 말도 못하면서 약한 친구에게 직설적으로 심하게 말하여 상처를 주는 성격을 고치고 싶다.

4. 가족관계

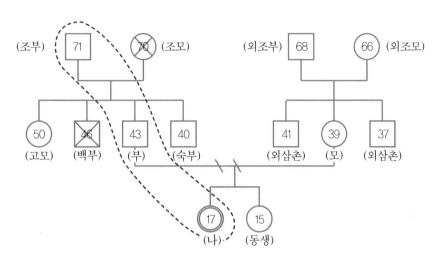

아버지(43세, 일용직)　무뚝뚝하고 화를 잘 내는 성격으로 내담자가 다섯 살 때 모와 이혼을 했다. 그 후 주로 이성 친구와 자주 만났으며 1~2개월 동안 집 밖에서 생활하는 등 내담자를 집에 혼자 내버려 두는 경우가 많았다. 일용직 으로 지게차 운전을 하지만 노는 날이 많아 수입이 거의 없고, 돈이 있으면 무 조건 다 쓰는 기분파이다. 일정하지 않은 수입과 무분별한 소비로 인해 일 년 전 할아버지 집으로 들어와 생활하지만 최근 건강이 악화되었으며, 경제적인 어려움으로 할아버지와 폭언, 폭력을 하며 자주 싸움을 한다. 내담자는 아버 지가 화를 내고 소리를 지르며 집 안에서 손도 꼼짝하지 않고 사소한 일을 모 두 시키는 것이 너무 싫어 아버지를 죽이고 싶은 감정이 올라오기도 하였다.

어머니(39세, 가출 후 이혼)　내담자를 임신하였을 때부터 가출을 자주 하였고, 세 살이었던 내담자를 친구 집에 맡기고 여동생만 데리고 가출한 후 돌아오 지 않았다. 모는 내담자가 일곱 살 때 한 번 만났는데, 다음에 다시 오겠다고 하였으나 그 후 약속을 지키지 않아 내담자는 배신감을 느꼈고, 어머니로부터 버려졌다는 생각이 들었다. 그때의 만남 이후에는 연락이 되지 않아 만나지 못했다.

여동생(15세, 여중생) 아주 어렸을 때 헤어진 후 한 번도 만나지 못해 동생에 대한 아무런 기억과 정보가 없다.

할아버지(71세, 퇴직) 불교 신자로 책임감이 강하고 성실하며 자상하다. 10년 전 할머니가 갑자기 심장마비로 사망한 후 혼자 생활하였고, 중소기업에서 일하다가 일 년 전에 퇴직하였다. 아들이 돈이 있으면 다 쓰고 가정을 소홀히 하여 하는 일마다 간섭하고 잔소리를 하여 갈등이 잦다.

📝 상담자가 본 내담자 문제 이해

　내담자의 주된 호소는 밖에 나가면 사람들이 쳐다보고 무시하며 비웃는 것 같아서 사람 만나는 것을 두려워하는 것이다. 이러한 내담자 호소문제의 촉발요인은 가정에서 아버지와 할아버지의 다툼, 자신과 아버지의 잦은 갈등에서 비롯되었다. 또한 내담자의 문제는 의존하던 친구와 떨어져 고등학교에 입학하면서 만난 강한 선배, 친구들의 무시와 은따로 소외감을 느끼면서 발생하였다. 내담자는 성장환경에서 어머니의 가출, 부모로부터 돌봄 받지 못하고 친척 집에서 눈치를 보고 위축되어 살면서 분노, 원망, 피해의식의 감정이 쌓여 사람에 대한 불신감을 가지게 되었고, 이는 아버지와의 갈등, 사람에 대한 불신의 근원적인 요인으로 작용하였다. 또한 새로 만난 사람과 거리감을 두었을 때 자신이 안전하고 상처를 덜 받게 된다는 삶에 대한 비합리적인 신념을 가진 것으로 보인다. 그 결과, 내담자는 사람 만나는 것을 기피하고 외출할 때 불안, 위축, 두려움의 방어기제를 사용하여 자신을 보호하게 된 것으로 보인다.

이러한 내담자 이해의 근거를 보면, 첫째, 내담자는 태중에서부터 부모의 잦은 갈등, 세 살 때 어머니의 가출 후 이혼으로 인해 친척 집에서 엄마 닮은 아이라는 비난과 미움을 받아 눈치를 보고 생활하면서 자신의 존재를 부정하고 사람에 대한 불신감이 강화되었을 것으로 보인다. 둘째, 초등학교 입학 후 내담자는 아버지와 살았지만, 경제적인 무능력과 잦은 과음으로 아버지가 폭력·폭언을 하고, 때론 장기적으로 집을 비워 돌봄을 받지 못하여 굶는 날이 많았다. 이렇게 방치되어 돌봄을 받지 못한 내담자는 자존감이 낮아 대인관계에서 더 위축되고 피해의식을 많이 느끼게 된 것으로 보인다. 셋째, 고등학교에 입학하면서 의존했던 친구와 떨어져 혼자라고 느낄 때 학교에서 만난 강한 선배와 친구들의 비아냥거린 말, 무시하는 행동을 통해 자신은 가치 없는 사람이라는 비합리적인 생각을 하며 사람 만나는 것을 두려워하게 된 것으로 보인다.

따라서 내담자는 자신이 부모로부터 버림받은 존재라는 인식으로 인해 사람에 대한 불신감에서 분노를 느끼면서도 부모에 대한 그리움의 양가감정을 가지게 되었을 것이다. 한편, 내담자는 성장과정에서 쌓인 부정적인 감정과 관련해 자신보다 약한 친구에게 심한 말로 상처를 주고, 자신은 또 다른 친구로부터 상처를 받는 패턴이 반복되어 학교생활과 또래관계가 힘든 것으로 보인다. 상담에서는 나이에 맞지 않은 퇴행 행동과 상황에 맞지 않은 말과 행동으로 관심을 끌고 자신이 곤란한 경우에는 합리화하거나 회피하는 행동으로 사람 만나는 것을 꺼리면서 안전하다고 느끼는 혼자만의 세계를 가지는 무의식의 작용이 유지되고 있다. 이러한 내담자는 대인관계에서 무시당하고 비웃음 받는 것 같은 피해의식으로 대인관계에서 두려움이 많은 자신의 행동 패턴을 알고자 하는 욕구도 있지만, 어머니의 보살핌을 받지 못하고 어려운 환경에서 살아온 것에 대한 지지와 인정을 받고자 상담실에 내방한 것으로 보인다.

📖 상담의 진행

1. 상담 목표 및 전략

1) 상담목표
- 자기의 탐색을 통해 자기이해 및 존재의 소중함을 안다.
- 다른 사람을 의식하지 않고 편하게 외출한다.
- 강한 친구에게 의사표현하고 약한 친구에게 상처 주는 직설적인 말을 줄인다.

> **Q** 약한 친구에게 상처 주는 직설적인 말을 줄인다와 다른 구체적인 목표를 제시한다면?
>
> **A** 1. 약한 친구의 입장을 고려하여 신중하게 말한다.
> 　　2. 역지사지로 친구와 입장을 바꿔 생각하고 말한다.

2) 상담전략
- 역할극을 통해서 상황에 따른 자기이해 및 감정표현을 하게 한다.
- 과제를 통해 자신의 소중함을 알도록 시연을 하게 한다.
- 비합리적인 신념을 논박하여 합리적인 신념으로 수정할 수 있도록 돕는다.
- 외출하여 사람을 만날 때 가장 두려운 상황이 언제인지 탐색하게 한다.
- 두려운 순간을 알아차리고 긴 호흡을 한 후 편안하고 안전한 장소를 떠올릴 수 있도록 돕는다.
- 자신이 하는 말을 구체적으로 점검해 보고 상처 주지 않는 말로 바꾸어 말해 본다.

> **Q** 사람을 만나는 것이 두려운 청소년이 두려움을 느끼는 순간에 자신의 감정을 알아
> 차리고 과제를 수행하는 것이 어려울 수 있으므로 아주 쉽게 실천할 수 있는 구체
> 적인 방법을 제시하는 것이 필요하다.
>
> **A** 두려운 순간을 알아차리고 '일단 멈춤'을 한 후 긴 호흡을 하도록 돕는다.

2. 상담내용(총 14회)

1회(초기면담 후 심리검사)

(어떻게 왔나?) 친구가 가자고 해서 왔다 ([1]친구가 가자고 해도 오기 쉽지 않았을 건데 지금 오게 된 어떤 이유가 있었나?) 친구가 중학교 때 상담하는 것을 보면서 나도 하고 싶다는 생각을 했다. (상담받고 싶은 것은?) 밖에 나가면 사람들이 나만 쳐다보며 무시하고 비웃는 것 같다. 그리고 학교에도 친한 친구가 한 명도 없어 외톨이로 혼자 있으니 학교 가는 것이 싫다. ([2]언제부터 그랬는가?) 초등학교 때도 친구들에게 왕따를 당했는데 중학교 때는 그래도 1~2명의 친구가 있었다. 그런데 고등학교에 오니 친했던 친구도 다른 학교로 가고 아는 친구가 한 명도 없어서 학교에 가는 것이 힘들다. (친구관계가 힘드네.) 고등학교의 친구들은 다 자기들끼리 어울리면서 나를 무시하는 것같이 보인다. 또 선배들도 무서워 다가가지 못하겠다. 요즘 너무 힘들어서 [3]안 좋은 생각도 하게 되고 또 밖에 나가는 것도 무섭다. (언제부터?) 이전에도 좀 그랬는데 고등학교 입학하면서 심해졌다. 특히 버스 탈 때 다른 사람이 나만 쳐다보는 것 같고 그래서 긴 머리로 얼굴을 가리고 고개를 숙이고 다닌다. (그래, 고등학교 입학 후

1. 친구가 권했지만, 내담자가 지금 오게 된 이유가 있는지 탐색한다.

2. 대인관계가 힘들었던 시점을 탐색한다.

3. 두 가지로 말할 때 하나는 놓칠 수 있는데 핵심적인 내용일 경우 두 가지 모두를 탐색하는 것이 필요하다. "어떤 안 좋은 생각을 하게 되는가?"

친구관계, 학교 적응으로 많이 힘드네. 앞으로 상담에서 하나씩 다뤄 보자. [4]상담하려면 보호자의 동의가 필요하다.) 너무 힘들어서 할아버지한테 상담하겠다고 말하고 허락받았다. 요즘 말로는 다 하지 못할 만큼 힘든 일이 많다. 뭔가 이상하기도 하고 어떻게 해야 할지 잘 모르겠다. (뭐가 어떻게 이상한가?) 나도 뭔지 잘 모르겠다. ([5]심리검사를 통해 보다 더 객관적인 자료를 참고하면서 구체적인 내용을 나눴으면 하는데 어떤가?) 그렇게 하는 것이 좋겠다.

4. 청소년 상담은 반드시 보호자의 동의를 받아야 상담 개입이 가능하다.

5. 내담자가 상담자에게 전이 감정이 생기기 전 초기에 하는 심리검사는 상담에 더 도움이 된다.

 1회 멘토의 이야기

1. 내담자의 행동 변화

   대인관계에 어려움이 있는 내담자가 친구가 상담받는 것을 지켜보면서 자신도 힘든 상황이 되자 용기를 내어 내방한 것이 내담자 변화의 시작인 것으로 보입니다.

2. 내담자의 행동 변화 계기 분석

   비슷한 처지에 있는 친구에게 자문했지만, 마음 정리가 되지 않은 내담자에게 심리검사를 통해 자기이해와 탐색을 제안한 것이 내담자를 안전하게 상담과정으로 이끌었다고 봅니다. 또한 내담자는 친구의 상담과정을 지켜보면서 상담에 대한 긍정적인 마음으로 자신도 변화하고 싶은 내적 동기에 의해 자발적 상담을 하게 된 것으로 보입니다.

3. 추가 탐색이 되면 좋을 부분

내담자의 정확한 탐색을 위해서는 첫인상, 안 좋은 생각에 대한 구체적인 질문, 심리검사에 임하는 태도 및 행동을 자세히 관찰하는 것이 필요합니다. 첫 회 상담에서 내담자 호소문제에 초점을 두어 성격적인 문제인지, 소통의 문제인지에 대한 구체적인 질문을 통해 정확하게 탐색한 후 상담개입이 이뤄져야 할 것으로 보입니다. (※ 심리검사는 객관적인 자료로 내담자를 탐색하고 이해하는 데 많은 도움이 되므로 가능한 한 초기과정에 실시하여 상담을 진행하면서 참고하는 것이 바람직하다.)

🎁 2회(축어록)

상₁: 지금 기분은?

내₁: 안 좋아요. 제가 콤플렉스가 있어요.

상₂: 어떤 콤플렉스?

> 상₂: 내담자의 안 좋은 기분을 탐색하는 질문이 필요하다. 감정을 따라가면 핵심에 닿을 수 있다. "기분이 안 좋은 것에 대해 이야기해 볼래?"

내₂: 제가 턱이 좀 나와서요. 주걱턱인데 친구들이 그거 쏙 집어넣으라면서 막 치고 턱에 관한 이야기하고 그래서 제가 머리를 안 묶는 거란 말이에요. 그러니까 한여름에 완전 덥잖아요. 목에 막 땀나고 그런데도 전 머리 안 묶는단 말이에요.

> 내₂: 청소년기는 외모에 민감한 시기인데 친구의 놀림으로 자신의 외모를 더 부정적으로 지각하고 있다.

상₃: 그렇구나. 그게 중3 때부터 그랬어? 그렇게 턱이 많이 나온 것 같지 않은데……

내₃: 아니요. 그 이전부터였던 것 같아요. 제 턱이 많이 나왔

> 상₃: 구체적인 내담자의 경험을 탐색할 필요가 있다. "언제 그런 일이 있었니?"

어요. 〈웃음〉 〈손으로 턱을 누르고 입술을 오므림〉

상₄: 평상시에도 이렇게 턱을 올린다든지 입을 이렇게 한다든지 하는 노력을 해? 네가 그렇게 많이 나온 것은 아니야.

내₄: 그~ 막 좀~ 옆에 사방에 사람이 있잖아요. 학교에서 제가 2분단인데 1분단에 사람이 있잖아요. 그래서 이렇게 보려면 옆에서 보이잖아요. 그래서 머리 이렇게 내리고 있고, 한쪽에 무조건 꼭 친구가 앉아요. 친한 친구는 봐도 상관없으니까 친한 친구 쪽으로 해서 귀를 좀~ 〈귀에 있는 긴 머리를 약간 들면서〉 이렇게 해서 통하게 해서 이렇게 있다 바람~이 통하게 〈긴 머리를 손으로 들추면서 바람이 들어오도록 하는 행동〉 옆에 친구가 없으면 이렇게 내리고.

상₅: 그래서 머리를 길게 기르고 있어?

내₅: 네. 그리고 머리를 기르는 것도 좋아해요.

상₆: 긴 머리를 좋아하고…….

내₆: 긴 머리를 길게 내리고 만약에 제가 사람들 앞에 서야 되잖아요. 그럼 교탁 앞에나 이렇게 좀 가리면 막말하거나 '아~ 있잖아' 하면서 막 '헤헤'이러면서

상₇: 그 정도는 아닌데 선생님이 보기에는.

내₇: 그래도 손을 이렇게 많이 하고 있어서, 여드름이 많이 나서 흉터도 조금 남고 지금은 그래도 좀 거의…….

상₈: 그래, 많이 불편했겠다.

내₈: 네, 그것도 그렇고요. 별로 친하지 않는데 같은 중학교 졸업하고 같은 고등학교를 갔는데 과는 달라요. 그런데 같은 과목으로 수업을 들을 때 걔가 제 옆에 앉아

상₄: 내담자의 행동을 반영하는 관심은 신뢰감 형성에 도움이 된다.

내₄: 내담자가 주걱턱을 가리는 구체적인 행동을 설명하는 것은 타인의 시선에 과민하고 스트레스가 많은 것을 짐작할 수 있다.

상₇: 객관적인 입장의 말보다는 내담자가 인식하고 있는 것에 대한 질문이 필요하다. "네가 사람들 앞에 서면 너의 턱을 쳐다본다고 생각되네?"

내₈: 내담자는 친구에게 외모에 대한 괴롭힘을 당하면서 힘들었던 마음을 호소한다.

요. 걔는 장난으로 웃으면서 중학교 때 같은 반이었으니까 막 턱을 치면서…… 넣으라고 보기 싫다고, 안 좋다고 빨리 넣으라고 막 〈시무룩해진 표정으로 침묵〉

상$_9$: 친구가 네 얼굴을 치면서 놀려 속상했겠다. 그런데 네가 어떻게 할 수 있는 일이 아닌데…… 친구는 왜 그렇게 할까 그때 어떻게 말했어?

상$_9$: 친구의 태도에 대처할 방안이 무엇인지 찾아보는 것이 필요하다. "외모를 가지고 놀리는 것 기분 나빠. 앞으로는 그러지 말았으면 해."

내$_9$: 걔는 담배 피우고 나쁜 애예요. 그래서 제가 막말 못할 분위기예요, 제가.

내$_9$: 내담자는 학교 친구관계에서 위축되어 있음을 알 수 있다.

상$_{10}$: 네가 뭐라고 말할 수 있는 상황이 아니었네.

내$_{10}$: 네, 말할 수 있는 상황이 아니어요. 흐흐…….

상$_{11}$: 말하면 어떻게 돼?

내$_{11}$: 선배들 바로 내려와요.

내$_{11}$: 동기보다 선배들이 동조할 때 위기감을 더 많이 느낀다.

상$_{12}$: 음 그거 학교폭력인데…….

내$_{12}$: 말~ 좀 기분 나쁘게 하면요, 막 애들 시켜가지고 반에 찾아오고 막 니가 그 애냐면서 뭐라 해요. 제 친구가 당했거든요. 저희가 달려가서 무릎 꿇고 그랬어요. 며칠 전에 저희가 그걸 보았는데…… 뭐라 할 수 없죠.

내$_{12}$: 상담자와 신뢰관계가 형성되니 구체적인 상황을 표현한다.

상$_{13}$ 그거 학교 폭력인데…….

내$_{13}$: 저희 학교는 그거 폭력으로 취급 안 해요.

상$_{14}$: 그거를?

내$_{14}$: 네

상$_{15}$: 아니지 인권을 모독하는 거잖아.

내$_{15}$: 인권? 저희 학교는 인권 같은 것 없어요. 그러니까 딱 봤을 때 상처가 났다거나 딱 보이는 것 아니면…….

상$_{16}$: 신체적인 폭력도 그렇지만 심리적인 상처도 아주 깊을 수

내$_{13}$: 드러나지 않는 문제는 학교폭력으로 처리되지 않는 상황임을 짐작할 수 있다.

내$_{15}$: 학교에서 인권과 심리적인 상처는 다루어지지 않고 있음을 알 수 있다.

있는 건데…….

내16: 그러니까 니가 한 번 참으라고 하거나 니가 정말 신고할 만큼 그렇게 심각하냐면서 그런 식으로 이렇게 막 더 꼬치꼬치 묻는다고 해야 하나…….

상17: 아니, 그러니까 한 번 정도는 서로 이해하고 넘길 수 있는데, 그 애가 그런 일을 반복적으로 하는 거는 안 된다는 거지.

상17: 반복적인 괴롭힘은 부당하다는 것을 알린다.

내17: 계속하는데 어떻게 해요?

상18: 그러니까 그 아이를 데려다가 그렇게 하지 않도록 지도하는 게 맞는 거잖아, 원칙적으로 하려면.

내18: 그런데 요즘 애들이 무섭잖아요. 그러니까 그렇게 한다고 해도 또 다른 애들이 와서 꼰질러요. 똑같아요.

내18: 상담자가 제시한 대처 방법은 또 다른 문제로 이어진다고 말한다.

상19: 그래, 해결책이 없어서 답답한 심정이구나. 하지만 요즘 애들이 무섭다 할지라도 누군가에게 그렇게 많은 상처를 주고 다니는 아이들이 응~ 자유롭게 지내면서 반복되면 안 되지.

상19: 내담자 입장에서 해결 방안을 찾는 질문이 필요하다. "그럴 때 너는 어떻게 해?" "너는 어떻게 해 봤어?"

내19: 그러면 어떻게 해요?

상20: 그러니까 그것을 해결할 수 있었으면 참 좋겠단 얘기지. 니 말은 어떤 신체적인 구조를 가지고 자꾸 이야기를 하니까 스트레스를 받고 있다는 말이잖아. 니 안에서 그 말을 받아들이지 않고 차단하는 힘을 길렀으면 좋겠다. 상담을 통해서…….

상20: 상담을 통해 자력을 키워 나가는 것이 필요함을 안내한다.

내20: 그러니까 솔직히 사람 만나는 게 싫어요.

내20: 상담자에게 이해받으니 자신의 심정을 말한다.

상21: 그렇지, 그럼에도 불구하고 억지로 만나려면 힘들지 그런데도 이렇게 네가 상담하겠다고 나온 게 기특하네, 그런 말만 자꾸 들으니 사람들이 싫을 수밖에 없지만 네가 앞으

상21: 상담 방향을 제시하고 내담자가 도움 받고 싶은 것이 더 있는지 탐색한다.

로 살아가야 하잖아. 그러니까 자신감을 길러서 너 스스로 당당하게 살아갈 수 있는 힘을 키워야 되겠지. 또 상담에서 더 도움을 받고 싶은 것은 어떤 거야?

내₂₁: 그런데 물은 없어요?

〈물 마시는 동안 상담이 일시적으로 중단됨〉

상₂₂: 오늘은 앞으로 진행할 상담에 대한 구조화를 했으면 좋겠어. 그러니까 앞으로 상담에서 ○○이가 가장 도움 받고 싶은 것, 이 상담에서 어떤 것을 해결하고 싶다든지, 어떤 얘기를 하고 싶은지 의논해 보자.

내₂₂: 상담을 하면 왜…… 그냥…… 저는요, 상담에서 성격 고치고 싶어요. 그리고…….

상₂₃: 어떤 성격을 어떻게 고치고 싶어?

내₂₃: 응~ 〈침묵〉 ○○이같이 말 없는 아이요. (으응.) 그리고…… ○○이는 말 잘 안 해요, 학교에서는.

상₂₄: 그렇구나. 그런데 상담에서 나랑은 이야기 잘하는데…….

내₂₄: 학교에 와서 보세요. 조용해요. 그리고 ○○이가 싫어하는 애는 그런 애들한테는 싫다고 말하는데, 계속 표현 안 하는 것……

상₂₅: 싫어하는 아이한테 표현 안 하는 어떤 것?

내₂₅: 네, 저는 진짜 완전 O형이라서 그런지 모르겠는데요. O형 성격대로 싫으면 싫은 티가 팍 나요. 그 애한테도 어느새 싫은 티를 내고 있어요. 제가 만만한 그 애만 더 차별하고 있어요.

내₂₁: 내담자가 긴장감으로 잠시 쉬고자 한다.

상₂₂: 상담자는 단기상담으로 빠른 구조화를 진행한다. 이 시점에서 내담자의 감정을 읽어 주는 질문은 중요하다. "지금 기분은 어때?" "말을 하면서 힘들지는 않았니?"

내₂₃: ○○이는 내담자와 함께 상담실에 내방한 친구이다.

상₂₄: 말없다고 생각하는 친구에 대해 객관적인 이해를 위한 질문이 필요하다. "학교에서와 상담에서의 모습이 다른가 보네?"

상₂₅: 내담자가 왜 말 없는 친구를 닮고 싶어 하는지 탐색하는 질문이다.

내₂₅: 자신이 싫을 때 약한 친구에게 직설적으로 말하는 자기를 되돌아보고 있다.

상$_{26}$: 으음.

내$_{26}$: 보면은 그 애만 따로 탓을 하고 있어요.

상$_{27}$: 아, 누구든지 다 잘 지내고 싶다는 얘기네. 그러니까 네가 마음에 들지 않는 약한 친구라 해도 잘 대해 주고 싶다는 거야?

내$_{27}$: 네, 그냥 어~ 조용한 아이 같은 것. 그런데 성격상 그러지 못해서요.

상$_{28}$: 그러면 네가 만약 그때 친구에게 표현하지 않으면 너의 마음이 어떨 것 같아?

내$_{28}$: 응~ 그러니까 친구들이 내 성격을 아니까 상관없는데…… 좀 답답하기야 하겠죠.

상$_{29}$: 친구들이 너의 성격을 알고 있으니 좀 답답한 것이 아니라 병이 날 수도 있다는 것이네.

내$_{29}$: 아니, 그렇기도 하겠지만요. 애들한테 그런 모습으로 비치는 게 싫어요.

상$_{30}$: 아~ 네가 그렇게 싫을 때 싫다고 막말을 하여 안 좋은 경험이 있었나 보다.

내$_{30}$: 네, 욕을 먹었어요. 반 애들한테, 그러니까 좀 뭐라고 하지…….

상$_{31}$: 아~ 드러내 놓고 이렇게 해가지고 손해 보는 것 같은 마음이 들었어?

내$_{31}$: 아니 손해 봤어요. 그 애 잘 나가는 애들이요. 잘 나가는 애가 대놓고 그런 말 크게 말하면요, 반애들도 잘 나가는 애의 말을 따라서 얘기한단 말이에요. 힘없는 애보다는…… 힘센 그 애들 말을 더 지지해 줘요.

상$_{26}$: 상담자가 내담자의 말을 요약해 주고 '싫은 티'에 대한 구체적인 탐색이 필요하다. "싫은 티를 어떻게 내는지 자세하게 말해 줄래?"

상$_{28}$: 말을 하지 않으면 어떨지 다른 면을 생각해 보게 한다.

상$_{29}$: 상담자는 내담자가 답답해서 어떤지에 대한 탐색이 필요하다. "네 마음이 어떻게 답답할 것 같아?"

내$_{29}$: 청소년기에는 친구에게 어떻게 보일지가 민감한 부분이다.

상$_{30}$: 그게 어떤 모습인지 확인하는 질문이 필요하다. "친구들한테 비춰지고 싶지 않은 모습은 어떤 거야?"

내$_{31}$: 학교에서 힘 있는 아이들의 파워에 밀려 손해 본다고 받아들인다.

상$_{32}$: 그러니까 네가 표현을 했다가 오히려 어떤 소외된 느낌을 받았어?

내$_{32}$: 소외될 뻔했어요. 위기가 왔어요.

상$_{33}$: 오, 그랬구나. 아차 싶었네.

내$_{33}$: 그렇죠. 네, 그래요.

상$_{34}$: 그래, 그러니까 네가 이제 타인을 받아들이는 힘을 좀 키워 나가야 하지 않을까. 입장 바꿔 생각해 보고 이런 거 있잖아. 상담을 통해서 그때그때 다루어 보자. 그리고 네가 자신감을 가졌으면 좋겠다.

내$_{34}$: 아~ 그리고요, 사람 만나는 것을 많이 안 좋아해요. 특히 처음 만나는 사람 앞에서는 더 심해져요.

상$_{35}$: 그래, ○○이는 사람 만나는 것이 많이 불편하구나. 그런데 우리가 삶에서 사람을 만나야만 하는데 그러면 어떻게 해야 할까?

내$_{35}$: 근까 제가 말하는 사람 만나는 것은…… 밖에 나가면 만나는 게 다 사람이잖아요. (그렇지.) 사람을 만나면…… 그니까 친구들이랑 가족들 외에는, 그러니까 만약에 새로 고등학교 가면 새로 친구를 만나야 하잖아요. 그게 싫어요.

상$_{36}$: 그러니까 어떻게 해야 할까? 네가 사회 가면 사회 친구 만나야 하고, 대학 가면 대학 친구 만나야 하고, 가는 곳마다 사람을 만나야 하는데, 어떻게 하면 좋을까?

내$_{36}$: 그니까 그걸 좀 고치고 싶어요. 그러니까……

상$_{32}$: 내담자가 구체적으로 어떤 손해였는지 질문할 필요가 있다. "네가 손해 본 경험에 대해 나눠 볼까?"

상$_{33}$: 구체적인 상황을 묻는 질문이 필요하다 "어떤 위기였는지 말해 줄 수 있겠니?"

상$_{34}$: 내담자의 말에 초점을 맞출 필요가 있다. "친구에게 직설적으로 말하고 위기를 느낀 경험은?"

상$_{35}$: 현실적인 상황을 질문하여 현실을 생각해 보게 한다.

상$_{36}$: 내담자가 고등학교에서 만나는 새로운 친구와의 관계의 어려움에 우선적으로 초점을 맞추어야 한다. "고등학교에서 새로 만난 친구에 대해 어떤 점이 싫은지 나눠 볼까?"

상₃₇: 응, 그래. 그걸 좀 극복해 보고 싶다. (네, 그치요.) 사람과 친하고 편안하게 만나고 싶다. 다시 정리해 보면, 네 성격이 변화되어 강한 친구에게 너의 의사를 표현하고 약한 친구에게 직설적으로 말하기보다는 조절하여 말하고 싶다는 거네.

상₃₇: 내담자가 상담목표로 성격을 고치고 싶다고 한 말을 구체화하여 내담자에게 반영한다.

내₃₇: 네, 그렇죠, 요즘 제가 자꾸 사람 만나는 게 싫고 고개 숙이고 있고 그래요.

상₃₈: 음, 그렇구나. 그러니까 네가 얼마나 힘들겠어.

내₃₈: 사람들이 저를 자꾸 쳐다보는 게 싫어요.

상₃₉: 언제부터 사람들이 쳐다보는 게 싫었어?

상₃₉: 지금의 증상도 이전의 원인일 수 있어 발생 시기를 탐색한다.

내₃₉: 중학교 때부터 좀 그랬는데 고등학교에서 더 심해진 것 같아요.

상₄₀: 으응, 그랬구나, 그런데 선생님이 널 보는 건 어때?

상₄₀: 특정인에 대한 불편함인지 탐색한다.

내₄₀: 아~ 저 선생님은 ○○이 상담할 때 옆에서 몇 번 만나서 그런지 보는 건 상관이 없는데 학교에서 싫어하는 애들이 저를 쳐다보거나, 사람들이 지나가다가 누구라도 눈이 마주칠 수 있잖아요, 그런 거랑 길거리 돌아다닐 때 사람들이 나를 쳐다보잖아요, 그런 게 싫어요.

상₄₁: 그렇구나, 앞으로 선생님과 일주일에 한 번 만나 나눠보자 ○○이 안에 할 수 있는 힘이 있어. (모르겠어요.) 자~ 오늘부터 자신에 대해서 '나는 소중한 사람이다.'라고 마음속으로 생각하고 말해 보는 거야. 특히 외출 시 다른 사람이 의식되어 어색할 때 긴 호흡을 하고 마음으로 나는 소중한 사람이라고 생각해 보면 어떨까?

상₄₁: 상담시간 구조화 및 과제를 내담자가 실천하는 것이 중요함을 교육하고 있다.

내₄₁: 지금까지 살면서 그런 생각을 해 보지 않아서 정말 말하기가 어색하고 어려울 것 같아요.

내₄₁: 청소년기에 그동안 하지 않았던 과제를 실천하기는 어려울 수 있다.

상₄₂: 그래, 쉽지는 않을 거야, 그렇지만 조금씩 노력해 보자. 무엇보다 중요한 것이 네가 자신의 존재에 대해 받아들이고 자기를 소중하게 생각하는 것이니까 어색하고 힘들겠지만 조금씩 실천해 보자.

상₄₂: 과제를 통해 자신의 존재가 소중함을 알도록 돕는 교육이 적절하게 적용되어야 한다.

3회('SCT검사 내용을 중심으로 상담 진행)

1) 내가 가장 행복한 때는 엄마를 만났을 때이다.
일곱 살 엄마를 만났을 때 가장 행복했다. 엄마를 만나기 위해 여러 번 아빠에게 엄마를 만나게 해 달라고 졸랐다. 그럴 때마다 아빠는 화를 버럭 냈지만 엄마와 연락을 해서 내가 사는 지역으로 오게 하여 엄마를 만났다. 엄마와 한 번 만났을 때 가지 말라고 붙잡았는데 잠깐 갔다가 다음에 또 오겠다면서 엄마는 가 버렸다. ²엄마도 미웠지만 엄마를 잡지 않은 아빠도 미웠다. 내 입장은 전혀 생각하지 않는 아빠라는 생각이 들어 화가 난다. 그 후 엄마와 아빠는 연락을 하지 않아 만나지 못했다. 엄마가 보고 싶고 그리웠지만 때론 너무나 원망스럽고 미웠다.

1. 내담자의 핵심적인 어려움의 탐색을 위해 문장완성검사(SCT) 중심으로 내용을 탐색한다.

2. 어머니에 대한 그리움과 원망의 양가감정이 드러나고 있다.

2) 내가 좀 더 어렸다면 공부를 열심히 할 것이다.
³'왜 잘 키우지도 못할 걸……. 엄마가 떠났으면 보육원에 맡기든지……. 보육원이나 이런 곳은 여선생님이 있으니 아빠보다 더 나았을 것'이다. 〈눈물〉 아주 어렸을 때는 할머니, 큰엄마, 작은엄마, 고모 등 이집 저집 돌아다니며 눈치 보고 살아야만 했다. 초1부터 아빠하고 살면서 집안일을 혼자 다 하고 아빠가 한 달씩 집에 들어오지 않으면 혼자 살면서 모든 것을 다 알아서 해야 했다. (부모의 보호를 받아야 할 나이에

3. 보호받지 못하고 이집 저집 돌아다니면서 힘들었던 입장을 호소한다.

네가 참 애썼다.) 〈눈물〉 [4]추운 겨울, 보일러 고장으로 온수를 쓸 수 없었고, 매 끼니 라면을 먹으니 질려서 힘들었다. 하루하루 사는 게 아니라 버티는 것이 너무나 힘들었다. 아빠가 실업자가 되어 집에 먹을 것이 없어서 하루에 한 끼도 못먹어 죽을 것 같았다. 나는 그때부터 먹고사는 일에 대해 걱정했다. 초·중학교 때 돈이 없어서 수련회나 현장학습, 학교행사에 참여하지 못했을 때 서러웠다. [5]주변에 친척들은 내가 엄마를 닮았다며 싫어했다. (어떤 부분이 엄마를 닮았다는 것인가?) 외모가 엄마와 똑같다고 한다. 그리고 엄마가 나를 임신했을 때부터 가출을 자주 하다가 결국은 돌아오지 않고 이혼해서 그런 것 같다.

6) 가정에 대한 공상을 많이 한다. 엄마가 지금까지 재혼하지 않고 여동생과 둘이만 살고 있다면 아빠와 엄마가 재결합했으면 좋겠다는 생각을 한다. 그런데 현실적으로 생각해 보면 엄마는 재혼해서 애 낳고 살고 있을 것이다. ([6]엄마와 함께 살고 싶다는 말을 아빠에게 해 보았는가?) 아빠도 술 취했을 때는 가족이 함께 있는 가정을 보면 그런 생각이 든다고 했다. 나를 보면서 엄마도 없고 형제도 없다고 하면서 안쓰럽다는 말을 가끔 한다. 그러다가도 기분이 안 좋으면 폭언을 하고 이랬다저랬다 감정 기복이 심하다.

7) 좋아하는 사람은 친한 친구이다. 비슷한 환경에 있는 친구가 날 이해해 주고 서로 마음을 터놓고 말할 수 있어서 위로가 되었다.

12) 가장 싫어하는 사람은 아빠 같은 사람이다. (아빠 같은 사람은 어떤 사람인가?) 아빠는 학교에서 필요한 준비물은 챙겨 주지 않고 용돈도 주지 않는다. 오히려 술값이 없을 때 내가 갖고 있는 돈도 달라 한다. (용돈은 누가 주나?) 아빠가 기분이 좋을 때 가끔 조금씩 준다. [7]딸한테 무심하고 많이 때

4. 생존에 대한 기본적인 욕구가 해결되지 않아 죽을 것 같고 돈이 없어 서러웠던 경험의 감정을 표현한다.

5. 주변의 친척들로 인해 상처를 받았음을 표현한다.

6. 내담자가 아버지에게 자신의 욕구를 말할 수 있는 관계인지 탐색하는 질문이다.

7. 내담자의 생활에 아버

리고. 치사하며 쫀쫀하게 돈 내놓으라고 협박한다. 지금은 할아버지도 함께 살고 있으나 도움이 되지 않아 짜증난다.

17) 가장 가지고 싶은 것은 ###란 사람이다. ([8]###는 누구인가?) ###가 엄마이다. 내가 스무 살이 되면 동사무소에 가서 엄마 있는 주소지를 찾아 엄마와 함께 살고 싶다. 아빠가 너무 싫어 성씨도 엄마 성씨로 바꿔 버리고 싶다. 엄마도 나를 버렸다는 생각을 하면 미운데 아빠가 술 마시고 나에게 욕하고 때릴 때는 엄마가 보고 싶다. 아빠가 뒹굴거리면서 나에게 이것저것 시키고 그럴 때는 [9]엄마가 가출한 것이 이해가 되면서 엄마가 더 보고 싶어진다.

20) 나는 때때로 우울해진다. 엄마 생각을 많이 하고, 공부를 하고 싶은데 아빠가 돈이 없다고 문제지를 안 사 주고 학원도 보내 주지 않는다. 그래서 집안일을 생각하면 우울하고 짜증난다. [10]다른 친구들은 부모님이 집안일도 하고 학교 다니면서 필요한 것을 다 도와주는데 나는 도움을 받지 못하는 것이 비교되어 더 우울하다.

26) 가장 화날 때는 아빠한테 부탁했는데 안 들어줄 때이다. 내가 뭐가 필요하다고 말하면 하나도 안 들어 준다. 그러면서 학교 갔다 오면 넘 피곤한데 [11]할아버지 밥 차려 드리고 설거지하고 방에 들어와서 공부 좀 하려고 하면 방 안 치운다고 잔소리하는 것이다. 그럴 때는 집에 들어오기가 싫다.

33) 만약 동물로 변한다면 고양이로 변하고 싶다. 친구들은 나를 사납고 까칠한 고양이라고 말하는데 한 면으로는 인정하지만 반복적으로 강조하여 말하면 기분이 나쁘다. ([12]그때 어떻게 반응을 하는가?) 어떻게 해야 할지 잘 모르겠다. 그래서 그냥 대충 넘어간다. 학교에 내가 하고 싶은 말을 잘 들어주는 친한 친구가 있었으면 좋겠다.

지와 할아버지가 도움이 되지 않고 오히려 힘들게 함을 호소한다.

8. ###는 어머니이다. 내담자가 애착을 드러내는 대상을 구체화하고 있다.

9. 아버지를 떠난 어머니와 자신이 동일시되어 어머니에 대한 그리움이 더 증가되고 있다.

10. 자신의 가정환경을 친구들과 비교하면서 우울해지는 마음을 표현하고 있다.

11. 고1 여학생이 가사를 맡아서 하는 것이 힘들고 부담스러워 집에 오고 싶지 않다는 것을 표현하고 있다.

12. 친구들이 놀릴 때 어떻게 반응하는지를 탐색하고 대안을 찾는 것이 필요하다.

3회 멘토의 이야기

1. 내담자의 행동 변화

이전 상담에서 내담자는 상담에서 어떤 도움을 받고 싶은가에 대해 회피하는 모습을 보였는데 3회 상담에서는 상담자의 질문에 상세하게 이야기를 하고 관심을 가지는 태도를 보입니다. SCT 검사지에 드러난 내용보다 살아오면서 겪었던 삶의 어려움을 생생하게 토해 내는 것으로 보입니다.

2. 내담자의 행동 변화 계기 분석

상담자의 의도된 질문이 아닌 내담자가 작성한 SCT 내용을 토대로 질문하고 답을 하므로 힘들게 살아온 가정사, 부모관계, 학교생활, 친구관계의 구체적인 이야기를 자유롭게 더 많이 나눌 수 있었던 것으로 보입니다. (※ 청소년은 우선적으로 거부하는 경우가 많다.)

3. 추가 탐색이 되면 좋을 부분

내담자에게는 힘든 상황을 잘 견디어 낸 것에 대한 지지적인 반응 및 공감적 반응이 부족합니다. 내담자는 부모에게 지지받지 못했으므로 내담자의 입장에서 있는 그대로 수용하고 보듬어 주는 것이 필요합니다. 학교에서 친한 친구 관계를 형성해 가는 방안에 대해 다루는 것도 필요합니다.

 4회

[1]오늘은 감기몸살로 몸이 안 좋아 방과 후 얼른 집에 가서 쉬고 싶은데 상담 약속이 있어 어찌해야 할지 고민된다. (약속 장소가 집과 가까운 곳이니 상담을 하고 집에 가서 쉬면 어

1. 이전 상담에서 많은 노출을 한 것에 대한 저항인지, 관심받고자 하는 것인지 정확한 이해

떨까?) 알겠다. 요즘 아빠가 원망스럽다. (무슨 일이 있었는가?) [2]아빠 노릇을 전혀 하지 않으며 무책임하고, 날마다 술 마시고 용돈은 주지 않으면서 학교에서 필요한 준비물을 사려고 돈 이야기를 하면 화를 내고, 욕을 하면서 소리를 지르는 아빠가 정말 싫고 꼴도 보기 싫다. 이럴 때 엄마를 찾아가서 이름을 바꾸고 성도 엄마 성으로 바꾸어 버리고 엄마와 새로운 삶을 살고 싶다. (그만큼 힘들다는 말이네.) 그리고 할아버지와 아빠가 함께 살면서 힘든 일이 많은데 두 분이 자주 싸우고 심한 말을 하거나 큰 소리가 나면 어떻게 해야 할지 모르겠다. 아빠는 방에서 나오지 않고, 밥도 방으로 가져오라고 하고, 움직이지 않으면서 모든 일은 나를 시키며 힘들게 하고, 할아버지는 아빠에게 화났던 일로 나에게 화풀이하며 두 분이 싸우면 괜히 나만 힘들게 한다. ([3]집에서 많이 힘들겠다. 힘든 마음을 아빠나 할아버지에게 말해 본 적 있는가?) 말하기 어려워 참고 또 참다가 도저히 참기 어려울 때 폭발한다. 계속 반복되는 이런 집안 상황이 너무나 싫고 화가 난다. 또 고등학교 입학하니 학교생활도 적응하기 어렵다. 나는 태어나지 말았어야 했나 보다. 이런 나 자신이 싫다. 내 존재는 쓸모없다고 생각된다. ([4]그만큼 힘들다는 말이지, 앞으로 상담을 하면서 지금 너 자신을 불평하고 있는 밑마음이 어떤지에 대해 생각해 보는 시간을 가지자. 지난주에 제시했던 과제를 지금 여기서 말로 해 보자.) '난 이 세상에 하나밖에 없는 소중하고 귀한 사람이다. 난 무엇이든 노력하면 할 수 있다.' (시간 날 때마다 생각하고, 말로 하는 것을 꾸준하게 실천하는 것이 중요하다.)

가 필요하다.

2. 아버지와 사는 삶에 지쳐서 어머니를 찾아 성과 이름을 모두 바꾸고 새로운 삶을 살고 싶은 마음이다.

3. 청소년은 가정불화가 지속될 때 불안을 느끼며 자책감을 느끼게 된다. 이때 가족에게 자기 마음을 표현하는 것이 중요하므로 탐색한다.

4. 존재를 거부하는 내담자에게 밑마음을 보게 하고 존재의 소중함을 알도록 시연을 실시한다.

4회 멘토의 이야기

1. 내담자의 행동 변화

3회 상담과 달리 내담자는 최근에 겪었던 어려움을 이야기하면서 극단적인 감정을 표현하였습니다. 또한 상담자가 과제로 제시한 존재의 소중함을 일깨워 주는 말에 대한 거부감은 감소하고 받아들이는 태도를 보입니다.

2. 내담자의 행동 변화 계기 분석

3회 상담에서 내담자는 자신의 말을 잘 들어주는 사람이 있어서 좋다는 표현을 한 것으로 보아 상담자를 더 신뢰하는 것으로 보입니다. 한편, 자기개방을 많이 하고 난 다음이라 감기몸살을 핑계로 상담 참여를 고민한 것으로 짐작해 볼 수 있습니다. (※ 청소년 내담자의 특징은 많은 노출을 하고 난 후에 상담을 거부하는 경우가 많으므로 감당할 수 있는 만큼의 적절한 자기 개방을 하도록 돕는다.)

3. 추가 탐색이 되면 좋을 부분

내담자가 어머니의 성을 쓰고 어머니와 살고 싶다고 호소하는 촉발요인에 대한 구체적인 탐색이 필요합니다. 내담자가 상담 약속 시간에 전화하여 아프다고 호소한 것이 신체적·심리적인 것인지 혹은 상담에서 과도한 노출을 한 후 나타날 수 있는 증상인지를 충분히 고려하면서 상담에서 적절하게 다루어 가는 것이 중요한 부분이라고 생각됩니다.

5회(지역 후원자 문화 활동 지원: 노래연습장 티켓 전달)

(¹고등학교 입학 후 친구들과 서먹하고 가까이 가는 것이 어려우니 주말에 친구들과 어울려 노래를 부르면서 친해졌으면 한다.) 노래 부르는 것 좋아한다. 노래연습장 평소에 가고 싶어도 용돈이 부족해서 가지 못했다. 친구들과 어울리지 못하고 집에 있었던 것은 소심하고 내향적인 성격도 있지만 돈이 없으니 밖에 나가기 싫어서이기도 하다. 친구들이 용돈으로 옷 사고 맛있는 것 사 먹을 때 부러웠다. (그랬겠다.)

1. 상담자는 친구관계가 어려운 청소년이 친밀감을 형성하는 데 실제적인 도움이 될 수 있도록 안내하고 있다.

＊전화상담(내담자)

이번 주말에 학급 친구 3명과 ²노래연습장에서 2시간 동안 신나게 노래 부르고 놀고 나니 스트레스가 풀리고, 친구와 가까워지고, 마음도 한결 편해졌다. 친구들과 함께 어울리는 시간을 가지는 것이 중요한 것 같다. (도움이 되었다니 다행이다. 후원자와 연계 방안도 찾아보겠다.) 감사하다.

2. 내담자는 친구들과 함께 노래연습장에서 놀면서 친해지는 경험을 하였다.

 5회 멘토의 이야기

1. 내담자의 행동 변화

   내담자는 관계적인 면도 있기는 하지만 자신이 친구와 어울리지 못한 것은 경제적인 어려움으로 용돈이 부족하다 보니 밖에 나가서 친구를 만나지 못해서라고 진솔하게 말하고 있습니다.

2. 내담자의 행동 변화 계기 분석

내담자가 문화 활동 지원으로 친구들과 어울려 노래 부르고 놀면서 더 친해졌다는 것을 상담자에게 전화로 보고하는 태도를 보인 것은 상담자와 심리적인 거리가 가까워진 것으로 짐작됩니다.

3. 추가 탐색이 되면 좋을 부분

내담자가 돈을 사용하지 않고도 친구들과 어울릴 수 있는 다양한 활동에 대한 탐색을 하고 대안을 찾는 것이 필요하다고 보입니다.

🎁 6회(상담 장소 변경으로 가정 방문)

할아버지는 방 안에 계시지만 본인을 부르지 말고 제 방에서 상담을 하라고 하셨다. (¹그렇지만 가볍게 인사를 하면 어떨지?) 할아버지가 싫어하셔서 안 된다. 오늘은 학교에서 친구 관계의 어려움에 대해 이야기하고 싶다. (친구들과 어떤 일이 있었는데?) 나는 친구들과 잘 지내고 싶어 노력하는데 친구들은 더 멀어지고 친해지는 게 잘 안되니까 어떻게 해야 할지 모르겠다. (²구체적으로 어떤 것이 가장 힘든가?) 친구들 사이에서 가장 기분 나쁜 것은 내가 투명인간 취급당하는 것 같고, 내가 하는 말을 그냥 씹어 버리면서 무시하는 것 같고, 자신이 없는 것처럼 여겨지는 것이 속상하다. (³그래 쉽지는 않겠네. 그런데 널 무시하고 투명인간 취급하는 것인지 친구에게 확인해 보았나?) 확인은 하지 않았다. 어떻게 해야 할지 잘 모르겠다. (그냥 네가 느끼는 것을 물어보면 되지. 확인하지 않은 것은 너의 생각일 수 있다는 거야.) 친구에게 다

1. 가정 방문 시 보호자와 인사를 나누는 것은 기본 사항인데 거부하는 것은 가족관계가 원만하지 않음을 알 수 있다.

2. 많은 것을 함께 다룰 수 없기 때문에 사례개념화를 하여 가장 시급한 것부터 우선적으로 다뤄야 한다.

3. 내담자 중심의 오해나 왜곡일 수 있으므로 정확하게 확인하는 것이 필요하다.

가가려고 엄청 신경 쓰고 나름 고민하고 노력해도 잘 안 되는 것 같다. 나에 대해서도 있는 그대로 받아들여지지 않고 또 소중한 존재가 아니라고 생각된다. (^{4}어떨 때 그렇게 생각되는가?) 가정 형편이 어려워 먹고 싶은 것을 먹지도 못하고 용돈이 없었을 때, 학교생활에서 친구들과 싸우고 나서 혼자 있을 때, 살기 싫다는 생각이 들며, 아무도 없는 곳에서 나 혼자 살고 싶다. (^{5}그럴 때 참 자신이 초라해질 수 있겠다. 그래서 혼자 살고 싶다는 생각이 드네.) 혼자 살고 싶지만 또 잘하는 것도 없고…… 장점이 없는 것 같고, 그러면서 나 자신이 소중하지 않고 이 세상에 필요 없는 존재라는 생각을 하게 된다. (^{6}그렇게 생각하였을 때 네가 얻을 수 있는 것이 무엇인가 한 번 더 생각해 보자. 넌 소중한 사람이고 이 세상에 단 하나밖에 없는 귀한 사람이다. 지난주처럼 계속 과제를 실천하는 것이 좋다.) ^{7}하기 싫다. 할 수 없다. 해 봐야 아무 소용없다. 아무것도 생각하고 싶지 않고 다 귀찮다. 〈분위기를 환기시킨 후〉 (^{8}뭐가 보이나?) 〈A4 용지에 점 하나를 찍어 보여 줌〉 점이 보인다. (난 넓은 여백이 보인다. 너에게는 점과 같은 단점이 있지만 넓은 여백 같은 가능성과 장점이 있다는 것을 알았으면 한다.) 내가 너무 억지를 쓰는 면도 있다는 생각을 하게 된다. 지금까지 나는 소중하지 않은 사람이라고만 생각했는데 새로운 관점으로 나를 보게 되었다. (이 세상에 단 하나인 자신의 소중함을 알았으면 한다. 지금 있는 그대로의 네가 얼마나 귀한지를 아는 것이 중요하다.) 조금 해 봤지만 잘 안 되니 쉽게 포기하게 된다. 앞으로 조금씩 노력해 보겠다. (그래, 그렇게 한발씩 앞으로 나아가면 된다. 진솔한 마음을 표현해 주어 고맙다.)

4. 상황에 따라 받아들이는 것이 다를 수 있으므로 점검할 필요가 있다.
5. 살기 싫다는 위기사고의 구체적인 탐색은 반드시 필요하다. "살기 싫다는 생각이 들 때 어떻게 하는가?"
6. 존재를 부정할 때 얻어지는 것이 무엇인지, 존재의 소중함을 인식시킨다.
7. 막무가내고 투정할 때 상담자가 버텨 주는 것은 중요하다.
8. 자신을 과도하게 평가 절하하는 내담자에게 매체를 활용하여 분위기를 환기시킨다.

6회 멘토의 이야기

1. 내담자의 행동 변화

상담자와 신뢰관계가 형성되면서 상담 시간과 장소를 바꾸고, 친구관계에 대한 불편함을 호소하고, 자기 존재를 비난하는 것 등으로 기존의 호소문제들을 더 드러내는 것으로 보입니다. (※ 청소년들은 자신의 생각대로 되지 않으면 쉽게 포기하는 특성을 보인다. 특히 보호자의 돌봄을 받지 못한 청소년들은 자신과 타인에 대한 낮은 신뢰감으로 쉽게 포기하고, 무기력해지는 경우가 많다.)

2. 내담자의 행동 변화 계기 분석

지난 5회 문화 활동 지원을 통해 친구와 어울려 즐거운 시간을 보냄으로써 앞으로 친구와 잘 지낼 것이라는 기대를 가졌습니다. 그러나 학교에서 친구와 갈등이 있으면서 좌절감을 더 많이 느끼게 되었고, 이로 인해 상담 시간과 장소를 변경하는 것은 상담자의 관심을 받고자 하는 의도로 짐작됩니다. 이러한 내담자의 행동 패턴이 대인관계 어려움을 일으키는 요인으로 작용할 수 있습니다.

3. 추가 탐색이 되면 좋을 부분

내담자의 상황에 따른 구체적인 사건 탐색이 필요합니다. 또한 내담자가 친구에게 가진 기대가 어떤 관점인지, 친구관계를 맺을 때 반복되는 패턴이 어떤지를 알도록 돕는 것이 필요합니다. (※ 청소년 상담에서 보호자의 상담이 함께 진행될 때 상담 효과가 높게 나타나므로 가능하면 보호자 상담이 이뤄져야 한다.) (※ 많은 청소년은 부모로부터 심리적·물리적인 독립을 원한다. 상담자는 이러한 청소년에게 독립을 위한 구체적인 계획을 세워 보도록 지도하면 현실에 대한 상황을 이해하게 되고, 자신이 취해야 할 행동에 대해 정리하게 된다.)

🎁 7회(수련회로 상담 불참)

2박 3일 수련회로 상담에 참여하지 못했는데 사전에 연락 드리지 못해 죄송하다. 그리고 캠프 중에는 전화 연락을 받지 못한다. 지금은 식사 시간에 잠시 시간 내어 연락한 거다. ([1]상담 약속을 지키지 못할 때는 사전에 연락하고 다음 상담 일정은 캠프를 마치고 나중에 의논하자.)

1. 상담에 불참하게 될 때는 사전에 연락하도록 구조화하고 있다.

🎁 8회(활동지 '빙산 탐색' 활용)

수련회는 좀 불편하고 힘들긴 했지만 그런대로 그냥 다녀왔다. 근데 요즘 학교에서 친구들과 갈등이 생겨서 힘들었다. (친구들과 어떤 일이 있었는가?) [1]좀 친해지고 만만한 친구에게는 성격이 급하여 하고 싶은 말을 참지 못하고 막 하다 보니 친구들이 나를 싫어하고 멀리하다가 떠난다. (그럴 때는 어떻게 대처하는가?) [2]지금까지 아무런 대처를 하지 못했다. 그러면서 혼자 소외되었다고 느낀다. 또 친구가 날 이해하고 다 받아 주었으면 하는데 안 받아 준다. 그래서 속상하고 화나고 그러는 친구가 맘에 안 든다. 매번 이렇게 남 탓을 하게 된다. 이런 나의 성격을 바꾸고 싶다. (어떻게?) 그냥 막~ 막연하다 ([3]그때의 감정은?) 친구들이 싫어할까 봐, 떠날까 봐 불안해진다. (그런 너를 어떻게 생각하나?) 내가 너무 바보 같고 세상에 필요 없는 존재라는 극단적인 생각을 하게 된다. ([4]이러한 고민에서 벗어나려고 노력해 본 게 있는가?) 노력을 하긴 했는데 내 방식으로 했다. 친구에게 과하게 친절한 태도를 보인다. 그러면서 친구들이 나를 좋아해 주었으면 하는 기대를 크게 하였다. (너의 소망은?) 평범한 생활을

1. 친구관계에서 자신의 말로 인해 친구와 멀어지게 되었음을 진솔하게 표현한다.
2. 내담자는 친구관계에서의 대처 방식을 통해 객관적인 자기이해뿐만 아니라 변화하고 싶은 마음을 표현한다.

3. 그때 감정 상태를 통해 지금의 감정을 이해할 수 있게 된다.

4. 어떤 노력을 해보았는지 질문을 통해 자기 자신의 태도를 점검해 보는 기회가 된다.

하고 싶다. 가정에서 엄마와 아빠가 함께 살면서 외식도 하고 엄마랑 시장도 다니고 쇼핑도 다니면서 다른 친구들이 사는 것처럼 살고 싶다. (진짜 원하는 자기 마음은?) 사랑, 인정받고 싶고 또래관계를 원만하게 잘하고 싶다. ([5]지금 느낌은?) 처음으로 내가 어떤 마음이었는지 밑마음을 알게 되었다. 상담에서 말을 할 때는 잘 몰랐다. 그런데 활동지에 적어 보니 좀 다르게 눈에 들어온다. 기분에 따라 친구에게 말을 막는 경우가 있는데 친구 입장을 생각하면서 말하는 방법을 알고 싶다. ([6]친구와의 대화에서 '나 전달법'을 활용하여 나의 마음을 말하면 상대방의 입장에서 오해를 줄이고 대화를 편하게 할 수 있다. 예를 들면 "나는 이렇게 생각해. 그리고 나의 진심은 너희와 잘 지내고 싶은 거야." 이렇게.) 지금까지 막막했는데 조금 알 것 같다. 시연했던 것처럼 노력해야겠다. (자존감 향상을 위한 과제도 꾸준히 실천하는 것이 중요하다.)

5. 현재 '지금 여기'에서 느끼는 감정을 탐색하여 현재 자각에 초점을 맞춘다.

6. 자기이해가 이뤄지는 상황이므로 이전과 다른 방식의 대화 방법인 '나 전달법'이 친구관계에 도움이 된다는 것을 교육한다.

 8회 멘토의 이야기

1. 내담자의 행동 변화

적극적인 질문을 통해 친구 입장을 생각하고 말하는 구체적인 방법을 배워 친구관계의 어려움을 해결하려는 태도를 보입니다. 또한 평범한 가정에 대한 부러운 마음을 가지며 부모에 대한 원망이나 미움, 자기비난이 감소되었습니다.

2. 내담자의 행동 변화 계기 분석

청소년들은 언어적 상담보다 매체를 활용하였을 때 무의식적인 것을 의식화하여 표현하는 것이 많습니다. 내담자는 지난주에 캠프를 다녀온 후 원만한 친구관계 형성에 관심을 가지는 것으로 보입니다. 한편, 학교생활에서 반복적으로 친구관계가 힘들어지고 있는 것에 대해서는 성장과정에서 학습된 직설적인 대화 패턴을 가진 자신의 모습을 알아차리고 변화하고자 하는 태도를 보입니다.

3. 추가 탐색이 되면 좋을 부분

내담자가 친구관계에서 가졌던 부정적인 감정을 충분히 표현하도록 다루어 주어야 할 것입니다. 또한 친구관계에서 반복되는 갈등 상황을 알아차리고 조절하려고 노력할 때 지지와 격려가 필요합니다.

📦 9회(전화상담: 치과 치료로 상담 불참)

며칠 전부터 치통이 있어 힘들었다. 그래서 치과 진료를 받게 되어 상담 약속을 지키지 못해 죄송하다. 다음부터는 상담 약속을 잘 지키겠다. (^{1}건강 관리 잘하고, 상담에서 다뤘던 과제를 잘 실천하고 있는가?) 요즘 열심히 노력하고 있다. 그래서 그런지 불안한 마음이 줄었다. 요즘 상담을 하고 싶은데 몸이 아파 만나지 못하게 되어 아쉽다. (^{2}하고 싶은 말은?) 그냥 소소한 일이다. 다음 상담에서 이야기하겠다.

1. 건강이 안 좋은 것은 관심받고 싶은 것인지, 상담을 회피하고 있는 것인지, 내담자가 의식하지 못하는 무의식을 탐색해 볼 필요가 있다.

2. 혹시 긴급한 일이 있는지 관심을 갖고 묻는다.

10회

요즘은 학교생활에서 어떻게 해야 할지 적응해 가는 방법을 조금씩 알게 되었다. (¹어떻게 하는가?) 상담에서 했던 것처럼 나를 이해하고, 친구 입장을 생각해 보니 이해하게 되었다. 그리고 상담 시작할 때 자존감 향상을 위한 시연 과제가 하기 싫었고 힘들었다. 그런데 요즘은 자꾸 하다 보니 힘들 때 도움이 되고 위로가 된다. (²다행이다. 누가 한 것이 아니고 ○○이 한 것이다.) 그때는 내 자신이 소중하지 않다고 믿었는데 자꾸 반복하니까 나도 모르게 인정하게 되었다. (주로 언제 과제를 하게 되나?) 잠자기 전 누워 있을 때, 거울 볼 때, 사람들이 많이 있는 버스에서 어색할 때, 교실에서 앉아 있을 때 등 시간과 장소를 가리지 않고 하게 된다. (늘 마음에 담고 반복하여 실천하면 도움이 된다. 지금까지 잘하고 있어 대견하다.) 때론 내 마음을 모르겠고, 그러면서 나에 대해 알고 싶어지기도 한다. (³자신의 이해를 위해 '아우라' 색칠을 해 보자.) 주변과 상위는 백지로 그대로 두고, 하위는 검은색으로 색칠하였다. 나는 흰색과 검은색을 좋아하기 때문에 이렇게 색칠하였다. 아우라 색칠을 한 사람이 마음에 든다. (⁴이 사람이 사는 곳은 어디이고 누구랑 사는가?) 조용한 시골에 집이 하나 있는데 그곳에서 혼자 산다. (지금 기분은?) 혼자 여유롭게 있으니 기분이 좋으나 조금은 외롭다. (행복한가?) 조금은. 그러나 완전 행복하지는 않다. (어떻게 하면 행복할까?) 가족이 함께 산다면 좀 더 행복할 것 같다. (앞으로 어떻게 살고 싶은가?) ⁵결혼하여 자식도 많이 낳고, 가족들과 오순도순 행복하게 살고 싶다. (아우라를 색칠하고 나눈 후 지금 기분은 어떤가?) 이렇게 아우라를 통해 나의 마음을 알게 되어 기분이 좋다. 그리고 뭔가 막연했던

1. 학교생활에 적응해 가는 구체적인 방법에 대해 질문한다.

2. 학교생활 적응, 마음의 위안을 찾아가는 것은 내담자가 해낸 것임을 확인해 주고 격려해 준다.

3. 내담자가 자신을 알고자 하므로 매체를 활용하여 자연스럽게 접근하면서 구체적인 면을 탐색한다.

4. 활동지의 인물이 내담자를 투사하여 표현한 것이므로 내담자를 탐색할 수 있는 질문이다.

5. 혼자 외롭게 성장했던 아픈 상처를 아물게 하고 싶은 마음을 표현한다.

것들이 그림 속에 드러나고 색칠을 하면서 눈으로 보게 되니 나에 대해 좀 더 자세하게 알게 되었다. 앞으로 학교 시험도 있고 일정이 바빠서 상담하기가 어려울 것 같다. (주말에는?) 주말에 집에서 나오면 할아버지와 아빠가 잔소리를 많이 하여 피곤하기 때문에 가능하면 주말에 안 나오고 싶다. (⁶상담에서 좀 더 깊게 자신을 만나고 대인관계에 대해서도 나누었으면 한다. 그럼 평일 방과 후 시간을 내었으면 좋겠다. 내가 아빠에게 전화하여 양해를 구하면 어떨지?) 그렇게 했으면 좋겠다. 아빠에게는 진로상담을 한다고 말했으면 좋겠다. (꼭 그렇게 말해야 하는 이유가 있는가?) ⁷아빠는 가정사를 다른 사람에게 말하는 걸 엄청 싫어하고, 귀가가 늦으면 내 말은 듣지 않고 무조건 화내고 야단친다. 아빠가 화내면 무섭고 마음이 불안하다. 그 일로 집안이 시끄러워지는 것이 싫다. 가능하다면 상담 약속 일정을 토요일로 변경하여 상담을 하고 싶다. (나도 주말에 다른 일정이 있으니 매주 토요일의 상담은 어렵다. 또한 상담 약속 시간을 수시로 변경하는 것은 어렵다. 그러나 특별한 상황이 있을 때는 사전에 연락하여 의논하면 된다.) ○○센터 자원봉사자가 만든 밑반찬 맛있게 잘 먹었다. 고맙다.

＊전화상담 (내담자 아버지)

(가정에서는 요즘 ○○이가 어떻게 지내는지?) 특별한 일 없이 잘 지내고 있다. 상담을 계속 받아야 할 일이 있는가? (⁸꼭 무슨 큰일이 있다기보다 진로에 대한 것과 청소년 시기에 가지는 심리적인 고민, 고등학교에 입학하여 새로운 학교생활에 적응해야 하는 일, 원만한 친구관계를 위한 것, 가정에서 힘들게 느끼는 것 등이 있다.) 그런 것들은 시간이 지나면 다 적응하게 되고 해결되는 것이라고 생각한다. (⁹아버지는 가

6. 내담자 상담이 필요하므로 시간 조율과 아버지께 양해를 구하는 방법을 권한다.

7. 가정에서 자기주장을 강하게 하기보다는 아버지와 타협하려는 태도를 보인다.

8. 청소년기 성장과정에서 다양한 일로 상담이 필요함을 설명한다.

9. 부모가 자녀와 대화를

정에서 ○○이와 어떤 대화를 나누나?) 대화는 잘한다. 아침에 학교 다녀오겠다는 인사, 다녀와서 인사, 밥 먹었냐 등 날마다 말을 한다. (일상생활의 기본 인사가 아닌 ○○이의 학교생활, 친구관계, 진로 방향에 대한 이야기를 하는가?) 그런 이야기는 잘 안 한다. 여자아이라서 그런지 어렸을 때와 다르게 크면서 자꾸 혼자 있으려고 한다. 그리고 물으면 단답을 하고 툴툴거리고 짜증을 많이 낸다. ([10]그래서 상담이 필요하다. 대체로 청소년 시기에는 가정에서 부모에게 자신의 마음에 있는 이야기를 다 하지 않는다. 일주일에 한 번 상담을 하는데 상담하는 날은 좀 늦게 귀가할 수 있으니 협조를 해 주었으면 한다.) 그런데 꼭 상담을 밤에 해야 하나? 너무 늦게 다니는 것이 좋지 않은데. (○○이가 학교에서 마치고 오면 저녁 시간이고 주말에는 시간 조정이 어려워서 그렇다.) 알겠다. 상담을 너무 늦지 않게 하고 상담 마치면 바로 귀가할 수 있도록 했으면 한다. ([11]그렇게 지도하겠다. 가정에서도 ○○이에게 관심 가지고 지지해 주었으면 한다. 의논할 일이 있으면 연락하도록 하자.)

나눈다고 생각하는 것과 청소년이 대화를 나눈다고 하는 것과는 많은 차이가 있어 확인하는 질문이다.

10. 내담자 아버지와 전화 상담을 통해 상담의 필요성과 상담 후 귀가 시간 문제를 해결한다.

11. 청소년 상담에서는 보호자와 협력관계를 구축하는 것이 중요하다.

 11회 멘토의 이야기

1. 내담자의 행동 변화

　내담자는 상담자와 신뢰관계가 형성되면서 상담 약속 시간과 장소의 변경 없이 상담에 참여하였습니다. 또한 자신에 대한 이해를 통해 상담자와 일정을 의논하고 조정하는 변화된 태도를 보입니다.

2. 내담자의 행동 변화 계기 분석

　　지난 9회 상담을 하지 못한 아쉬움으로 이번 상담은 자발적이고 적극적인 태도로 상담에 참여하였고, 시험 기간의 바쁜 일정에도 상담에 참여하여 친구 입장에서 시연을 하는 변화된 태도를 보입니다.

3. 추가 탐색이 되면 좋을 부분

　　한부모인 아버지와의 상담을 통해 자녀 양육에 대한 어려움과 애로 사항을 공감해 주고 지지 및 격려해 주는 것이 필요합니다. 내담자의 변화에 대한 구체적인 탐색을 통해 앞으로 상담개입 전략을 재구성한다면 상담의 효과를 더 높일 수도 있을 것입니다.

 11회(25분 늦음)

스쿨버스가 늦게 출발하였는데 선배들 눈치 보느라 문자도 못했다. 배가 고파서 상담이 어려우니 간식을 먹고 상담했으면 좋겠다. (^{1}상담 약속 시간이 늦을 때 사전에 연락하여 어떤 일이 있는지 알리는 것이 필요하다. 약속은 대인관계에서 신뢰감을 형성하는 데 중요하니까.) 앞으로는 노력하겠다. 요즘 상담 과제는 잘 실천하고 있다. 학교에서 친한 친구를 사귀어 학교생활이 재미있다. 그런데 나와 의견이 다른 친구에게는 지나친 반응을 하게 된다. (^{2}어떤 반응?) 흑백을 가리는 것처럼 좋은 친구에게는 친하게 하면서 싫은 친구에게는 툭 쏘고 그런다. (왜 그렇게 하는가?) 잘 모르겠다. 이전에는 정말 심했는데 그래도 요즘은 친구들과 잘 지내려고 많이 노력한다. (^{3}어떤 노력을 하였는가?) 친구의 입장을 생각하면

1. 상담 약속 시간을 지키지 못할 때 사전에 연락하여 알리는 것은 대인관계에서 필수적인 요소임을 교육한다.

2. 친구관계에서 어떻게 반응하는지 점검하여 내담자의 자기이해를 돕는 것이 필요하다.

3. 청소년기 자신의 습관

서 이해하고, 말할 때도 최대한 생각하면서 함부로 하지 않으니 친구가 그런 것을 느끼는 것 같다. 그리고 날마다 과제를 하니 내가 소중하다는 생각이 마음으로 느껴진다. (⁴○○이의 깊은 내면을 만나는 문양 만다라를 실시해 보자. 잠시 눈을 감고 호흡을 따라가면서 마음을 차분하게 한다. 눈을 뜨고 선택한 문양 만다라를 바라보며 자신의 마음이라 생각하고 색칠한다. 만다라를 색칠하면서 기분이 어떤가?) 어렸을 때 미술 시간 준비물도 못 챙겨 가서 속상하였던 기억이 떠오른다. 그런데 지금 문양 만다라를 색칠하면서 기분이 좋아졌다. (그 문양 만다라를 선택한 이유는?) 모양이 예뻐서 선택했다. (제목은?) 제목은 '행운을 부르는 모양'이다. (⁵색에 대한 느낌은?) 검은색은 어둠, 흰색은 밝음, 파란색은 시원함이다. 주황과 노란색은 빛나는 별이 생각난다. 완성된 만다라 그림이 마음에 들어 나의 방 책상 앞에 붙여 놓고 보고 싶다. (만다라를 색칠하면서 느낀 마음은?) 마음은 담담하였고, 어렸을 때 생각하면서 기분이 살짝 다운되었는데 색칠하면서 특별한 감정은 없고 완성하고 나니 다 해냈다는 성취감과 만족스러움이 느껴져서 기분이 좋다. (지금 자신에 대해 어떻게 느껴지는가?) ⁶나에 대해 좋은 생각이 든다. 언제부터인가 내가 소중한 사람이라고 느껴졌으며, 이젠 내가 조금 더 이해된다. 뭐라고 설명하긴 어려운데 그냥 받아들여지고 괜찮다는 생각이 들면서 학교에서 친구들의 마음도 조금씩 이해하게 되어 좋다. (⁷기특하다. 상담에서 제시한 과제를 스스로 노력하고 실천하였기에 ○○이 달라진 것이다. 인간관계에서 서로가 상대방의 입장을 이해하고 배려하는 것은 중요하다.) 나를 위해서 앞으로도 더 노력하겠다.

을 인정하거나 패턴을 받아들이는 것이 쉽지 않다. 그러므로 대인관계에서 어떤 노력을 하였는지 점검해 보는 질문은 필요하다.

4. 청소년기의 방어적인 면을 줄일 수 있는 매체 활용은 심상을 깊게 만나고 표현하는 데 효과적이다.

5. 색의 느낌으로 내담자의 심리 상태가 어떠한지 탐색할 수 있다.

6. 청소년기에는 변화됨을 말로 하는 것을 어색해한다. 그림 매체를 활용하여 자연스럽게 자신을 알고 친구를 이해하게 되었음을 표현한다.

7. 스스로 해냈을 때 문제를 해결하는 잠재된 내면의 힘이 있음을 알리고 대인관계에서 서로를 이해하고 배려하는 중요성을 교육한다.

11회 멘토의 이야기

1. 내담자의 행동 변화

내담자는 새로운 친구를 사귀면서 학교생활이 재미있기도 하지만, 자신이 친구에게 과민한 반응을 하였음을 알고 변화하고자 노력하는 것으로 보입니다. 또한 매체 활용의 그림이 무채색에서 유채색으로 변화한 것으로 보아 자신에 대한 인식이 긍정적으로 전환되었음을 알 수 있습니다.

2. 내담자의 행동 변화 계기 분석

아버지의 귀가 시간 통제로 불안한 내담자를 돕고자 상담자가 아버지와 전화상담을 한 후 불안이 감소되었고, 반찬 지원을 통해 가사 부담을 줄여 주었습니다. 또한 '아우라' 활동이 자신의 존재에 대해 깊이 이해하고 가족의 소중함을 생각하는 계기가 된 것으로 보입니다.

3. 추가 탐색이 되면 좋을 부분

내담자의 친구관계 유지를 위해 친구를 사귀게 된 경험을 구체적으로 탐색하는 것이 필요한 것으로 보입니다. 특히 선배를 만났을 때 심하게 눈치 보고 위축되는 부분에 대해 탐색하고 어떻게 대처해야 할지 구체적인 대안을 찾는 방안이 필요할 것으로 보입니다. (※ 청소년기에 학교 선배는 상황에 따라 누구보다 더 어렵게 생각되는 두려움의 대상이 될 수 있다.)

12회(할아버지와 다툰 후 3주 외출 금지, 전화상담)

(¹다음 주는 상담 종결이다. 종결 후에도 상담 과제는 계속
실천해야 한다.) 좀 어렵지만 노력하겠다. 이전보다 많이 나
아진 나를 느낀다. 그런데 가끔은 참다가 화가 나면 툭툭 터
진다. (할아버지와 무슨 일이 있었나?) 요즘 아빠가 몸이 안
좋아 병원에 갔는데 할아버지가 나에게 화를 내고 잔소리가
너무 심하다. 시험 기간이라 예민하기도 한데 나에게 집안일
을 과하게 시켜서 화가 났다. 그리고 밥이 먹기 싫은데 먹지
않는다고 심하게 잔소리를 한다. (²그래서 힘들었네. 아버지
는 어디가 안 좋은가?) 잘 모르겠다. 병원에 문병 갔는데 말
도 안 해 준다. 그리고 집에서 공부하라고 하고 오지 말라고
한다. 할아버지만 병원에 다니고 있다. (환경적으로 힘들지만
○○이가 해결할 수 있는 일이 아니므로 자신에게 주어진 일
에 충실하고 학업에 집중하는 것이 좋겠다.) 그래서 집중하
여 공부하고 있고, 자신감을 가지고 생활하려고 노력하고 있
다. (잘하고 있다.) 앞으로 많은 사람이 있는 곳에 마음 편하
게 가고 싶고 자연스럽게 대인관계를 가졌으면 좋겠다. (³'자
존감을 높이는 자기대화법' 활동지 내용을 함께 읽고 생활에
서도 늘 읽으면서 실천하는 생활을 하면 도움이 될 것이다.)
실천하기가 좀 어렵지만 그래도 해 보겠다. (⁴○○회사 한부
모, 조손가정을 위한 장학금 지원을 신청하였는데 ○○회사
와 연계되어 장학금을 받게 되었다.) 장학금 지원에 대해 할
아버지, 아빠에게 알리지 않았으면 좋겠다. 알리면 아빠는 그
돈을 빼앗아 술 마실 것이고, 할아버지는 그 돈을 생활비로
쓸 테니까. 난 용돈이 없어 힘이 드는데 아빠는 돈 달라는 말
만 하면 소리 지르고 야단하여 스트레스를 받는다. (⁵관계자
회의를 거쳐 부의 불성실, 과음으로 장학금이 오용될 소지가

1. 갑작스러운 헤어짐으로 아픔을 경험한 내담자 이므로 종결 시 시간적 인 여유를 두고 종결을 안내하는 게 중요하다.

2. 아버지의 건강에 대한 탐색적 질문이다.

3. 힘든 상황에 스스로 힘을 얻을 수 있는 구체적인 방법과 활동지 자료를 제공하였다.

4. 청소년기의 경제적인 어려움으로 인해 양육자에 대한 불만이 높아 지고 또래관계에서도 위축되어 자신감이 낮아진다.

5. 양육자의 불성실로 인해 내담자가 직접 장학

있어 아버지에게 비밀로 하기로 했다. 다음 주는 장학금을 받으러 가야 한다. 선생님과 만나서 가도 되고 네가 직접 찾아가도 된다.) 〈징징거리고 어리광을 부리며 관심을 받으려는 태도로 눈치를 살피면서 퇴행 행동을 보임〉 [6]아~ 나는 못한다. 사람 많은 그곳에 혼자 가기 어렵다. 교복 입고 가기 싫은데 어떻게 해야 하나? (교복 입는 것은 왜 싫은가?) 학교가 드러나는 것이 싫다. 우리 학교 평판이 안 좋다. 나는 이런 것이 딱 질색이다. (그럼 선생님과 만나서 함께 가도록 하자. 그리고 다음 주는 상담 종결이다. 상담 종결 후에도 상담이 필요하면 언제든지 연락하라. 무엇보다 중요한 것은 스스로 노력하고 실천하는 것이다.) [7]상담을 계속 받고 싶다. 아직은 상담이 더 필요하다고 생각된다. 이전에는 여러 가지 일이 많아서 상담 약속을 못 지키고 상담에 참여 못했다. (스스로 노력하는 것이 중요하다. 그러니 노력해 보고 그래도 잘 안 되면 그때 연락하여 의논하자.)

금을 관리하고 사용할 수 있도록 하였다.

6. 종결 시점에 퇴행 행동을 보이는 요인은 여러 가지로 파악해 볼 수 있다.

7. 상담 종결을 받아들이고 싶지 않은 점. 신뢰감이 형성되어 자신의 상황을 설명하고 상담의 필요성을 말한다.

 12회 멘토의 이야기

1. 내담자의 행동 변화

　내담자는 강한 자기주장과 퇴행 행동을 보이는데 강한 자기주장은 상담을 하면서 힘이 생긴 것에 따른 것으로 볼 수 있고, 퇴행 행동은 상담 종결에 대한 불안감으로 상담을 지속하고자 상담자를 붙잡는 행동으로 짐작해 볼 수 있습니다.

2. 내담자의 행동 변화 계기 분석

　내담자는 친구관계 및 학교생활 적응이 향상되면서 상담 참여에 소극적인 태도를 보이는 면은 있었으나 한편으로 대인관계의 성공 경험을 통해 자신감이 향상되어 자기주장과 감정표현을 잘 하게 된 것으로 보입니다.

3. 추가 탐색이 되면 좋을 부분

　내담자가 종결 상담에서 보이는 퇴행 행동이나 불안한 심리를 다루어 안정을 얻도록 돕는 추수상담 진행이 필요한 것으로 보입니다. (※ 청소년은 보호자가 아플 때 불안이 높아지므로 상담에서 참고하여 개입하는 것이 필요하다.)

📦 13회(장학금 증정식, 종결 상담)

학교 통학버스가 늦게 도착하여 늦었으니 선생님이 집 앞으로 데리러 왔으면 좋겠다. (¹알겠다. △△에서 만나자.) 교복을 갈아입을 시간이 없어 곧바로 장학금 증정식에 가야겠다. 그런데 교복을 입고 가면 학교가 드러나는 것이 부끄럽다. 〈많은 사람이 모인 장학금 증정식 행사장에서〉 "선생님, 저는 사람 많은 것이 싫은데 언제 마쳐요. 어떻게 해야 해요. 저 시험 기간인데 공부해야 하는데……." (²여기는 장학금 증정식 행사라서 시간이 좀 걸릴 거다. 마음을 편안하게 가지고 참여하자.) 그래도 생각보다 시간이 너무 많이 걸리니 여기서 시험공부를 해야겠다. 생리 주기는 며칠인가 모르겠다. 생리 주기가 모두 다른가? 〈상황에 맞지 않는 이상 행동을 하면서 다른 사람들의 눈치를 보며 시선을 모음〉 (³지금은 장학금 증정식으로 많은 사람이 모인 장소이니 공부는 집에 가서 하도록 하자.) 〈⁴상담자는 말없이 손을 잡아 줌〉 〈○○이는

1. 내담자가 사람 만나는 것을 두려워하므로 상담자가 동행하면 위안이 될 수 있다.

2. 상황에 대한 안내는 힘들어하는 내담자의 심리적 안정에 도움이 된다.

3. 위축되고 내향적인 성향의 내담자는 어색할 때 어떻게 해야 할지

피식 웃으며〉 어색하다. 이런 장소에 오는 것이 불편하다. 어떻게 해야 할지 모르겠다. 〈책을 가방에 집어넣고 앉아 있다가 또 상황에 맞지 않은 말과 행동을 반복함. 행사 후 식사 시간〉 뷔페에서 먹는 음식이 맛이 없다. 저는 원래 좀 까다롭다. 고기도 싫고, 생선도 싫고, 반찬이 다 싫어서 밥 안 먹고 싶다. 〈장학금 증정식을 마치고 상담자 차로 이동하며〉 처음 보는 사람들이라 많이 불편하여 참느라고 정말 힘들었다. 앞으로는 이런 자리는 안 가고 싶다. 그래서 밥을 먹을 수가 없었다. (⁵고생했다. 선생님도 처음 보는 사람은 어색하다. 그러나 자주 만나면 어색함이 줄어든다. 또 어쩔 수 없는 상황이라서 참여했는데 끝까지 견디느라 고생했다. 그동안 상담을 진행한 전반적인 과정에 대해 나누어 보자. ○○이가 상담을 하면서 느낀 점, 감정 및 아쉬운 점에 대해서 무엇이든지 생각나는 것은?) 상담 종결이 아쉽다. ⁶상담에 잘 참여하고자 했으나 학교, 아빠, 할아버지 때문에 어려웠다. 상담을 이어서 계속하고 싶다. 그리고 상담이 끝나면 학교생활, 가정생활, 친구관계에서 힘든 일이 생기면 어떻게 해야 할지 걱정된다. (⁷힘들 때는 언제든지 연락해도 된다. 그리고 스스로 노력하면서 실천해 보는 것도 중요하니 1개월 정도 지내 보고 힘든 일이 있으면 연락하는 것이 좋겠다.) 요즘 학교생활에서 친구관계는 괜찮지만 가끔은 힘들다. 한 달에 한 번씩 짝지를 바꾸는데 친한 짝지가 바뀌게 될까 봐 불안한 마음이 있다. (그렇겠다. 하지만 새로운 친구와 잘 지내기 위해 친구의 입장을 이해하고 배려하면 더 친하게 지낼 수 있을 것이다. 또 이전에 잘 해결한 경험이 있으니 또 그렇게 하면 된다. 가정에서도 할아버지와 아빠께도 너의 입장을 잘 전달하는 '나 전달법' 대화를 해 보면 어떨지?) ⁸할아버지와 아빠가 싸우면 난 중간에서 어떻게 해야 할지 몰라 난감하고 곤란하다. 가장 싫

몰라 상황에 맞지 않는 엉뚱한 행동을 하므로 적절한 행동을 할 수 있도록 교육한다.

4. 특별한 상황으로 상담자는 내담자와 신뢰관계가 형성되어서 손을 잡아 줌으로 심리적인 안정을 갖게 한다.

5. 사람이 많은 곳에서 어색하고 힘든 상황을 견딘 점을 공감해 주고 격려해 주면서 상담 종결에 대한 마음을 표현하게 한다.

6. 상담 불참 이유를 남 탓으로 돌리는 것에 대한 올바른 이해를 돕는 지도적 상담이 필요하다. "네가 상담에 참여하지 못한 이유가 어디에 있다고 생각하니?"

7. 스스로 노력하는 것이 중요하다는 것을 알리고 상담의 필요성을 느낄 때 연락하도록 개방적인 안내를 한다.

8. 힘들어하면서도 이전과 다르게 자신의 일을 하

은 것은 아빠가 술 마시면 폭력적인 행동, 폭언을 하는 건데, 많이 불안하고 무서운데도 어떻게 해야 할지 모르겠다. 지금 생각으로는 내가 할 수 있는 것을 하는 것이 가장 잘하는 거라는 생각이 든다. (그러면 된다.) 장학금을 지원받게 해 줘서 경제적으로 어려웠는데 많은 도움이 되었다. 감사하다. 용돈기록장을 작성하여 카톡 사진으로 보내겠다. (°장학금을 잘 활용하고 용돈기록장에 기록하면서 규모 있게 용돈을 사용하면 된다.) 앞으로 의논할 일이 있으면 자주 연락하겠다.

겠다는 변화된 마음을 표현한다.

9. 가정에서 양육자의 지도를 받지 못하였으므로 용돈을 규모 있게 사용하도록 교육한다.

13회 멘토의 이야기

1. 내담자의 행동 변화

내담자는 행동 변화가 어렵지만 노력하겠다고 하였으며, 상담 종결로 자신의 불안하고 걱정되는 마음을 표현하는 것으로 보입니다. 경제적으로 어려운 상황에서 장학금 지원을 받으면서 감사한 마음으로 용돈기록장을 쓰고 사진을 찍어 보내겠다는 약속을 하는 등의 변화를 보입니다.

2. 내담자의 행동 변화 계기 분석

내담자는 종결 상담에 대한 안내의 영향으로 상담 불참의 이유, 주 호소문제를 다시 거론하며, 종결의 아쉬움과 상담의 필요성을 말하는 것으로 보입니다. 청소년은 내면으로 스킨십을 원하면서도 실제 거부하는 경우도 있고, 실제적으로 싫어하는 경우도 있으므로 내담자의 의도를 잘 파악하는 것이 필요합니다. 한편 내담자는 대인관계가 어려움에도 상담자가 손잡아 줄 때 웃으며 긍정적으로 받아들이는 변화된 모습을 보였습니다.

3. 추가 탐색이 되면 좋을 부분

상담 시작과 종결에 대해 전체적으로 구조화하여 설명해 주고, 상담 시작과 종결이 자연스럽게 이뤄지는 과정을 경험하는 것이 필요합니다. 상담 종결에 대한 평가를 내담자의 말로 표현하여 심리적 안정을 돕고, 더불어 상담자의 의견을 종합적으로 정리해 주는 추수상담이 필요하다고 여겨집니다.

14회(추수상담)

(¹그동안 어떻게 지냈지?) 한 달 동안 이런저런 일은 조금 있었다. 그때마다 샘께 메시지로 연락하였을 때 도움 주어 고마웠다. 아빠가 매사에 잔소리하면서 사소한 일에도 트집을 잡아 나를 힘들게 하여 너무나 미웠다. (어떤 일로?) 모르겠다. 내가 어렸을 때부터 그랬는데 최근 몸이 안 좋아서 병원에 입원하고 더 심해졌다. 내가 아빠 없이 살아가려면 견디는 힘을 길러야 한다면서 죽을 사람처럼 말한다. (그럴 때 마음은?) 아빠를 죽이고 싶을 만큼 미웠다. 나 어렸을 때부터 술을 마시고 오면 나를 때려서 다락방에 숨어 있을 때도 있었고, 아빠가 여자친구를 만나고 다니면서 나는 밥도 주지 않아 혼자 있으면서 굶기도 했으니까. (²그랬구나. 참 힘들게 살았네.) 근데 며칠 전 아주 무서운 꿈을 꾸었다. (³어떤 꿈?) 나랑 아빠가 차를 타고 어딘가를 갔는데 교통사고가 났다. 나는 아무렇지 않은데 아빠는 온몸이 다쳐 피투성이가 되어 죽는 꿈을 꾸다가 깜짝 놀라서 잠을 깼다. (많이 놀랐겠다.) 정말 깜짝 놀랐다. 꿈에서 나는 어떻게 살지 막막하였다. 이 세상에 나를 도와줄 사람은 아무도 없으니 너무나 무섭고 슬퍼

1. 추수상담으로 한 달 동안 어떻게 지냈는지를 탐색하는 것은 중요하다.

2. 힘들었던 어린 시절을 반복하여 말하지만 그대로 받아 주고 공감해 주고 있다.
3. 무서운 꿈은 내담자의 현실과 연결되어 있다.

서 땅바닥에 앉아 통곡을 하였다. (⁴꿈을 깨고 나서 기분은?)
꿈을 깨고 나니 다행이네 하며 안도의 숨을 쉬었다. 그 후 할
아버지와 아빠에 대해 미웠던 마음이 줄어들고 혼자 살아야
한다는 생각을 하니 가족과 함께 산다는 것이 얼마나 감사한
일인지를 생각하게 되었다. 두 분이 좀 잔소리하여도 꿈을 생
각하면 참게 되고, 나를 위해서 잔소리를 한다는 마음도 들었
다. (악몽을 꾸고 가족의 소중함을 알게 되었네.) 그랬다. 또
주변에 있는 사람에 대해 감사하게 생각하는 마음을 가지게
되었다 (⁵좋은 계기가 되었네. 또 다른 일은 없었는가?) 요즘
성적을 올리려고 공부를 열심히 하고 있다. 친구들과 가끔
갈등이 있을 때도 이전과 다르게 불편한 마음을 말로 풀게
된다. 이동수업 시간에도 친구들과 이야기 나누고, 점심시간
에도 친구들과 어울려 노는 시간을 많이 가진다. 또 외출하
는 것이 제일 싫고 두려웠는데 요즘은 버스 타고 다닐 때 주
변 사람들이 의식되기는 하지만 이전보다는 조금 괜찮아졌
다. 주말에도 친구들과 어울려 놀면서 수다도 떨고 그런다.
(기특하다. 앞으로도 지금처럼 생활하면 된다.)

✱ 전화상담 (내담자 할아버지)

(○○이는 가정에서 어떤가?) 평상시 집에 있을 때 말을 잘
하지 않고 자기 방에 들어가 지낸다. 가끔 요구 사항을 안 들
어주거나 용돈이 부족할 때는 화를 내며 자기가 할 말을 다
한다. (⁶고생이 많으시다. 그런데 학교에 다닐 때 필요한 용
돈은 챙겨 주어야 한다.) 알고 있는데 ○○이 아빠도 집에서
놀고 있고, 나도 일을 하지 않으니 형편이 어려워 잘 챙겨 주
지 못한다. 그 점은 좀 미안하기도 하다. 앞으로 좀 더 관심을
가지고 챙겨 주겠다. (⁷상담은 종결하였으니 가정에서 관심
을 가져 주시고 의논할 사항이 있으면 언제든지 연락하면 된

4. 꿈에 대한 느낌이나 자
유연상은 내담자의 심
리와 깊이 연결되므로
현재 상황을 이해하는
데 도움이 된다.

5. 다른 일은 없었는지 탐
색하는 질문은 그런 일
로 인해 새로운 변화가
있는 것을 확인하는 질
문이었다. 그러나 악몽
을 꾸고 주변 사람들에
대해 충분히 나누는 것
도 필요하다.

6. 양육자도 청소년들의
과도한 욕구와 불만을
받아 주며 많이 지치고
소진되어 있는 경우가
많으므로 힘든 마음을
공감해 주는 것이 필요
하다.

다.) ○○이 엄마가 없어서 못해 주었던 부분들이 많았는데 상담으로 도움을 주어 감사하다.

7. 청소년은 지속적인 관심이 필요하므로 종결을 가족에게 알려 관심을 가지도록 안내하는 것이 중요하다.

 14회 멘토의 이야기

1. 내담자의 행동 변화

내담자는 할아버지와 아버지에 대한 불만, 원망, 분노가 많았는데 악몽을 꾼 계기로 가족의 소중함을 알게 되고 주변에서 도움을 주는 사람들에 대해 감사한 마음을 가지게 된 것으로 짐작됩니다. 또 자신이 할 일을 스스로 하면서 성적을 향상하고 친구관계도 원만하게 하고자 노력하는 것으로 보입니다.

2. 내담자의 행동 변화 계기 분석

내담자는 종결 후에 해야 할 일을 스스로 하려는 의지를 가지고 노력하는 태도를 보입니다. 또한 가정에서 할아버지와 아버지에 대한 불만과 원망하는 마음이 극도에 도달하였을 때 악몽에서 가족 없이 혼자 살게 된다면 어떨지 간접적인 경험을 통해 가족이 있다는 것에 대해 큰 위안을 얻게 된 것으로 보입니다. (※ 청소년이 보호자 없이 혼자 산다는 것은 엄청난 두려움이 될 수 있다.)

상담전문가의 사례 되짚어 보기

1. 내담자 문제 발생

사례 이해를 바탕으로 내담자에게 문제가 발생한 것을 살펴보면, 내담자는 대인관계의 어려움으로 사람이 많은 곳은 기피하여 밖에 외출하는 것을 두려워하고 머리카락으로 얼굴을 가리거나 고개를 숙이고 다니면서 스트레스를 받았다. 이처럼 내담자가 사람 만나는 것을 회피하고 대인관계의 어려움이 있는 것은 성장할 때 가정환경에서 받은 영향이 컸던 것으로 볼 수 있다. 특히 부모의 이혼으로 어머니의 부재, 아버지의 소홀한 양육 태도, 친척 집에 다니면서 눈치를 보며 자기표현을 못하고 친밀한 관계 형성의 경험이 부족하여 대인관계의 일상적인 대화에서도 위축되었을 것으로 보인다. 이러한 내담자가 건강 악화, 가족 갈등의 이유로 상담 약속 시간을 자주 변경하거나 불참하였던 것도 성장과정에서 가정교육을 통해 상대방에게 지켜야 할 예절을 배우지 못했기 때문이며, 자신의 의견을 적절하게 표현하지 못하는 것도 같은 맥락으로 볼 수 있다. 또한 내담자는 학교생활에서 친구로부터 소외되어 은따, 무시를 당하고 통학버스를 타고 이동하는 과정에서도 선배들의 눈치를 보면서 경직되고 위축되어 행동이 자유롭지 못하고 스트레스를 받아 힘들어하였다. 이처럼 대인관계의 어려움이 있음에도 불구하고 상담을 하고자 하였던 것은 친구가 장기간 상담을 하면서 변화되는 것을 본 영향과 상담자를 통해 애증의 대상인 어머니를 경험하고자 하는 무의식의 욕구가 작용하였을 것으로 짐작해 볼 수 있다.

2. 치료적 개입

내담자는 대인 기피로 사람이 많은 곳에 가기를 꺼리고 사람에 대한 거부감, 두려움을 호소하였는데, 상담 초기부터 상담자가 자신의 의견을 충분히 표현하도록 도움으로써 거침없는 자기표현을 하게 되었다. 내담자에게 평소 자신의 의견을 표현하지 못했던 환경에서의 것과 전혀 다른 새로운 경험이 되었을 것이다. 또한 내담자는 자신이 태어나지 말았어야 하는 존재라며 매사에 자기 존재를 거부하고 비난하는 패턴을 보였는데, 상담자가 제시한 과제를 수행하여 시연, 활동지를 활용한 투사검사를 통해 자신의 존재가 소중하고 귀하다는 것을 받아들이게 되었다.

가정에서 할아버지와 아버지의 갈등, 내담자와 아버지의 갈등으로 힘들어하므로 보호자 상담을 통해 청소년기 발달과정에 대한 이해를 돕는 교육을 하였다. 이를 통해 가족 간의 입장 차이와 현실 상황을 있는 그대로 받아들이는 계기가 되었다. 또한 경제적인 어려움으로 힘들어하는 내담자에게 후원자를 연계하여 장학금을 지원하고, 규모 있는 용돈 사용을 위해 용돈기록장을 작성하도록 경제교육을 한 것이 어머니의 부재로 경험하지 못한 새로운 경험의 기회가 되었을 것이다.

이러한 치료적 개입을 통해 자신감을 얻게 되고 심리적인 안정을 찾으면서 내담자가 호소하였던 대인 기피 문제로 외출 시 머리카락으로 얼굴을 가리고 사람을 만났던 것의 불편함이 감소되어 가족관계, 학교생활, 친구관계를 점차적으로 회복할 수 있게 되었다.

3. 상담의 적절성

내담자는 자신의 말을 들어주고 부정적인 평가나 비난을 하지 않는 지지 자원이 절실한 상황이다. 그러므로 이번 단기상담에서 내담자가 자기 존재에 대한 부정, 대인관계의 어려움을 충분히 표현할 수 있도록 진행하였다. 또한 호소문제와 연결하여 구체적인 목표 및 전략을 통해 자신에 대한 탐색과 자기이해를 통해 내담자가 자신의 존재가 소중하다는 것을 알 수 있도록 하는 데 상담의 초점을 맞추어 진행하였다. 또한 낯선 고등학교에 입학하여 강한 선배나 친구에게 표현하기 어려웠던 마음을 역할극 시연을 통해 표현하면서 친구와의 관계 기술과 갈등 상황에서 적용하는 새로운 대처 방식을 경험하였을 것이다.

이러한 상담과정에서 어린 시절 환경적인 영향으로 형성된 핵심 감정을 탐색하여 다루고, 입장의 차이에 대한 이해, 자기 존재의 소중함을 아는 과제 수행 등 통합적인 상담기법을 적절하게 활용하였던 것을 통해 내담자가 이전에 경험하지 못했던 새로운 경험을 하였을 것이다. 대인 기피, 친구관계 어려움의 막막한 심정으로 상담실을 찾은 내담자에게 상담자의 부드럽고 원만한 대응 태도는 어느 정도 편안하고 위안을 주었을 것이며, 안전한 공간에서의 상담으로 자기 심정을 충분히 표출하면서 지지받고 이해받은 경험은 이후 내담자가 자기 존재에 대한 인식과 대인관계를 하는 데 있어 상당한 힘이 될 수 있을 것으로 보인다.

4. 대안

내담자 문제의 해결을 돕기 위해서는 내담자에 대한 상담자의 좀 더 깊이 있는 탐색이 이뤄질 필요가 있다. 현재 주 호소문제의 근원에는 내담자가 어린 시절부터 가정환경의 영향을 받아 형성된 존재에 대한 무가치감과 어머니한테 버림받은 것에 대한 깊은 상처가 있다. 따라서 이러한 내담자에게는 사람에 대한 불신감이 있어 자기표현이 어려울 수도 있다. 그러므로 상담에서 내면에 잠재된 무의식의 표현을 돕기 위한 심리검사, 미술치료, 다양한 활동지 등을 상황에 맞게 활용한다면 내담자의 현재 감정 상황에 대해 잠재된 내면을 표현하여 무의식을 의식화하여 자신을 객관적으로 이해하는 데 도움을 줄 수 있을 것이다. 또한 내담자의 특성에 맞는 다른 대안으로는 다음과 같은 것이 있다.

- 내담자가 안정감을 가질 수 있도록 지속적으로 버텨 주면서 지지하고 격려해 주기 위해 가정에서는 보호자, 학교에서는 지도자, 지역사회에서는 상담자가 관심을 가져 주는 것이 필요할 것으로 보인다.
- 내담자가 처한 실제 상황에서 적절하게 대처할 수 있는 구체적인 방법에 대한 교육이 필요하다.
- 내담자가 자신의 행동 패턴에 대해 객관적으로 볼 수 있도록 확인시켜 주는 과정이 필요하다.
- 할아버지와 아버지가 갈등을 줄이고 내담자 양육에 관심을 가질 수 있도록 부모 교육, 가족상담에 참여할 수 있게끔 기관에 연계하는 것이 필요하다.
- 내담자가 상담 약속 시간을 자주 변경하거나 상담에 불참하였을 때 그것이 저항인지, 또 다른 시급한 문제가 발생했기 때문인지 관심을 가지고 탐색하는 것이 필요하다.
- 대인관계에서 불신감이 많고 관계 형성이 어려운 내담자의 경우, 상담자가 지시적인 교육이나 지적보다는 의견을 존중하고 있는 그대로 수용해 주어 내담자가 편안한 마음으로 자유롭게 표현할 수 있도록 돕는 상담이 필요하다.

후배 청소년 상담자에게 보내는 선배의 따뜻한 한마디

류은영 센터장(부산광역시 영도구청소년상담복지센터)

상담자는 사람 만나는 것을 힘들어하고 관계에 대한 어려움을 갖고 있는 내담자의 성장과 변화 가능성을 신뢰하고, 내담자의 불안을 수용하고 공감하면서 안정적으로 상담을 진행하였습니다. 무엇보다도 처음부터 끝까지 일관되게 지지적이고 진솔한 상담자의 모습은 아무도 의지할 사람이 없다는 느낌, 그나마 가까웠던 사람도 언제 갑자기 떠날지 모른다는 불안감에 대인관계 등 전반적인 생활 문제에서 불안정한 내담자에게 안정적인 변화의 중요한 요인으로 작용했을 것으로 보입니다.

이 사례를 통해 한 개인이 나고 자란 가정환경이 성장과정에서 얼마나 많은 영향을 미치게 되는지 너무나 자명하게 드러남을 알 수 있습니다. 내담자는 어려서부터 잦은 불화와 갈등이 있는 부모 사이에서 적절한 보살핌을 받지 못했고, 어머니의 가출과 부모의 이혼을 경험했습니다. 게다가 어머니에게 버려졌다는 생각과 폭력적이고 무능한 아버지와 함께 할아버지 집에서 얹혀살다시피 하고 있습니다. 그리고 어머니가 데리고 간 동생에 비해 자신에게는 아무도 관심을 가져 주지 않은 것에 대해 자신이 버림받은 존재라는 비참함과 절망감 그리고 이해받지 못하는 외로움과 어머니에 대한 분노감으로 더욱더 힘든 것으로 보입니다. 특히 말없이 떠났다가 일곱 살 때 만나 다시 찾아오겠다는 약속을 지키지 않은 어머니로부터 받는 상처는 이차적으로 더욱더 깊은 상처가 되었습니다.

청소년 내담자는 아직 자아가 강건하지 못하고 자존감에 상처를 받기 쉽기 때문에 자기 내부에 있는 절망감과 불안감, 분노감을 그대로 수용하고 감당하기가 어렵습니다. 이럴 경우에 외부에 있는 타인, 즉 가족이나 주변의 약한 친구에게 투사하여 부정적 감정이 표출되기도 합니다. 이때 초심상담자는 내부에 있는 마음

보다 외부로 드러나는 문제를 초점화하여 다루는 경우가 많은데, 내담자의 개인
적 · 환경적 · 사회적인 면을 구체적으로 구분하여 개입하는 것이 중요합니다.

상담자는 내담자가 자기이해를 통해 자신의 소중함을 찾고 직설적인 말을 줄
이는 상담목표를 세웠습니다. 그리고 성장과정에서 무관심했던 부모와 달리 있는
그대로를 받아 주며 지지적인 상담으로 안정감을 주고자 노력하였습니다. 그렇게
내담자는 수용되고 지지받으면서 자신을 다 드러내도 안전하다는 것을 알게 되어
이전까지 억압하고 표현하지 못했던 것을 표현하는 데 용기와 힘을 갖게 된 것으
로 보입니다.

이만큼의 진전으로 상담을 이끌기까지는 상담자의 많은 정성이 필요했을 것입
니다. 그럼에도 불구하고 조금만 더 보충해 본다면 내담자가 드러내고 있는 감정
에 더 머물러 주십시오. 감정에 머무르는 것은 내담자가 스스로 자신의 감정과 마
주하고 그것을 명확히 알 때 충분한 접촉을 시도한 후 비로소 자신의 행동을 선택
할 수 있고 자신을 보다 긍정적인 관점에서 바라볼 수 있도록 도울 수 있기 때문
입니다. 그리고 무엇보다 내담자의 대인관계 문제를 점검해서 가족관계에서 채울
수 없는 부분들을 함께 해 줄 좋은 관계를 만들어 가는 능력을 키울 필요가 있을
것입니다.

현재 내담자의 생활 상태는 매우 불안정한데 함께 생활하면서 많은 시간을 가
지는 아버지, 할아버지와 좀 더 서로 돕는 관계로 개선할 여지는 없는지 살펴보는
것도 좋을 것입니다. 즉, 현재까지의 관계 형성을 바탕으로 내담자가 자신의 현실
을 객관적으로 수용하는 가운데 내담자가 드러내고 있는 변화의 동기에 초점을 유
지하고 행동으로 실천하는 일 등을 도와주고 이끌어 주면 좋을 것입니다. 또한 변
화무쌍한 청소년에게는 여러 가지 변수가 있기 마련이므로 지속적인 관심과 사랑
으로 대하는 상담 진행이 필요할 것으로 보입니다. 초심상담자의 노고와 따뜻하
고 정성스러운 챙김에 박수를 보냅니다.

진로

사례 3

야간 자율학습 시간에
학교에 남아 있기 싫어요

내담자의 말

나는 고등학교 2학년 남자예요. 내 꿈은 연기자가 되는 것인데, 엄마는 자꾸 공부를 열심히 하라고 해요. 선생님은 내가 조금만 노력하면 성적을 올릴 수 있다고 말씀하시는데, 나는 원하는 대학에 들어갈 성적이 되기 때문에 더 열심히 할 생각이 없어요. 그래서 야간 자율학습 시간에 학교에 남아 있기 싫어요. 차라리 그 시간에 내가 하고 싶은 것을 하면 좋겠어요. 엄마는 1학기 동안 야간 자율학습을 잘하면 2학기에는 야간 자율학습 빼는 것을 생각해 보겠다고 하시는데, 그럴 것 같으면 지금 빼 주면 안 되는지……

📝 **내담자 기본 정보**

1. 내담자 인적 사항

남, 18세, 고등학교 2학년, 2남 1녀 중 장남

2. 내담자 상담 경위

담임선생님은 학교생활에 잘 적응하지 못하고 무기력한 모습을 보이는 내담자를 집단상담에 추천하였고, 집단상담 운영자는 집단상담에서 겉도는 모습을 보이며 자화상을 영정사진으로 그린 내담자에게 개인상담을 권유하였다.

3. 주 호소문제

야간 자율학습 시간에 학교에 남아 있기 싫다.

4. 가족관계

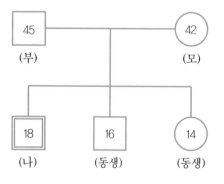

아버지(45세, 버스기사) 내담자가 어릴 때는 가정 형편이 부유하였으나 아버지의 잘못(내용은 모름)으로 가정 형편이 어렵게 되었다. 잘못된 행동을 하는 남

동생에게 잔소리하지 않으면서 유독 내담자에게만 잔소리한다. 내담자는 버릇없이 행동하는 남동생을 야단치지 않는 아버지에 대한 불만이 있다.

어머니(42세, 계약직 근로자) 내담자가 초등학교 때까지는 식당 일을 하였고 그 이후부터 계약직 근로자로 일을 하고 있다. 내담자는 아버지 때문에 어머니가 고생한다고 생각한다. 내담자와 남편 사이에 갈등이 생기면 내담자를 따로 챙기며 다독인다. 내담자는 어머니가 힘들어하면 어깨나 다리를 주물러 드리며 간식도 알아서 챙겨 먹는다.

남동생(16세, 중학생) 공부를 잘하지만 어른이 집에 들어와도 인사를 하지 않고 자기 방에 틀어박혀 있다. 내담자는 남동생의 그런 모습들이 버릇이 없다고 느끼며 남동생을 인간적이지 않다, 사회성이 없다, 가족과 소통을 하지 않는다고 하였다. 자기 방이 생기면서 내담자와 관계가 단절되었으며 현재는 거의 대화를 하지 않는다. 자신이 원하는 것이 있으면 어머니에게 짜증을 내서라도 꼭 얻어 내며 기분에 따라 행동하고 자기밖에 모른다.

여동생(14세, 중학생) 학교생활을 잘하고 상냥하며 어머니를 잘 돕는다. 필요한 것이 있으면 부모님께 잘 얻어 낸다. 멋을 알고 자기 옷은 자기가 알아서 잘 산다. 친구들과 어울려 다니지만, 특별한 문제 행동을 하지는 않는다. 내담자는 남동생보다 사이가 좋다고 느끼나 대화는 거의 안 한다.

📝 상담자가 본 내담자 문제 이해

내담자가 다니는 학교는 학부모의 승낙이 있으면 야간 자율학습을 안 해도 된다. 그러한 학교 방침에 따라 내담자는 어머니에게 야간 자율학습을 **빼달**

라고 요구하였지만, 어머니가 허락해 주지 않아 불만이다. 내담자는 야간 자율학습을 빼주지 않는 어머니에 대해 불평을 하면서도 어머니의 말씀에 따라 자정까지 학원에서 공부한다. 이렇듯 내담자는 자신의 욕구를 강력하게 주장하기보다 투덜거리면서 어머니의 요구에 따르는 패턴을 보인다.

내담자가 어머니에게 자신의 욕구를 강력하게 주장하지 못하는 근원이 내담자의 첫 기억에서 잘 드러난다. 내담자는 3세 때 어머니의 품에 안겨 울고 있는 어머니 모습을 바라보는 자신을 떠올렸고, 어머니의 울음이 아버지의 잘못 때문이라고 짐작하였다. 내담자는 아버지로 인해 어머니가 힘들어졌기 때문에 자신은 아버지와 다른 존재, 즉 어머니를 지켜 주는 사람이 되고자 한 것이다. 이러한 기제로 내담자는 어머니에게 필요한 존재, 도움을 주는 존재가 되고자 한 것이다. 따라서 내담자는 자기의 욕구를 표현하지만, 어머니가 싫은 내색을 하거나 힘들어하는 모습을 보이면(좌절) 죄책감으로 자기주장을 철수해 왔던 것으로 이해해 볼 수 있다. 내담자의 행동 패턴은 욕구표현-좌절-죄책감-자기주장 철수를 반복하면서 수동적이고 무기력한 모습(수업 시간에 잠을 자거나, 자화상을 영정사진으로 그린 것)을 보이다가 간헐적인 폭발로 억압된 분노(친구와 장난치다가 책상을 엎거나, 아버지에게 숟가락을 던지는 것)를 표현하는 것으로 이해된다.

내담자는 열심히 공부하지 않아도 자신이 원하는 대학에 들어갈 정도의 성적이 된다고 하며 학교 아이들과 남동생처럼 공부하면 전교 1등을 할 수 있다고 하였다. 또한 내담자는 중학교 때 자신이 다니는 중학교가 명문 중학교라는 것만으로 자부심을 느꼈으나 고등학교는 명문고가 아니라는 점 때문에 학교의 모든 것이 마음에 들지 않는다고 하였다. 이는 타인의 부러움을 받으며 살고 싶은 내담자의 이상적인 욕구가 잘 반영된 것으로 보인다.

이러한 내담자의 행동 패턴과 욕구 이해를 바탕으로 수동적이고 무기력한 내담자의 자발성을 키우는 것이 우선되어야 한다. 내담자의 자발성 향상은 상담과정에서 내담자가 자신의 문제 해결을 위한 방법을 찾아내고 그것을 선

택하고 실행할 수 있도록 돕는 것이다. 이러한 과정을 통해 내담자는 자신의
욕구가 무엇인지를 이해하게 되고 나아가 구체적이고 현실적인 진로·진학
계획을 수립하게 될 것이다.

상담의 진행

1. 상담 목표 및 전략

1) 상담목표

- 2학기에는 야간 자율학습을 뺄 수 있도록 1학기 야간 자율학습을 잘 견
  딘다.
- 진로에 대한 구체적인 탐색을 통하여 대학진학 계획을 세운다.

> Q 야간 자율학습을 뺀다는 것이 상담목표로 적절한가?
>
> A 학부모나 교사의 입장에서는 이해하기 힘든 목표라고 할 수 있지만, 내담자가 누
>   구인가에 따라 상담목표는 달라질 수 있다. 위의 상담목표는 야간 자율학습을 빼
>   는 것이 아니라 내담자가 1학기를 잘 버티는 것이다.

2) 상담전략

- 야간 자율학습 시간을 빼고자 하는 자신의 욕구를 이해할 수 있도록 질
  문한다.
- 내담자의 가정과 학교 생활 탐색을 통해 자신의 행동 패턴을 이해할 수
  있도록 돕는다.
- 내담자가 좋아하는 공부가 무엇인지를 탐색하여 야간 자율학습 시간에
  할 수 있도록 돕는다.

- 내담자가 자신의 적성에 맞는 진로가 무엇인지를 찾을 수 있도록 워크넷 사이트의 동영상을 활용한다.
- 내담자가 희망하는 대학의 입시요강 비교를 통해 구체적인 대학 진학 계획을 세울 수 있도록 한다.
- 진학 계획을 바탕으로 여름방학에 진로 탐방 계획을 세운다.

2. 상담내용(총 10회)

1회

(어떻게 왔나?) 선생님이 상담을 받으라고 해서 왔다. (선생님께서 상담을 권유한 이유는?) 모른다. (¹그럼, 선생님이 무엇 때문에 상담을 받아 보라고 한 것 같은지 짐작해 보면?) 그림 때문인 것 같다. (그림? 조금 더 이야기해 보자.) 저번에 미술치료 집단상담에서 자화상을 그렸다. 아마 그것 때문인 것 같다. (자화상, 특별한 자화상인가?) 뭐 그냥 대충. (어떤 자화상인가?) 음. 영정사진처럼 그렸다. (영정사진?) 〈손으로 표시를 하며〉 이렇게 액자에 검은 리본이 달린 사진이다. (그렇구나. 자화상을 영정사진으로 그린 이유는?) 그렇게 그리고 싶었다. 별 뜻은 없다.

(선생님이 상담을 권유했을 때 어땠나?) 아무 생각 없었다. (²선생님이 상담을 권유해도 싫으면 안 할 수도 있었을 텐데, 어떻게 상담을 하겠다는 마음을 먹었나?) 어차피 야간 자율학습 시간에 잠만 자니깐, 그냥 한 거다. (³잠을 잘 수 있는데도 상담을 하러 온 거네.) 잠을 많이 자니깐. 수업 시간에도 자고. (아하, 상담하러 오기 전에도 잤구나. 얼굴이 부스스해서 어디 아픈가하고 생각했다.) 그렇다. (자다가 상담하러 오

1. 내담자가 상담에 오게 된 이유를 모른다고 할 경우, 의뢰자의 입장에서 자신을 생각하면서 말할 수 있도록 질문한다.

2. 상담의뢰는 선생님이 했지만, 상담하러 온 내담자의 자발성을 지지하며 상담의지를 탐색한다.

3. 내담자의 말과 행동에서 내담자의 상담의지를 읽어 준다.

기 쉽지 않은데.) 그냥 왔다. 상담 끝나면 또 잘 수 있다.

(⁴현재 겪고 있는 어려움은?) ⁵야간 자율학습 시간에 학교에 남아 있기 싫다. (야간 자율학습을 안 하는 학생들도 있나?) 있다. 우리 학교는 부모님이 허락을 하면 야간 자율학습을 안 해도 된다. (그렇구나. 부모님에게 이야기를 해 봤나?) ⁶여러 번 이야기를 했는데도 소용이 없다. 엄마는 무조건 야간 자율학습을 해야 한다고 한다. 그러면서 1학기 야간 자율학습을 잘하면 2학기에는 빼 준다고 말했다. 내가 가고자 하는 대학들을 다 알아봤고 영화 · 연극 관련 학과에 입학 가능한 성적이다. 그래서 야간 자율학습 시간에 앉아 있을 필요가 없다. 그런데도 엄마는 1등급 올리면 새 컴퓨터를 사 주겠다고 말한다. 나는 새 컴퓨터가 필요가 없다. 엄마가 야간 자율학습을 못 빼게 해서 어쩔 수 없이 남아서 잠을 잔다. 이렇게 잠만 자는데 학교에 남아 있을 이유가 없다. 그 시간에 내가 좋아하는 영화를 보면서 연기 공부를 하는 것이 필요하다. ⁷우리 학교 아이들처럼 열심히 공부를 하면 나는 1등도 할 수 있다. 나는 야간 자율학습 시간에 잠을 자는 것 말고는 하는 게 없다. 집이 그립다. 가끔 학교를 째면 PC방에서 게임을 한다. (집이 그립다는 말은 무슨 의미?) 그냥. 집에서 쉬고 싶다는 말이다. (좋아하는 영화는 무엇인가?) 오래된 영화인데, 〈○○의 ○〉 이다. 형사 역할을 맡은 배우를 좋아한다. 이 영화를 엄청 많이 봤다. (영화에서 기억에 남는 장면은?) 마지막 장면으로 경찰이 ⁸돈으로 나쁜 짓을 하는 재벌을 체포하는 장면이다. 이 장면을 반복해서 봤다. (⁹혹시 기억에 나는 대사가 있나?) 그냥 보기만 한다.

〈상담신청서 내용을 토대로 탐색〉 (상담받고 싶은 내용은?) 없다. (현재 고민하고 있는 것은?) 무력감, 학업 · 진로 (아버지 직업은?) ○○회사인가, △△회사인가 〈혼잣말로 중얼거

4. 내담자가 상담에 오게 된 이유를 드러내지 않아서 내담자의 어려움이 무엇인지를 직접 질문한다.

5. 내담자의 주 호소문제이다.

6. 부모님께 주 호소문제를 여러 번 이야기했으나 좌절되었다.

7. 내담자가 자신을 어떻게 인식하는지를 보여 준다.

8. 영화의 특정 부분만 반복해서 볼 경우, 내담자의 핵심 문제(가정의 경제적 어려움을 가져다 준 나쁜 사람을 벌주고자 하는 마음, 부유함에 대한 부러움)가 내포될 경향이 높기 때문에 탐색이 더 필요하다.

리며〉 버스회사. (버스회사를 운영하는가? 버스기사인가?) 아마 기사인 것 같다. (어머니는?) 현장에서 일한다. 엄마는 내가 초등학교 때까지는 식당에서 일을 했고, 내가 중학교 때부터는 현장 근로자로 일을 하고 있다. (부모와의 관계는?) 최상이다. (이유는?) 그냥. (관계가 최상인데? 그냥?) 대학교나 진로에 있어서 내가 하고 싶은 것을 하라고 말하기 때문이다. (남동생은?) 중3으로 전교 1등 한다. (막내 여동생은?) 중1인데 말도 잘하고 애교가 많다. (동생들과의 관계는?) '중'이다. (이유는?) 남동생은 자기밖에 모른다. 부모님이 집에 들어와도 방에서 나오지 않는다. 밥 먹을 때는 안 먹고 다 치우고 나서 엄마가 쉬고 있을 때 밥을 차려 달라고 한다. [10]나는 엄마한테 한 번 이야기해 보고 반응이 없으면 내가 차려 먹는데, 남동생은 끝까지 엄마에게 차려 달라고 한다. 자기 기분에 따라 행동하고 말을 한다. 버릇이 없다. 여동생은 자기가 원하는 것을 잘 받아 챙긴다. 친구들과 어울려 돌아다니지만 별문제가 없다. 멋을 잘 부린다. (동생들과 대화는?) 동생들과는 거의 말하지 않는다.

9. 내담자의 핵심과 관련되어 구체화하는 질문이 필요하다. "여러 번 반복해서 보는 장면은 자신에게 남다른 의미가 있지. 너에게는 어떤 의미가 있을까?"

10. 어머니에 대한 내담자의 행동 패턴을 엿볼 수 있다.

1회 멘토의 이야기

1. 내담자의 행동 변화

내담자는 상담을 받으려고 왔으나 받고 싶은 내용이 없다고 말하면서 현재의 고민에 대해서는 무력감, 학업·진로라고 말하였고 야간 자율학습을 안 하는 것이라고 말하고 있습니다.

2. 내담자의 행동 변화 계기 분석

　내담자는 상반된 말과 행동을 보여 주고 있습니다. 이러한 행동은 자신의 어려움을 드러내고자 하는 욕구와 그와는 반대로 나의 어려움은 상담으로 해결할 수 없다는 마음이 겹쳐진 것으로 내담자의 혼란스러운 마음이 표현된 것으로 느껴지네요. 그렇지만 내담자가 자신의 어려움을 드러낸 것은 이전 집단상담 경험의 영향과 상담자의 공감적 반영('잠을 잘 수 있는데도 상담을 하러 온 거네.' '자다가 상담하러 오기 쉽지 않은데.')의 영향으로 보입니다.

3. 추가 탐색이 되면 좋을 부분

　이전 집단상담 경험 및 내담자가 느끼는 무력감에 대한 탐색이 필요합니다. 다만, 1회 전반에 걸쳐 나타나고 있는 내담자의 방어적 태도를 강화하지 않도록 간명하게 살펴보는 것이 좋겠습니다. 또한 가족관계에서 내담자에게 영향을 많이 준 사람과의 관계를 살펴봄으로써 내담자의 주 호소문제의 발생 경위를 알 수 있을 것입니다.

2회

9교시에는 잠을 자야 하는데…… ([1]상담 때문에 잠을 못자서 불편하겠네. 잠이 부족하면 잠을 자도 된다.) [2]그냥 괜찮다. (오늘 특별히 피곤한가?) 그냥 똑같다. (오늘 하고 싶은 이야기, 같이 나누었으면 하는 내용?) 없다. (학교를 마치고 집에 가면 무엇을 하나?) 11시에 도착해서 컴퓨터 게임을 한다. (매일?) 화, 목만. (그럼, 다른 요일은?) 월, 수, 금은 학교 마치고 영어학원에서 12시까지 공부를 한다. (학교 수업 시간에도 자고 야간 자율학습 시간에도 자는데 학원까

1. 잠이 부족하다고 호소하는 내담자에게 잠을 선택해도 된다는 것을 알려 주고 내담자가 선택하도록 기회를 준다.
2. 내담자가 어머니와의 관계에서 보이는 패턴을 상담자에게 하고 있다.

지?) ^{3}엄마가 영어는 무엇을 하더라도 필요하다고 해서 다니고 있다. (영어학원 수업은 어떤가?) 영어학원에서의 수업은 재미있다. (피곤하겠네. 학원 가는 날은 집에 가서 무엇을 하나?) 그냥. 간식 먹고 잔다. (간식은 누가 차려주나?) 엄마한테 한 번 말해 보고 엄마가 계속 주무시면 그냥 내가 차려 먹는다. (어머니가 주무시고 계신가 보네.) 일하고 오면 피곤하니까. 엄마는 자고 있을 때가 많다. (^{4}학원 마치고 오면 피곤할 텐데, 어머니가 피곤한 것까지 이해를 하는구나.) 엄마에게 라면 끓여 달라고 말했는데도 안 일어나시면 그냥 내가 끓여 먹는다. 근데 남동생은 엄마가 피곤한데도 짜증을 내고 투덜거린다. 그래서 결국 엄마가 다 해 준다. 남동생은 이기적이고 자기밖에 모르는 성격이다. (남동생도 그렇게 늦게까지 학원을 다니나?) 아니다. 밤 9~10시쯤 들어온다.

(하교 후 집에서 컴퓨터 게임을 하는 것에 대해 부모님은 어떠신가?) 잔소리를 한다. (그러면 어떻게 하나?) ^{5}그냥 계속 한다. (부모님은 어떻게 하시나?) 예전에는 계속 잔소리를 했는데 요즘은 몇 번 이야기하고 그냥 내버려 둔다. (^{6}어떻게 그렇게 되었나?) 예전에 ^{7}아버지가 잔소리할 때 숟가락을 던지고 나갔던 적이 있다. (무슨 일이?) 밤 12시에 귀가해서 배가 고파서 밥을 먹고 있는데 나의 신경을 건드는 말을 했다. (어떤 말?) 밤 12시까지 공부하고 와서 밥 먹는데 계속 논다고 해서 화가 났다. (^{8}어머니는 어떻게 했나?) 엄마가 나를 따라 나와서 나보고 엄마 친구 집〈내담자 친구의 집〉에 가라고 했다. 그날은 친구 집에서 자고 다음 날 집에 돌아왔다. (이렇게 화를 낸 적이 있나?) 중2 때 엄마한테도 그런 적이 있는데, 그때도 엄마가 따라 나와서 내가 엄마한테 '괜찮다 들어가라'고 말하고 밖에서 조금 있다가 집에 들어간 적이 있다. (어머니가 아들이 잘못될까봐 걱정하시네.)

3. 내담자는 어머니의 요구에 순응하는 패턴을 보인다.

4. 어머니를 배려하는 내담자를 알아준다. 내담자가 어머니를 대하는 태도이다.

5. 문제에 대한 내담자의 대처 행동으로 주변을 신경 쓰지 않는다.
6. 내담자를 대하는 부모님의 태도 변화의 원인을 탐색한다.
7. 내담자는 화를 폭발적으로 표현한다.

8. 내담자와 아버지의 갈등 상황에서 어머니의 대처 행동을 탐색한다.

〈문장완성검사 검사 시간은 3분 정도 소요되었다.〉 아버지
가 이름은 똑바로 써야 한다고 해서 이름은 반듯하게 쓴다.
〈상담자가 묻지도 않았는데 그것에 대해 설명하듯 말하였
다.〉 (나의 잘못 때문에 다 망했다는 의미는 무엇인가?) 문장
을 잘못 이해했다. 내가 잘못하면 그냥 다 망했다는 말을 한
다. 그래서 그렇게 썼다. 의미 없다. 나의 앞날은 밝다. 나의
재능은 타고났다.

 2회 멘토의 이야기

1. 내담자의 행동 변화

내담자는 남동생에 대한 부정적인 감정을 드러내며 가족에 대한 감정을 조금씩
표현하고 있습니다. 또한 문장완성검사(SCT)를 할 때 상담자가 질문하지도 않
았는데도 이름을 반듯하게 쓴 이유를 자발적으로 말하고 있습니다.

2. 내담자의 행동 변화 계기 분석

이러한 변화는 상담자가 상담시간에 잠을 자도 된다는 말로 내담자의 욕구를
이해해 주었던 것, 잠과 상담 중에서 내담자가 하고 싶은 것을 선택하도록 기회
를 준 것, 어머니를 배려하는 내담자의 마음을 알아주었던 것이 내담자의 자발
성과 가족에 대한 감정을 드러내도록 도왔던 것으로 보입니다.

3. 추가 탐색이 되면 좋을 부분

내담자가 아버지의 잔소리에 화를 폭발했을 때 아버지가 계속 논다고 말한 것
이 어떻게 들렸는지, 느낌은 어땠는지를 탐색하였다면 내담자의 자기이해를 도

왔을 것으로 보입니다. 또한 내담자가 화를 내고 나왔을 때 어머니가 따라 나와서 내담자를 다독여 준 것을 어떻게 생각하는지, 그런 어머니에 대한 내담자의 마음은 어떤지를 탐색하였다면 감정을 잘 드러내지 않는 내담자의 감정표현을 도왔을 것입니다. 나아가 문장완성검사에서 상반되는 진술을 하였는데('나의 앞날은 밝다.' '나의 잘못 때문에 다 망했다.' '나의 재능은 타고났다.'), 이러한 패턴이 일상생활이나 상담과정에서 나타나는지 관심을 가지고 탐색해 볼 필요가 있습니다.

3회

(어떻게 지냈나?) 아무 일 없다. ('아무 일 없다'의 의미는?) 평소와 동일하다는 뜻이다. (오늘 다루었으면 하는 이야기가 있는가?) 없다.

(^{1}어릴 때 기억 중에 가장 오래된 기억은?) 엄마 품에 안겨 있는 것이 기억이 난다. (몇 살?) 두세 살? 나이는 모르겠다. 그냥 아주 어려서 엄마 품에 안겨 있다. (느낌은?) 따뜻하지만 엄마의 표정이 어둡다. 엄마가 흐느껴 울고 있다. (^{2}무슨 일?) 무슨 일인지는 모르겠다. (연상되는 것이 있나?) 내가 많이 어렸을 때 우리 집이 아주 잘 살았다고 들었다. 근데 아빠의 잘못으로 갖고 있던 건물을 모두 날렸다는 이야기와 그 뒤로 집안 형편이 어려워졌다는 이야기를 들었던 적이 있다. 엄마가 나를 안고 울었던 것이 그때가 아닌가 싶다. (좀 더 이야기해 보자.) 가족 이야기는 더 안 하고 싶다.

(어떤 의미로 상담을 오나?) 야간 자율학습 시간에 할 것이 없어서 상담하러 온다. (야간 자율학습 시간에 교실에서 자

1. 내담자의 첫 기억을 탐색하여 내담자의 핵심 역동을 알아본다.

2. 내담자가 감정에 접촉할 수 있는 질문이 필요하다. "그때의 감정은 어떠니?" "어머니가 눈물을 흘리는 모습이 어떻게 느껴지나?"

면 혼나나?) 혼나지 않는다. (잠을 잘 수 있는데도 상담을 하고자 하는 이유는?) 그냥 시간을 보내는 거다. (상담하러 오는 목적이 그냥 시간을 보내기 위해서 오는 거네.) 그렇다. (이왕 시간을 보내려고 상담실에 왔으니, 앞으로 상담시간에 무엇을 했으면 좋을지?) 생각한 것 없다. (지금 생각해 보면 된다.) 하고 싶은 것 없다. (^{3}상담이 끝나면 무엇이 달라졌으면 하나?) 야간 자율학습을 뺄 수 있었으면 좋겠다. (^{4}야간 자율학습을 빼면 너에게 어떤 변화가 생기나?) 내가 하고 싶은 것, 영화를 실컷 볼 수 있고 내 진로와 관련된 것을 할 시간이 생긴다. (진로와 관련된 어떤 것을 할 생각인가?) 연기와 관련된 공부를 할 거다. (그 의미는?) 나에게 필요한 것을 한다는 것이다. (그렇구나. 그럼 야간 자율학습을 빼기 위한 방법을 찾거나 야간 자율학습 시간을 견딜 수 있는 무엇을 찾아보는 것은 어떤가?) ^{5}엄마만 허락하면 모든 것이 해결된다. 엄마가 안 된다고 했고 2학기는 생각해 보겠다고 말했다. (^{6}상담을 권유한 것은 선생님이지만 네가 상담을 하겠다고 선택한 것이다. 이 시간이 온전히 너를 위한 시간이 되었으면 한다. 교실에서 잠을 잘 수도 있는데도 시간에 맞춰 상담하러 오는 너에게 도움이 되기를 바란다. 좀 더 고민해 봤으면 한다.) 교실에 앉아 있는 시간을 줄이기 위해서 온 것이다. 노력하는 것이 싫다. (^{7}네가 원하는 진로로 대학을 가려면 실기가 중요할 것 같은데, 실제 대본을 외운다든지 연습을 해 보는 것도 도움이 될 것 같네.) 대학에 못 들어가면 엄마가 다니는 곳에 들어가서 일하면 된다. 현장에는 일손이 많이 필요하다. (다음 상담시간에는 학교 상담선생님이 데리러 가지 않을 거다. 네가 스스로 기억해서 왔으면 한다.) 알겠다.

3. 상담을 통해 변화되었으면 하는 것, 즉 내담자의 상담에 대한 기대를 확인한다.

4. 내담자의 상담 기대를 구체화한다.

5. 내담자는 현재의 문제가 어머니의 결정에 달렸기 때문에 자기보다 어머니를 바꾸면 된다고 생각한다.

6. 내담자가 상담을 선택하였고 상담의 주체임을 교육하여 상담에 대해 책임감을 갖도록 한다.

7. 상담자는 노력하기 싫다고 하는 내담자에게 어머니처럼 내담자가 해야 할 것을 챙긴다. 역전이인지 확인이 필요하다. 또한 노력이 어떤 의미인지 탐색하여 내담자의 무력감의 근원을 확인할 수 있다. "노력하는 것이 힘들었구나." "노력한다는 것이 너에게는 어떤 의미이지?"

3회 멘토의 이야기

1. 내담자의 행동 변화

내담자는 어머니의 허락이 없어서 야간 자율학습을 뺄 수 없음을 불평하였습니다. 상담 초반에는 첫 기억을 떠올리는 등 순조롭게 말하였으나 후반에는 대학에 가지 못하면 현장에서 일하면 된다며 저항적인 태도를 보였습니다.

2. 내담자의 행동 변화 계기 분석

2회기 때 상담자와의 신뢰감 형성으로 내담자는 자연스럽게 첫 기억과 어머니에 대한 불만을 표현하게 되었습니다. 그러나 첫 기억에 대한 감정이 충분히 다루어지지 않은 채 상담목표 재설정을 시도한 것과 어머니와 동일한 패턴으로 내담자의 노력이 필요함을 언급한 것이 내담자를 저항하게 만든 것으로 보입니다.

3. 추가 탐색이 되면 좋을 부분

내담자의 첫 기억에 대한 감정을 충분히 다루어 줄 필요가 있습니다. 또한 어머니만 허락하면 모든 것이 해결되는데 어머니가 허락하지 않은 것에 대한 내담자의 감정을 탐색하는 것이 필요합니다. 내담자가 가족의 이야기를 하고 싶지 않다고 말했을 때, '너를 알고 싶고 이해하고 싶어서 물었는데, 말하고 싶지 않으면 안 해도 된다. 네가 말하고 싶을 때 말해 주면 좋겠다.'와 같이 상담자의 솔직함을 드러냈다면 내담자도 자신의 생각과 감정을 표현하기 쉬웠을 것으로 보입니다. 마지막으로 성급한 상담목표 설정을 시도하기보다 내담자의 감정에 맞춰 진행하는 것이 필요합니다.

4회

(¹네가 스스로 상담하러 올 것이라 믿고 지난주 상담실에서 기다렸는데, 네가 오지 않아서 그냥 돌아갔다. 무슨 일이 있었는지 궁금하네.) 7교시 수업을 째고 친구들과 PC방에 갔다. 학교를 나설 때는 몰랐는데 PC방에 도착하고 나서 상담이 있다는 것을 알았지만 돌아올 수 없었다. (상담이 있다는 것을 잊고 외출을 했구나. 학교 상담선생님도 네가 외출한 것을 아시나?) ²학교 상담선생님께는 잔다고 상담하러 못 갔다고 이야기를 했다. PC방 갔다는 말은 안 했다. (오늘도 상담시간이 되었는데 오지 않아서 기다리다 학교 상담선생님께 너를 데리고 와 달라고 부탁했다.) 자고 있었다.

(³1회, 2회, 3회 때 어떤 이야기를 나누었는지 기억나는 것을 이야기해 보자.) 기억나지 않는다. 참, 문장완성검사를 했다. (⁴내가 기억하는 너의 모습은 1회 때는 꿈이 있었고 진학하고자 하는 대학을 알아보는 뭔가 적극적인 모습이었는데 3회 때는 대학에 못 가면 현장 근로자로 일을 하면 된다는 말을 해서 내가 무엇을 따라가야 할지 혼란스럽다.) ⁵나는 기분이 업다운되는 모습이 있다. (기분이 업다운된다는 것은 무슨 말?) 기분이 좋았다가 갑자기 기분이 나빠진다. (어떨 때 그런가?) 친구들과 놀다가 친구가 어떤 말을 하거나 행동을 하면 그렇게 된다. (특별한 말과 행동?) 기분을 나쁘게 하는 말과 행동에 따라 기분이 달라진다. 처음에는 친구들과 장난을 치기 시작했는데 장난을 하다 보면 장난이 심해질 때가 있다. 그러면 화가 올라온다. (⁶화가 올라오면 어떻게 하나?) 좀 과하게 표현한다. (과한 표현은 어떤 것?) 몸싸움을 하거나 책상을 뒤집어엎는 행동들을 한다. (그런 행동들을 자주 하나?) 중학교 때 4~5번, 고2 때 한 번 있었다. (요즘은 어떤

1. 내담자가 지난 회기 상담에 오지 않았을 때의 상황을 알려 주고 내담자의 상황을 탐색한다.

2. 내담자가 상담자에게만 PC방에 갔다는 말을 한 것에 대한 추가 질문이 필요하다. "학교 상담선생님과 나에게 다르게 말한 이유는 뭐지?" "나에게만 사실대로 이야기를 한 이유는 뭐지?"

3. 무기력하고 노력하지 않으려는 내담자의 상담동기를 올리고자 내담자가 진행되었던 상담을 어떻게 기억하고 있는지를 점검한다.

4. 내담자가 상담장면에서 보여 주었던 상반되는 모습을 정리하여 반영한다.

5. 상담자의 솔직한 표현으로 내담자가 자신의 모습을 통찰한다.

6. 내담자는 말에 따라 감정이 돌변하여 기분이 업다운된다고 하므로 지난 상담시간에 있었던 상황과 연결하여 탐

가?) 요즘은 그런 일이 없다.

(네가 좋아한다는 영화를 봤다. 반복해서 보던 영화의 시나
리오가 책으로 나와 있어서 너 주려고 구입했고, 연기와 관련
된 책도 한 권 구입했다. 너에게 도움이 되는 책이면 좋겠다.)

색할 필요가 있다. "그
럼, 지난번 상담 때 현
장에서 일하겠다고 말
했을 때 그때는 어떤
기분이었지?"

 4회 멘토의 이야기

1. 내담자의 행동 변화

내담자는 지난 회기 상담에서 자발적 참여를 약속하였지만, 상담에 오지 않았
으며 이번 회기 상담과정에서는 자신의 기분이 급격하게 변하는 것을 인식하고
표현하였습니다.

2. 내담자의 행동 변화 계기 분석

내담자가 지난주 상담에 오지 않았던 것은 말하고 싶지 않았던 가족 이야기를
한 것, 어머니와 관련된 첫 기억을 말한 것에 대한 저항으로 보입니다. 또한 내
담자가 노력하기를 바라는 상담자의 욕구 표현이 내담자에게는 잔소리하는 아
버지처럼 아무것도 하지 않고 있는 내담자를 비난하는 것으로 느껴져 상담에
대한 저항이 일어났던 것으로 보입니다. 그러나 이번 회기에 상담자는 내담자
의 반응에 대해 혼란스럽다는 솔직한 감정을 표현하였고 그것이 내담자의 통찰
을 도운 것으로 보입니다.

3. 추가 탐색이 되면 좋을 부분

내담자가 학교 상담선생님에게 말한 것과 달리 상담자에게 수업을 빠지고 PC
방에 간 것을 솔직하게 말할 때, 상담자는 "네가 나에게 솔직하게 말하는 것을

보니, 나를 믿어 주는 것 같고 우리 사이가 가까워진 것 같아서 좋네."와 같이
내담자에게 공감적 반응을 비롯한 적절한 피드백을 하였다면 좋았을 것 같습니
다. 또한 상담에 오지 않았던 것을 3회와 연결하여 내담자의 느낌을 탐색하였
다면 내담자의 자기이해를 도왔을 것으로 보입니다.

5회

(¹오늘은 스스로 왔네. 네가 약속을 지켜 주니 좋네.) 〈웃음〉
선생님이 주신 연기 관련 책을 30쪽까지 읽었다. (읽은 내용
중에서 기억나는 것을 간략하게 이야기해 줄 수 있나?) 책
내용에 대해 아직까지는 잘 모르겠다.

(조금 있으면 기말고사라고 하던데, 어때?) 기말고사 시험
준비는 안 하고 있다. 엄마는 성적을 올리면 노트북을 사 주
겠다고 했지만 나는 대학에 들어갈 성적이 되기 때문에 더
공부를 안 해도 된다. (어떻게 성적을 유지할 수 있나? 고등
학교 공부는 열심히 해도 성적을 유지하기 어려울 텐데.) ²담
임선생님도 내가 조금만 노력을 하면 더 좋은 성적을 낼 수
있다고 말씀하신다. 내가 만약 우리 반 아이들처럼 열심히 하
면 전교 1등도 가능할 것이다. 내가 공부를 안 해도 성적을
유지하는 것은 여기 아이들이 공부를 못하기 때문이다. 학교
가 안 좋아서 그렇다. (수업 시간에도 잔다면서?) 대학에 들
어가는 데 필요한 과목은 듣고 필요 없는 과목은 잔다. (모든
수업 시간에 자는 것은 아니고 너만의 계획이 있네.) 내가 들
어가고자 하는 학과는 성적도 중요하지만 실기도 중요하다.
(시험 기간인데 공부하지 않고 잠만 잔다는 소리를 듣겠네.)

1. 내담자가 처음 자발적
으로 상담에 참여하여
칭찬한다.

2. 학업 성취에 있어 내담
자의 노력이 부족하다
는 것이 드러난다.

그렇다.

(동생은 어떤가?) 남동생은 영어와 수학 학원에 다니며 집에 9시에 들어와서 자기 방에서 틀어박혀서 공부를 한다. 그러다 보니 전교 1등을 하는 거다. 죽어라 공부하는데 1등 못하면 그게 더 이상한 것이다. 남동생은 우리가 밥 먹을 때 먹지 않고 나중에 엄마에게 차려 달라고 하고, 엄마가 피곤해서 자고 있어도 라면을 끓여 달라고 해서 먹는다. 사회성도 부족하고, 눈치도 없고, 버릇도 없고, 융통성도 없다. [3]아버지는 이렇게 행동하는 남동생에게는 아무런 말도 안 하면서 내 행동만 가지고 혼을 낸다. (어떻게?) 나는 아버지가 들어오면 인사를 하는데 남동생은 방에서 나오지도 않는다. 그래도 아버지는 남동생을 혼내지 않는다. 내가 그런 행동을 하면 혼을 낸다. (그럴 때 어떤가?) 그냥 있을 때도 있고 화를 낼 때도 있다. 아버지랑은 6개월에 한 번 정도 갈등이 있지만 시간이 지나면 아버지가 먼저 다가온다. (어떻게 다가오시나?) 뭐하냐고 묻기도 하고 밥 먹었냐고 묻기도 하고 그런다. (아버지가 그렇게 화해를 시도하시는 거네. 아버지가 그렇게 하시는 것이 어떤가?) 괜찮다. (상담 시간에 제공되는 간식을 잘 먹는구나. 간식이 부족한 것 같네.) 동생들과 나는 잘 먹는다. 나는 또래의 2배 정도는 먹는데 [4]눈치 보지 않고 먹는다.

3. 아버지가 내담자만 혼내는 것에 대한 불만을 표현한다.

4. 남동생이 눈치가 없다고 했는데 내담자도 눈치가 없음을 보고한다.

5회 멘토의 이야기

1. 내담자의 행동 변화

   내담자는 자발적으로 상담에 왔고 선물로 받은 책을 30쪽까지 읽고 왔습니다.
   그리고 아버지에 대한 불만과 남동생에 대한 부정적 감정을 표현하고 있습니다.

2. 내담자의 행동 변화 계기 분석

   4회기에 상담자가 1~3회기에 대한 내담자의 행동들을 정리함으로써 내담자
   가 상담에 임하는 태도가 변한 것으로 보입니다. 상담자가 내담자가 좋아하는
   영화를 본 것, 시나리오 책을 선물한 것은 내담자 주변 어른들이 보이는 것과
   는 다르게 자신의 꿈을 존중해 주는 사람을 만나는 경험이 내담자의 자발적 상
   담 참여를 도운 것으로 보입니다.

3. 추가 탐색이 되면 좋을 부분

   어머니가 성적을 올리면 노트북을 사 준다고 했을 때 어머니가 원하는 것과 내
   담자가 원하는 것이 무엇인지에 대한 탐색이 더 필요합니다. 그랬다면 내담자
   의 진정한 욕구가 무엇인지를 알 수 있었을 것입니다.

 6회

상₁: 어떻게 지냈나?

내₁: 그냥 뭐, 학교 갔다 집에 가면 12시. 계속 똑같이 지냈   내ₐ: 청소년 내담자가 흔히
　　 어요.　　　　　　　　　　　　　　　　　　　　　　　　　　 보이는 반응으로 표
상₂: 네 마음의 변화나 아니면 네 마음에서 느껴지는 게 있니?　 정, 태도 등을 구체적
　　　　　　　　　　　　　　　　　　　　　　　　　　　　　 으로 살펴야 한다.
내₂: 아무래도 맨날 똑같이 이렇게 지내다 보니까 생각도 별   내ᵦ: 내담자는 상황의 변화

로 안 변하는 것 같아요.

상₃: 생각이 별로 안 변하는 것 같다. (네.) 어떻게 안 변하는 것 같니?

······〈중략〉······

내₄₄: 제가 야자하기 싫다고 벌써 넉 달째 말하고 있는데 엄마가 안 빼 주고 있어요.

상₄₄: 아~ 넉 달째 말하고 있는데 어머니가 안 빼 주고 있다는 말이지? 너는 계속 빼 달라고 이야기를 하고 있는데 어머니가 왜 안 빼 주는 것 같니?

내₄₅: 일단은 공부하래요. (응?) 일단은 공부하래요. 나는 원하는 대학의 성적도 다 되고 한데, 차라리 나가서 영화나 한 편 보는 게 나한테 더 낫다 이렇게 말하는데 고지식해요. 제 성공을 안 믿는 것 같아요, 거의.

> 내₄₅: 어머니가 자신을 믿어 주지 않는 것에 대한 불만을 말한다. 또한 자신의 진로에 대한 자기주장(청소년들의 자기중심적 특성)을 한다.

상₄₅: 그러면 너의 의사를 분명히 표현하는데도 어머니가 무시한다는 거네.

······〈중략〉······

상₅₃: 평소에 마음에 안 드는, 그 아이의 어떤 것들이 너한테 자꾸 걸려?

내₅₃: 그냥 얘가 싸가지가 좀 없어요.

상₅₄: 싸가지가 없어? 싸가지가 없는 거는 어떤 거니?

내₅₄: 그냥 말투도 재수 없고 (아~ 말투.) 자기가 최곤 줄 알고 막 그래요.

> 상₅₄: 상담자는 싸가지가 없다는 의미를 구체적으로 탐색한다.
>
> 내₅₄: 자기가 최고인 줄 아는 사람이 '싸가지가 없다'로 정의한다.

상₅₅: 지가 최고인 줄 알고? (네.) 말투는 어떤데?

내₅₅: 말투가 막 애들 부모님 막 욕하고, 막 샘들 들어와도 지들끼리 막.

상₅₆: 평상시에 너한테 해는 끼치지 않지만 그런 애들이 뭔가 하기만 하면 감정이 올라오는 거네.

내₅₆: 네. 오늘 부딪칠 뻔했는데 제가 그냥 눌렀죠.

> 가 생각의 변화를 이끌어 온다는 것에 대해 말한다.

상$_{57}$: 아~ 그냥 눌렀네. (네.) 어제하고 오늘 네가 기분이 다운되
　　었다고 했는데 다운될 만한 일이 있었니?

내$_{57}$: 음…… 모르겠어요. 아침부터 기분이 묘하게 나빠요.

상$_{58}$: 오늘 아침에 일어날 때 평상시와 다른 게 있었니?

내$_{58}$: 아니요. 평소랑 계속 똑같이 해서 나왔는데, 그냥 오늘은
　　뭔가 다운됐어요.

　　　　　　……〈중략〉……

상$_{61}$: 감정의 기복이 심한 부분이 있기는 한데, 오늘은 하여튼
　　이유 없이 다운됐다. (네.) 음…… 그랬구나. 다운될 때는
　　어떤데?

내$_{61}$: 아침부터 딱 컨디션이 (몸이 불편했나?) 몸 말고 안쪽에
　　(안쪽에.) 내면이 오늘 다운되어 있었어요. 설명이 안 되는
　　일이 있어요.

　　　　　　……〈중략〉……

상$_{70}$: 그러면 네가 감정 변화가 심하다는 것을 언제 알았니?

내$_{70}$: 음. 고등학교 와서 알았어요.

상$_{71}$: 중학교랑 고등학교랑 뭐가 달라졌다고 생각하니?

내$_{71}$: 중학교는 엄청 즐거웠는데, 고등학교는 그렇게 즐거운 일
　　이 없는 것 같아요.

상$_{72}$: 중학교 때 어떤 일이 너를 엄청 즐겁게 했나?

내$_{72}$: 그냥 친구들, 중학교 친구들이 더 낫고, 이 학교는 별로 마
　　음에 안 들고.

상$_{73}$: 학교가 마음에 안 들고. 너는 어디 학교에 가고 싶었는데?

내$_{73}$: ○○고등학교 찍었는데 여기 왔어요.

　　　　　　……〈중략〉……

상$_{86}$: 중학교 때 친구들을 따라가고 싶은 마음은 없었니?

내$_{86}$: 여기보다는 ○○고등학교가 나아요. ○○고를 쓸까도 생
　　각했었는데, 집에서 너무 멀어서.

상$_{57}$: 내담자의 기분이 다운
　　되는 이유를 찾는다.

내$_{61}$: 내담자는 신체보다는
　　심리적인 부분과 연
　　관됨을 통찰한다.

상$_{70}$: 내담자의 감정 변화
　　가 심해진 시기를 탐
　　색한다.

내$_{72}$: 내담자는 친구관계
　　에 어려움이 있고
　　학교에 정을 붙이지
　　못하고 있다.

내$_{86}$: 내담자가 가고 싶은
　　학교를 가지 못한 이
　　유이다.

상₈₇: 너의 결정이니? 어머니의 결정이니?

내₈₇: 제가 정했죠. 중학교도 멀리 다녔으니까 제가 그냥 너무 멀어서. 〈목소리가 작고 힘이 없어짐〉

내₈₇: 자신의 선택에 대해 후회하는 모습을 보인다.

상₈₈: 어머니가 고등학교 너무 멀리 다니면 힘들지도 모른다는 말씀하셨니?

내₈₈: 아뇨. 엄마는 그런 얘기 한 번도 한 적 없어요. 고등학교 가고 싶은데 가라고 했는데, 실업계 간다니깐 거기는 안 된다 했어요.

상₈₈: 내담자는 어머니의 말씀을 거역하지 못하고 따르는 경향이 짙다. 따라서 고등학교 선택과정에서 어머니의 영향이 있었는지 탐색한다.

······〈중략〉······

상₉₀: 아하~ 그럼 중학교는 네가 선택했네. 뭐가 제일 힘들었니?

내₉₀: 그때 체력이 별로 안 좋았어요. (아~) 아침에 일어나기 힘들고.

상₉₁: 일어나기 힘들고 버스 타고 다니기 힘들고. 그래서 고등학교는 멀리 안 가고 싶었네. (네.) 그래서 ○○고와 여기를 썼는데 여기에 됐다는 거네.

상₉₁: 내담자가 지금 고등학교를 선택하게 된 점을 명료화한다.

······〈중략〉······

상₁₀₂: 학교 아이들이 공부를 안 해서 마음에 안 든다?

내₁₀₂: 아뇨. 공부 안 하는 게 마음에 안 드는 게 아니라, 애들은 몇 명 빼고 다 마음에 들어요. 단지 학교가 마음에 안 들어요. 학교가.

내₁₀₂: 내담자는 학교 자체가 마음에 안 든다는 것을 명확하게 말한다.

상₁₀₃: 학교가 마음에 들려면 뭐가 바뀌어야 하는데?

내₁₀₃: 제가 학교를 바꿔야죠. 여기 애들을 다 바꾸거나 제가 ○○고로 가거나.

상₁₀₃: 내담자가 원하는 것이 무엇인지를 탐색하는 질문이 필요하다. "니가 원하는 학교는 어떤 거니?"

상₁₀₄: 네가 ○○고로 가고 싶구나.

내₁₀₄: 네.

상₁₀₄: 내담자의 마음을 공감한다.

상₁₀₅: 음······ 네가 이 학교에 마음을 못 붙이고 있는 거 같은 느낌이 드네.

내105: 네. 맞아요.

······〈중략〉······

상117: 음. 부모님들이 ○○중학교가 좋다 뭐 이런 얘기가 있었
네? (네.) 그래서 너도 ○○중학교로 가야겠다. 공부 잘하
는 애들도 가고. (〈힘이 없고 작은 목소리로〉 네.) 그래서
중1 때 조금 힘들었지만, 잘하고 싶고 남들보다 괜찮은 학
교에 진학하고 싶은 마음이 컸네.

상117: 상담자는 내담자가
중학교를 선택하게
된 이유를 명확하게
짚어 준다. 중학교가
명문이라는 이유만
으로 내담자가 뿌듯
했음을 반영한다.

내117: ○○중학교는 뭔가 좀 있어 보여서 거기 갔어요.

상118: ○○학교에 가니깐 뭔가가 있었어?

내118: 아니요. 거기 애들이 너무 열심히 해서 저는 그냥 3년 동
안 놀았죠.

내117: 내담자가 학교를 선택
할 때의 기준을 말한
다. 내담자의 특성이
잘 반영된 부분이다.

······〈중략〉······

상122: 네가 만약 ○○고 가면 성적이 어떨 것 같니?

내122: ○○고 가면 거의 꼴등할 걸요.

상123: 지금은?

내123: 문과생 200명 중에 제가 대학 갈 과목만 보면 3등급 20%
안에 들어요.

상123: 내담자의 현재 성적
수준을 점검한다.

상124: 지금 성적을 어떻게 생각하니?

내124: 성적은 만족해요.

······〈중략〉······

상132: 네가 가고 싶은 대학은 서울이니? (네, 인서울.) 그럼 너
와 경쟁을 해야 하는 애들은 여기 고등학교 아이들은 아
니네. (그렇죠.) 근데 너는 여기서 안주하고 있네, 인서울
하려는 사람이. 그치?

상132: 상담자가 내담자의
진로목표에 대해 현
실성이 떨어짐을 직
면시킨다.

내132: 네. 저는 공부로 인서울 하려는 사람이 아니니까요. 저는
예체능계로.

내132: 내담자는 공부를 하
려고 하는 것이 아님
을 강조하면서 상담
자의 말에 저항한다.

······〈중략〉······

상154: 지금 상태에서 그대로 있으면 가능하다고 생각하니?

내154: 연기학원도 수강하려고 알아보고 있어요.

상155: 연기학원 수강하려고 알아보고 있다. (네.) 누가?

내155: 저는 알아볼 시간이 없고 저희 엄마가.

······〈중략〉······

상164: 보내 주는 거는 어머니지만 선택은 네가 하는 거지.

내164: 제가 선택을 해도 선택한 쪽으로 안 보내 줄 거예요, 아마.

상165: 왜?

상154: 상담자는 역전이를 탐색할 필요가 있다. 내담자 스스로 자신의 상태를 인식할 수 있도록 질문할 필요가 있다. "인서울 하기 위해 어떤 준비를 하고 있니?"

내155: 구체적인 답변에서 어머니에게 떠넘기는 회피적인 모습을 보인다. 내담자의 주호소문제인 무기력함과 연결됨을 알 수 있다.

상164: 상담자는 내담자의 주체성을 강조한다. 내담자의 진로 선택에 있어 걸림돌 탐색이 필요하다. "니가 진로를 선택하는 것(결정하는 데)에 있어 어머니의 영향이 크네."

내164: 어머니와의 관계가 잘 드러난 부분이다. 내담자가 선택하고 책임지는 경험이 없었던 것으로 짐작된다.

상165: 상담자의 궁금함으로 질문하기보다 내담자에 대한 공감적 질문이 더 적절하다. "네가 선택을 해 내165: 이게 돈이랑 직관된 문제이기 때문에.

상166: 그럼 네가 검색해서 싸고 잘하는 연기학원을 알아볼 수 있잖아. 인터넷에서 검색해도 되고. 왜 어머니한테 맡기지? 어머니는 연기에 대해서 잘 모르고 정보에 대해서도 약할 수 있는데.

······〈중략〉······

내172: 근데 집 밖으로 어딜 나갈 형편도 안 되고.

상173: 형편은 만들면 되지.
내173: 돈은 제가 버는 게 아닌데.

······〈중략〉······

도 네 뜻대로 된 경험이 없구나. 무엇 때문에 너의 선택이 무시되는 것 같니?"

내165: 내담자의 진로 선택 문제에서 경제적 어려움이 있음을 드러냈다. 가정의 경제적 상황은 청소년의 진로 선택에 영향을 줄 수 있기 때문에 솔직한 심정을 말할 수 있도록 돕는 질문이 필요하다. "돈을 지원해 주시는 부모님의 뜻에 따라야 한다는 말로 들리네. 그러면 대학 진학을 결정할 때도 고민이 많았겠는데, 어땠지?"

상166: 내담자는 돈에 대해 이야기를 하고 있는데, 상담자는 돈과 관련해서 탐색하기보다는 내담자의 행동에 초점을 두고 그것에 대해 지도하고 있다.

내172: 내담자는 또다시 경제적인 어려움에 대해 말한다.

상173: 상담자는 내담자의 적극성에 초점을 두고 내담자의 말을 수용하지 않는다. 내담내₁₇₆: 제가 학원 안 다녀도, 시험은 붙을 것 같기는 한데.

상₁₇₆: 아~, 붙을 것 같다. 어떤 근거로 그렇지?

……〈중략〉……

상₂₀₀: 내가 표정을 물은 것이 아니잖아. 네 기분이 어떤지를 물었는데.

내₂₀₀: 그렇게 썩 좋지는 않았는데요. 감정이 올라온 것도 있었는데, 말 안 한 것도 있었어요.

상₂₀₁: 음음. 올라 온 것이 있었는데, 말 안 한 것도 있었네. 지금 이야기해 보는 것은 어때?

내₂₀₁: 음…… 그냥 저 샘은 나를 깎아내리려고 하는 것 같은데.

상₂₀₂: 아~ 내가 너를 깎아내리는 것으로 느꼈구나. 더 이야기를 해도 된단다.

내₂₀₂: 네…… 사실 선생님이 제 말을 안 믿었잖아요. 저는 제 진로에 대해 고민하고 이야기를 했는데…….

자의 어려움에 대한 공감적 반영이 필요하다.

내₁₇₆: 내담자는 객관적인 근거 없는 자신감을 보인다. 이는 진로성숙도가 낮음을 보여 준다.

상₁₇₆: 상담자는 내담자 스스로 인식할 수 있도록 할 필요가 있다. "아, 니가 자신감이 있구나. 그것에 대해 이야기해 보자."

상₂₀₀: 상담자는 질문을 구체화하여 내담자의 감정에 다가가고자 한다.

내₂₀₀: 내담자는 상담자로 인해 감정이 올라왔으나 표현하지 않았던 것을 솔직하게 말한다.

상₂₀₁: 상담자는 내담자가 말하지 못한 마음을 알아주고 지금 표현할 수 있도록 하고 있다.

내₂₀₁: 내담자는 상담자에게 부정적인 감정을 표현한다.

상₂₀₃: 음…… 그랬구나. 내가 너를 가르치려고 했네. 이렇게 네
    가 용기를 내서 말해 줘서 고맙다. 오늘 너를 제대로 만난
    것 같네.

상₂₀₃: 상담자는 내담자를
    가르치려 했던 자신
    의 태도를 인정하
    고 내담자의 용기를
    격려한다. 상담자의
    이러한 태도는 내담
    자에게 좋은 본보기
    가 될 것이다.

7회

(기말고사는 어떻게?) 그냥 봤다. 기말고사가 끝나고 나서
학교에서 2학년들의 야간 자율학습 단속을 시작했다. (갑자
기 단속하는 이유가 뭐지?) 아마 선생님들이 여름방학이 지
나면 고3이 될 우리를 관리하려고 하는 것 같다. (그럼 잠자
기 어렵겠는데?) 피해서 자면 된다. 도망가는 것은 어려울 것
같다. (안 그래도 하기 싫은 야간 자율학습인데 견디기 어렵
겠네.) 여름방학을 생각하며 견딘다.
(여름방학 때 계획이 뭐지?) 여름방학 때 엄마와 동생들과
함께 서울 이모님 댁에 가기로 했다. 그래서 방학 때는 학교
안 온다. (좋겠다. 그럼 방학 전에 상담을 종결해야 되겠네.)
그렇다. (어머니와 동생들도 함께 가는 이유는?) 엄마와 동
생들은 서울에 있는 대학 탐방을 계획하고 있다. (너는?) 나
는 기획사도 알아보고 뮤지컬도 볼 예정이다. 그리고 친척들
과 여름휴가도 갈 계획이다. (보통 고등학생들은 가족과 여
행을 안 가던데?) [1]사실 가기 싫지만, 친척들이 만나면 용돈
을 주기 때문에 간다. (친척들과 여행을 자주 가나?) 매번 가
는 것은 아니고 가끔 가는데 이번 여름에는 같이 간다. (이번

1. 내담자에게 용돈의 의
    미를 탐색하는 것이 필
    요하다. "용돈을 받는
    다는 것은 너에게 어떤

여름방학이 네게는 중요한 시간이 되겠구나. 여름방학을 알차게 보내기 위해서 사전에 기획사를 비롯해서 학원을 알아보고 가면 좋겠네.) 그렇게 하려고 한다. (네가 가고자 하는 대학은?) [2]예전에는 중○대, 한○대만 생각했는데, 지금은 지방에 있는 경○대도 생각하게 되었다. (범위가 넓어졌구나. 방학 전까지만 상담을 하려고 하니, 두 번밖에 안 남았네. 그 때까지 중○대, 한○대, 경○대의 입시요강을 조사하면서 네 진학을 계획해 보자.) 네.

의미이지?" "가기 싫은데도 용돈 때문에 간다는 것에 대해 더 이야기해 줄래?"

2. 서울 지역 대학 진학만 생각하던 내담자가 지방대학을 고려한다. 내담자가 자신의 진로에 대해 조사할 수 있도록 과제를 제시한다.

7회 멘토의 이야기

1. 내담자의 행동 변화

자신의 진로와 관계된 기획사 탐방 계획과 서울 지역 대학 진학만 생각하던 내담자가 지방대학을 고려하는 모습을 보이고 있습니다.

2. 내담자의 행동 변화 계기 분석

지난 회기에 상담자는 내담자가 진로에 대한 준비가 부족하고 노력하지 않고 있는 모습을 직면시켰으나 내담자는 반복적으로 형편 탓을 하는 과정에서 자신을 믿어 주지 않는 상담자에게 화가 났습니다. 상담자는 내담자의 감정변화를 민감하게 알아차리고 내담자가 감정표현하도록 독려하여 상담자에 대한 부정적인 감정을 솔직하게 표현할 수 있게 되었습니다. 이러한 경험으로 내담자는 현실적이고 실제적인 생각을 하게 된 것으로 보입니다.

3. 추가 탐색이 되면 좋을 부분

내담자가 의지를 갖고 자신의 계획을 이야기할 때 내담자 내면의 변화가 무엇인
지 탐색한다면 내담자를 더 깊이 만나는 계기가 될 것입니다. 또한 내담자가 앞
으로 나아갈 수 있도록 상담자의 진심 어린 격려와 지지가 있다면 좋겠습니다.

8회

(일주일 어떻게 보냈나?) [1]선생님들 단속을 피해서 잠을 자
느라 피곤하다. 공부로 대학을 갈 친구들만 단속하면 되는데,
분위기 잡는다고 모두를 단속한다. 빨리 여름방학이 오기를
바란다. (학교를 벗어나 원하는 공부를 하고 싶어 했으니, 얼
마나 방학이 기다려질지 짐작이 된다.)

(네가 가려고 하는 학과와 진로에 대해 궁금한데 인터넷 자
료를 같이 찾아보는 건 어떨까?) 좋다. (네가 연기자가 되
고 싶다고 했는데, [2]너의 어떤 면들이 연기자로서 소질이 있
다고 보는가?) 나는 교실에서 웃기는 멘트를 잘해서 아이들
이 많이 웃는다. (웃기는 멘트?) 내가 한 마디만 하면 아이들
이 웃는다. 적재적소에 딱 맞는 말을 잘한다. 그리고 친구들
앞에 나서는 것을 어려워하지 않는다. 선생님도 나에게 순발
력, 재치가 있다고 했다. 나는 사람들 앞에 나서서 뭔가를 하
는 것이 재미있다. ([3]사람들 앞에 나서는 것이 어렵지 않고,
순발력 있고 채지 있게 말하며 분위기를 사로잡을 수 있다는
말이네. 긍정적인 요소가 많네.)

〈워크넷에서 개그맨, 연극배우, 영화배우와 관련된 동영상
을 시청〉 (연기와 관련한 여러 동영상을 봤는데, 어떤가?) 연

1. 내담자는 규칙이 정해지
면 크게 벗어나지 않는
선에서 일탈을 하는 패
턴이 있다.

2. 내담자의 자기인식을
확인한다.

3. 내담자의 말을 요약하
고 지지한다.

극배우보다 개그맨이나 영화배우가 나와 맞을 것 같다. 그중에서도 개그맨이 잘 맞을 것 같다. (개그맨이 되는 절차에 대해 알아볼까?) 좋다. (어떤가?) [4]생각보다 시간과 노력이 많이 필요한 것 같다. (무명으로 오랜 시간을 보내고 유명해진 배우와 개그맨들이 있다. 그들이 경제적 어려움과 힘듦을 견딜 수 있었던 것은 자신이 그 일을 너무 좋아했기 때문이라고 말하더라. 네가 좋아하는 것을 할 수 있으면 좋겠다.) [5]엄마가 2학기에는 야간 자율학습을 빼 줄 것 같다.

4. 내담자는 동영상을 보고 자신이 원하는 진로로 나아가기 위한 시간과 노력이 필요함을 깨닫는다.
5. 내담자의 주 호소문제가 해결될 수 있음을 비친다.

8회 멘토의 이야기

1. 내담자의 행동 변화

   내담자는 학교생활 속에서 진로희망과 관련된 장점들을 찾아서 표현할 수 있게 되었습니다. 또한 막연하게 연기자를 꿈꾸던 내담자가 자신의 끼가 무엇인지 탐색하고 그것과 관련하여 연기자보다는 개그맨이 적성에 맞을 것으로 예상하게 되었습니다.

2. 내담자의 행동 변화 계기 분석

   지난 회기 때 내담자가 진학하고자 하는 대학에 대한 탐색을 한 것이 자신의 직업 선택에 도움이 되었을 것으로 보입니다.

3. 추가 탐색이 되면 좋을 부분

   내담자가 선택한 직업 및 가치관에 대한 깊이 있는 탐색이 필요해 보입니다. 또한 그와 관련된 진로 심리검사가 있었다면 내담자가 자신의 진로 방향을 찾아가는 데 도움이 되었을 것입니다.

9회

(^{1}7회 때 내준 과제는 어떻게?) 서울에 있는 학교의 홈페이지에는 입시 요강이 잘 나와 있어서 확인할 수 있었는데 ○○에 있는 경○대 홈페이지에는 입시 요강 자료가 없어서 확인을 못했다. (입시 요강을 확인한 소감?) 전에 확인했을 때보다 실기에 대한 비율이 높아졌다. (실기는 어떤 것을 보는지?) 실기 시험에 대해서는 알아보지 못했다. (전에 오디션을 준비하던 학생의 말에 따르면 실기는 즉석에서 상황을 알려 주고 직접 연기를 시키기 때문에 감정을 담아내는 표정 연기가 중요하다고 했다. 그래서 거울을 보며 눈썹의 높낮이, 입 모양 등 미세한 근육을 움직이는 연습이 필요하다. 이번 방학 때 많은 것을 경험했으면 좋겠다.)

(^{2}상담하면서 어떤 것들이 도움이 되었나?) 내가 좋아하는 영화의 시나리오를 선물받았던 것이 좋았다. 내 이야기를 할 수 있었다. (오늘이 상담 마지막인데 어떤가?) 상담이 끝나는 것이 후련하기도 하고 미련이 남기도 한다. (어떤 미련인가?) ^{3}좀 더 솔직하게 가족과 관련된 이야기를 내놓지 못하였다. 좀 더 솔직했다면 진로나 학업에 더 치중된 상담을 받을 수 있었을 텐데라는 아쉬움이 남는다. 그리고 ^{4}상담을 하는 시간이 상담에 집중하기 어려운 시간대였다. (나는 이번 상담이 쉽지 않았다. ^{5}다음에 너와 비슷한 내담자를 만나면 어떻게 하면 좋을지 나에게 팁을 준다면?) 활동지를 활용하거나 몸을 움직이는 활동들을 병행하면 좋겠다. 말로만 상담을 하니깐 지루한 부분이 있었다.

1. 청소년에게 과제를 제시하였으면 꼭 점검하는 것이 중요하다.

2. 종결 시 내담자가 상담으로 무엇을 경험하였는지를 확인하는 것은 중요하다. 내담자가 잘 찾지 못할 경우에는 상담자가 짚어 줄 수도 있다.

3. 상담장면에서 좀 더 솔직하지 못한 자신을 돌아보고 아쉬움을 표현한다.

4. 내담자가 상담시간이 집중하기 어려운 시간 때임을 솔직하게 표현한다. 특히 청소년 내담자의 경우 상담에 집중할 수 있는 시간을 고려할 필요가 있다.

5. 상담자의 솔직한 표현으로 내담자에게 청소년 내담자를 잘 돕기 위한 방법에 대한 조언을 구한다.

9회 멘토의 이야기

1. 내담자의 행동 변화

내담자는 상담자가 제시하였던 과제를 수행하였으며, 가족 이야기를 솔직하게 말하지 못한 아쉬움을 표현하였습니다.

2. 내담자의 행동 변화 계기 분석

지난 회기 때 자신의 재능 확인과 직업 매칭과 진로희망에 필요한 정보 탐색으로 내담자가 좀 더 적극적으로 진로와 관련된 대학을 탐색하는 계기가 된 것으로 보입니다.

3. 추가 탐색이 되면 좋을 부분

내담자가 상담과정에 있어 변화된 부분이 무엇인지를 직접 말할 수 있었다면 좋았겠습니다. 상담을 통해 자신이 무엇을 했으며 변화는 무엇인지를 아는 것은 내담자에게 긍정적인 힘이 되기 때문입니다.

10회(추수 전화상담)

[1]야간 자율학습을 뺐다. 엄마도 허락을 하였고 학교에서도 공부를 할 애들만 단속을 하고 나머지는 다 빼 준다. 야간 자율학습을 빼고 지금 [2]고깃집에서 고기를 잘라 주는 일을 하고 있다. 방학 때 서울에 가서 중○대 교수를 만나서 조언을 듣고 왔다. 기획사는 시간이 없어서 가지는 못했다. [3]11월부터 연기학원을 다닐 예정이다.

1. 내담자의 호소문제가 해결되었다.

2. 내담자의 무력감이 변화되었다.

3. 내담자가 자신의 진로를 위하여 나아가는 모습이다.

10회 멘토의 이야기

1. 내담자의 행동 변화

   내담자는 무기력한 모습에서 벗어나 진학하고자 하는 대학교의 교수를 만나 조언을 듣고, 그것을 실행하고자 연기학원에 등록하고 아르바이트를 하는 등 적극적인 노력을 하고 있습니다.

2. 내담자의 행동 변화 계기 분석

   상담자는 내담자의 수준에 맞춰 상담을 진행하였으며 앞으로 내담자와 비슷한 내담자를 상담할 경우 어떻게 하면 좋을지에 대해 내담자에게 의견을 물어본 것, 내담자를 상담하는 것이 힘들었다는 상담자의 솔직한 말에서 내담자는 자신을 믿어 주는 상담자의 마음을 느꼈던 것으로 보입니다. 이에 자신을 믿어 주는 상담자에게 내담자도 솔직한 모습으로 말하고 있는 것으로 보입니다. 이처럼 내담자는 늘 상담자의 말과 태도에 따라 바뀝니다. 상담자가 진솔하면 내담자도 진솔한 모습을 보이게 되는 것입니다.

상담전문가의 사례 되짚어 보기

1. 내담자 문제 발생

내담자는 어머니 승낙만 있으면 야간 자율학습을 뺄 수 있는데 어머니가 허락하지 않아 야간 자율학습을 해야 하는 상황에 대한 불만을 호소하였다. 담임선생님이 수업 시간에도 자고 야간 자율학습 시간에도 잠을 자는 무기력한 내담자를 미술치료 집단에 추천을 하였으나, 내담자는 집단 내에서도 거의 무기력한 모습을 보였다. 집단상담 리더는 내담자의 자화상(영정사진)을 보고 개인상담을 권유하였고, 그렇게 해서 내담자는 상담장면에 오게 되었다.

내담자가 상담에 오게 된 경위를 보면 내담자는 주변 어른들, 즉 어머니, 담임선생님, 집단상담 리더의 주의를 끌며 자신에게 관심을 가지도록 하고 있다. 내담자는 이러한 과정을 인식하지 못하고 있으며 그것은 무의식적으로 일어난 결과로 보인다. 내담자의 무의식적 반응은 예전에도 있었겠지만 지금 두드러진 것은 내담자의 현재 상황과 연결해서 생각해 볼 수 있겠다. 내담자는 고등학교 2학년으로 진학과 진로에 대한 불안이 올라오는 시기로 불안을 느끼지 않기 위해 현재 자신의 성적으로 원하는 학과와 대학에 진학할 수 있다고 말하며 자신의 불안을 타인에게 투사하고 있는 것이다. 즉, 내담자의 무의식적 불안이 어머니와 선생님들에게 투사되고, 이를 동일시한 어머니와 선생님은 내담자에게 대안을 제시하지만, 내담자는 더 무기력해지는 패턴을 보이는 것이다. 내담자의 이러한 방어기제가 상담자의 역전이에도 영향을 준 것으로 볼 수 있다.

2. 치료적 개입

상담 초기에 내담자는 자기 스스로 움직이기보다 타인에 의해 움직이는 패턴을 보였으며 상담이 있을 때마다 학교 상담선생님이 교실에서 내담자를 데리고 온 모습에서 잘 드러났다. 그런 내담자가 스스로 상담장면에 올 수 있도록 상담자가 독려하고 기다려 주었던 것은 내담자가 선택하고 그 시간을 책임지는 새로운 경험이 되었을 것이다.

내담자는 진학에 대해 근거가 없는 자신감을 보였고, 막연한 자신의 진로에 대해 과도한 긍정성을 보인 것은 현실적인 자기인식이 부족해서이다. 상담자는 진학을 위한 연기학원을 알아보는 과정에서 어머니 뒤에 숨어서 핑계를 대는 내담자의 모습을 직면시켰으며,

이에 내담자는 막연한 자신의 진로(연기자)에 대해 구체적인 계획을 세울 수 있게 되었고, 진학 정보를 수집하는 실천적인 모습을 보이게 되었다.

3. 상담의 적절성

이번 상담은 단기상담으로 내담자가 개방하기 힘들어하는 가족관계에 대한 탐색을 줄이고, 내담자에게 초점을 맞추어 상담이 잘 진행된 것으로 보인다. 상담은 고등학교 2학년이 겪을 수 있는 현실적인 불안과 실질적인 진학에 초점을 두고 진행되었고, 상담과정에서 내담자가 자신의 행동 패턴을 알아차릴 수 있었을 것으로 짐작된다. 또한 작지만 선택하고 책임을 지는 경험이 내담자에게 새로운 관점을 갖도록 도왔을 것으로 짐작된다.

4. 대안

- 내담자는 꿈과 현실의 차이가 크며 이상적이다. 때로는 감정 기복이 심하여 과도한 자신감을 보이나 행동으로 실천하지 않는 무기력한 모습을 보인다.
- 진로 탐색을 위해 진로성숙도 검사, 청소년 진로발달 검사를 활용하여 내담자의 막연한 진로와 감정표현을 도울 수 있을 것이다.
- 내담자의 진로와 관련하여 내담자가 경험한 자료들을 활용하여 포트폴리오를 만들어 봄으로써 대학 진학의 실제적인 자료가 될 수 있을 것이다.
- 추수상담을 통해 내담자가 계획한 것들의 실천 사항을 점검할 필요가 있다.
- 자신의 진로가 막연한 청소년들은 그들의 주 호소문제가 명확하지 않으므로 상담목표를 비롯한 상담의 초점을 맞추기가 어렵다. 그러므로 상담자는 내담자의 눈높이에 맞추어 민감하고 섬세한 상담개입을 하는 것이 필요하다.
- 방어적이고 저항이 강한 청소년은 자신에게 취약한 부분(가족, 재력, 성적 등)에 대해 말하기를 싫어하기 때문에 상담자의 적절한 자기개방을 통한 작업 동맹이 이루어지는 것이 중요하다.
- 이상적이고 현실감이 부족한 청소년들의 진로상담에서는 진로탐색 검사를 비롯한 인지적인 접근이 필요하고, 실제적인 행동을 할 수 있는 경험(대학 탐방, 관련 전문가 면담, 직간접적 체험 등)도 매우 중요하다.

후배 청소년 상담자에게 보내는 선배의 따뜻한 한마디

정봉희 센터장(부산광역시 남구청소년상담복지센터)

대부분의 청소년 상담사례가 그러하듯, 청소년들은 가족이라는 뿌리에 토대를 두고 학교, 친구, 지역사회, 국가 등에 이르기까지 수많은 환경 속에서 성장하고 있습니다. 그중에서도 청소년들이 겪는 어려움의 근원에 가깝게 접근하여 건강한 변화를 이끌어 내기 위해서는 정서·인지·행동의 토양이라 할 수 있는 가족 역동을 다루지 않을 수 없습니다. 자신의 가족체계 속에서 자신이 어떻게 성장하여 현재의 모습이 되었는지를 상담 작업을 통해 선명하게 보게 된다면, 그리고 지금 현재 자신의 있는 그대로의 모습을 깊이 수용하고 자기가치를 높이는 미래를 그릴 수 있다면 그야말로 성공적인 상담이라 할 수 있겠지요. 이를 위해서 상담자는 내담자의 변화를 천천히 기다리되 개입은 순발력 있게, 깊이 있는 공감으로 내담자의 현재 삶에 충실히 귀 기울이는 자세가 필요하다고 봅니다.

이 사례의 청소년 내담자가 살아온 가정환경이 어렴풋이 그려집니다. 가정 경제의 실패로 부모님의 고된 생계 유지가 최우선이었던 상황에서 내담자와 동생들에게 충분한 정서적인 돌봄이 이루어지지 않았을 어린 시절 그리고 지금 현재, 내담자의 부모님으로서는 최선의 노력이었겠으나 가족 간에 친밀한 교류를 나눌 여력이 없었고, 그러는 사이에 내담자와 동생들은 각자의 방식대로 부모의 애정을 받기 위한 고군분투를 해 왔을지도 모릅니다. 내담자는 '연기자'라는 진로 이외의 노력은 필요하지 않다는 고집으로 일관하며, 야간 자율학습을 거부함으로써 결국 부모님의 관심을 끌고 있습니다. 남동생 역시 우수한 성적으로 부모님의 특별 야식과 관심을 얻고 있으며, 여동생은 착하고 애교 많은 모습과 스스로 자신의 생활을 잘 꾸려 가는 어른다움으로 부모님의 인정과 사랑을 받고 있습니다. 모두가 자신에게 최선의 생활방식으로 살아가고 있습니다.

　이 사례를 다루기 위해서는 상담자가 두 가지 시선으로 접근하는 것이 필요합니다. 첫째, 내담자는 연기자가 되고 싶은 꿈을 나누고 도전하기보다는 야간 자율학습을 하지 않는 것에 몰두하여 개방적인 삶을 살지 않으려는 거부감 또는 저항감이 어디서 비롯된 것인지 살펴보는 것입니다. 이는 내담자가 갖고 있는 부모님에 대한 응어리진 감정을 녹이고 과거의 기억들을 재구성하는 지난한 작업일 것입니다. 둘째, 희망하는 진로를 달성하기 위해 청소년으로서 지금 현재 본인이 할 수 있는 방법들을 찾아보고 도전하도록 돕는 것입니다. 즉, 내담자가 마음속으로만 연기자의 꿈을 품는 것이 아니라 가족들에게 적극적으로 자신의 꿈을 선언하고 경험을 쌓아 갈 수 있도록 하는 것입니다. 그러기 위해서는 상담자와 가족의 지지와 응원이 필요하겠지요. 청소년기는 자기 자신을 알아 가고 미래를 고민하고 준비하는 데 에너지를 다 써도 부족한 시기입니다. 어쩌면 야간 자율학습에 임하는 모범학생의 틀에서 벗어나 희망진로를 달성하기 위해 연습실을 향해 뛰어가는 내담자의 뒷모습이 더 반짝일지도 모르겠습니다. 부모님 역시 내담자가 첫아이로서 지닌 과중한 책임감, 내 멋대로 하면 안 된다는 죄책감 등으로 인한 혼란스러운 마음을 깊이 공감하고 자기 삶에 집중하도록 안정적인 가족관계 형성에 애써 준다면 내담자는 가뿐하게 날아오르지 않을까 생각합니다.

　청소년기라는 길고 긴 터널, 시작은 있지만 그 끝이 어디쯤인지 모르는 그곳에서 청소년들은 두렵습니다. 그 두려움에 불안하기도 하고, 공격적인 모습을 보이기도 하고, 때로는 엉뚱한 모습을 보이기도 합니다. 그러나 상담자가 작은 촛불을 들고 함께 어두운 터널을 걸어가면서 그곳이 그리 두려운 곳이 아님을 함께 확인해 나간다면 청소년들은 그 터널에서의 경험이 한번쯤 해 볼 만한 것이었음을 느끼며 안도할 것입니다. 괜찮지 않아도 괜찮다는 것을 알게 될 것입니다.

사례 4

그냥……
학교에 다니기 싫어요

내담자의 말

나는 중학교 3학년 여학생이에요. 며칠째 학교를 안 갔더니, 담임선생님과 상담선생님이 집으로 찾아오셨어요. 요즘은 학생이 3일 동안 무단결석을 하면 가정 방문을 하게 되어 있다고 하네요. 늦은 점심 밥상을 방 한쪽 구석에 두고 앉아서 나는 담임선생님 앞에서 아무 말도 할 수 없었어요. 무작정 학교에 나오라고 하는 선생님 말이 귀찮고 짜증나요. 그냥 학교 가기 싫어요. 그래도 내일은 학교에 가야 할 거 같아요. 안 그러면 아빠한테 또 잔소리를 듣겠지요. 아니면 내가 원하는 걸 못 사게 하거나 돈을 안 주겠지요. 아빠도 싫고, 엄마도 믿을 수가 없어요. 그냥 학교에 안 가고 검정고시 보면 되잖아요. 나는 모든 게 다 귀찮아요.

📝 내담자 기본 정보

1. 내담자 인적 사항

여, 16세, 중학교 3학년, 2녀 1남 중 차녀

2. 내담자 상담 경위

　학기 초에 내담자의 결석이 많아지자 담임교사가 면담을 통해 아버지로부터 폭력을 당한 것을 알게 되어 상담을 의뢰하였으나, 내담자가 잦은 결석으로 학교상담이 어려워지자 상담자가 담임과 함께 가정으로 방문하였다.

3. 주 호소문제

　최근에는 아버지가 폭력적 행동은 하지 않지만, 그냥 아버지가 싫고 벗어나고 싶다. 특별한 이유 없이 학교에 다니기 싫다.

4. 가족관계

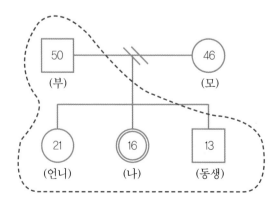

아버지(50세, 트럭운전기사) 다혈질이고 폭력적이다. 장거리 운전으로 주 2회 정도 집에 들어온다. 일이 많아 경제적 곤란은 없지만 돈에 대해서는 예민하다. 내담자가 어릴 때부터 중2 때까지 가정폭력이 있었으나, 현재는 폭력을 쓰지 않는다. 심한 부부 갈등으로 내담자가 초2 때 이혼을 하고, 자녀 양육비 문제로 아내와 다툼이 있었다. 평소 내담자에게 욕설과 폭언을 심하게 하고, 내담자에게 돈을 쓰기 아깝다는 말을 많이 하며, 돈을 벌어 오라고까지 하였다. 반면, 밖에서 일하면서도 아침 시간에 전화하여 내담자의 식사를 챙긴다. 내담자는 아버지의 잔소리가 싫고 벗어나고 싶어 한다.

어머니(46세, 전업주부) 내담자에게는 믿을 수 없는 존재이다. 남편과 이혼하여 현재 내담자와 함께 살고 있지 않다. 남편의 지속적인 폭력으로 이혼하였다고 하지만, 내담자는 어머니가 바람을 피웠다는 말을 들었다. 처음에는 어머니가 자녀를 양육하기로 하였으나, 자녀 양육비를 새로 만난 남자를 위해 사용하였다. 그로 인해 어머니가 자녀에게 소홀한 것을 알게 되어 아버지가 다시 내담자를 양육하게 되었다. 가끔씩 남편이 없을 때 집에 와서 내담자와 남동생을 위해 음식과 가사일을 해 주었다. 내담자는 무책임한 말과 행동을 하는 어머니를 신뢰하지 않지만, 그래도 어머니와 함께 살기를 바라고 있다.

언니(21세, 아르바이트) 가족 중에서 가장 믿을 만하고, 내담자는 언니에게 의지한다. 중학교 과정 학업을 마치지 못하고, 검정고시로 졸업 자격을 얻었다. 현재 아르바이트를 하며 집안일을 도맡아 한다. 사귀는 남자와 결혼을 앞두고 있으며, 내담자는 언니가 결혼하게 되면 아버지로부터 독립하여 언니와 함께 살 수 있기를 기대하고 있다.

남동생(13세, 초6 재학) 어머니, 아버지에 대해 관심이 없어 보이고, 아무 생각이 없는 것 같다. 학교 마치고 집에 오면 PC방에 가거나 집에서도 게임에 빠져 있다. 아버지는 일을 하면서도 남동생을 챙기려 노력한다. 어머니도 아버지 몰래 집에 올 때면 남동생이 좋아하는 음식을 해 주며 챙긴다.

상담자가 본 내담자 문제 이해

내담자는 최근 아버지가 폭력적 행동은 하지 않지만, 그냥 아버지가 싫고 벗어나고 싶다. 특별한 이유 없이 학교에 다니기 싫다는 호소를 하였다. 이러한 내담자의 호소문제는 내담자의 가정환경과 성장과정에서의 경험에 그 원인이 있으리라 짐작된다.

내담자는 어린 시절부터 부모님이 자주 싸우는 모습을 보았으며, 아버지가 어머니와 내담자에게 폭력을 하는 환경에서 자랐다. 초2 때 부모님이 이혼을 하였는데, 내담자는 외갓집과 아버지의 양육을 번복하는 경험을 하였다. 그 당시 주로 양육비 등 돈 문제와 외도 등의 이유로 아버지가 어머니에 대해 비난하는 것을 자주 들으면서 내담자는 어머니에 대한 부정적 감정을 갖게 되었다. 내담자는 폭력적인 아버지와 신뢰할 수 없는 어머니 사이에서 안정된 양육을 받지 못했으며 부부싸움과 이혼, 그 후 양육자가 바뀌는 과정에서 심한 불안을 경험했을 것으로 짐작된다. 내담자의 언니 또한 중학교를 졸업하지 못해 검정고시로 자격을 얻었고, 아르바이트를 하며 지내는데 곧 사귀는 남자친구와 결혼을 계획하고 있다. 내담자는 그나마 의지하던 언니의 결혼 계획으로 앞으로 폭력적인 아버지와 귀찮기만 한 동생과 살게 될지도 모르는 상황에 처해 불안이 가중되었을 것으로 생각된다. 또한 내담자는 중2 때 아버지의 폭력으로 언니와 함께 가정폭력 신고를 할 정도로 아버지를 혐오하며 부정적 대상으로 여기고 있다. 어머니는 가끔씩 아버지가 없는 사이 집에 올 때면 같이 살자고 하긴 하지만, 아무런 능력도 없고 말만 하는 믿을 수 없는 존재였다. 내담자는 어린 시절 양육자의 변경으로 인한 혼란과 불안을 경험했던 것처럼 또다시 누구에게 의지하며 살아야 할지, 자신의 존재에 대해 불안을 느꼈을 것이다. 부모로부터 자신을 보호해 주는 든든함과 따뜻한 사랑을 갈구하고 있는 듯하다.

내담자의 행동양식은 학업에 대한 낮은 동기와 부적응으로 학교생활에 무관심하고, 불규칙한 식사와 수면 습관으로 체중이 늘어나 있고, 게다가 각종 다양한 성인용 화장품으로 화장을 하는 등 외모에 신경을 많이 쓰고 있다. 내담자는 생각을 깊이 하려고 하지 않으며, 사회의 어른들, 교사, 특히 부모 등에 대한 깊은 불신으로 마음을 열지 않고 있다. 내담자는 자신이 있어야 할 안정적인 환경에 대한 불안함과 정서적으로 의지할 대상을 그리워하고 있는 것으로 보인다.

환경적으로 불안한 상황에서 내담자는 정서적으로 안정되지 못하고 더욱 불안해하며, 대책 없이 학교에 다니고 싶지 않은 감정을 행동으로 표출하고 있는 것으로 여겨진다.

📋 상담의 진행

1. 상담 목표 및 전략

1) 상담목표
- 학교에 등교하여 상담에 참여한다.
- 아버지와의 친밀한 관계를 회복한다.
- 학업 중단에 대하여 숙고하고 진로 방향을 찾아본다.

학교에 등교하여 상담에 참여하는 것을 일차적 상담목표로 정한 것은 내담자가 호소하는 문제와 관련하여 적절한가에 대한 논의의 여지가 있다. 상담자는 내담자와 상담목표에 관하여 함께 이야기하여 합의된 목표를 설정하는 것이 바람직하다.

- 학교를 그만두고 싶은 자신의 욕구를 탐색한다.
- 아버지와의 관계 회복을 위하여 가족관계를 탐색하고 가족을 이해한다.
- 학교를 그만둔 이후의 진로 방향에 대하여 스스로 탐색하고 설정한다.

2) 상담전략

- 학업을 중단하고 싶은 원인을 탐색하여 현재 자신의 현실적 상황을 이해하도록 한다.
- 잦은 결석을 방지하고, 지속적인 상담을 위해 강화물을 활용하도록 한다.
- 상담자와 상담장면에서 친밀한 정서적인 재경험을 통해 아버지와의 관계를 회복할 수 있도록 한다.
- 학교를 그만두고 싶어 하는 내담자를 고려하여 학업 중단과 관련된 정보를 찾아보고, 진로 관련 안내 및 교육을 받도록 한다.

학교 결석이 잦은 내담자의 경우, 학교에 나와야 상담을 진행할 수 있기 때문에 학교에 올 수 있도록 하는 것이 관건이다. 청소년 상담사례에서는 그 무엇보다도 상담자가 청소년 내담자와 친밀한 관계를 형성하는 것이 전략 중의 전략이라 할 수 있다.

- 내담자의 자기이해를 돕기 위하여 내담자를 존중하고, 이해하려는 진정한 태도를 갖춘다.
- 등교 거부, 학업 중단 등과 같은 청소년 사례의 경우 청소년기 심리적 · 정서적 특징을 고려하여 해결중심상담 이론과 같은 단기상담 개입 기법을 적용한다.
- 내담자와의 신뢰관계 구축과 활력을 불러일으키기 위한 기법으로 강화물을 활용한다. 강화물 제공은 내담자가 원하는 것을 선택하도록 하며, 강화물 활용 계획과 실행을 내담자와 함께 의논하여 동기 유발이 되도록 하는 것이 중요하다.

2. 상담내용(총 7회)

〈가정 방문에서 첫 만남을 가졌다.〉

내담자가 3일간 무단결석을 한 상태로 연락이 되지 않아 담임교사와 방과후에 긴급하게 내담자의 가정을 방문하였다. 그때 내담자는 집에서 교복을 말끔히 입고 있었고, 언니와 늦은 점심으로 감자탕을 배달시켜 먹고 있었다. 상담자가 내담자에게 학교에 오지 않은 이유를 물었으나, 조용히 듣기만 할 뿐 별 반응이 없었다. 그래서 내담자에게 내일은 학교에 등교하기를 당부하였다.

📦 1회

〈다음 날 내담자가 등교하여 첫 상담을 진행하였다.〉

(오늘 학교에서 만나게 되어 반갑네.) ······ 〈표정도 없고, 말 없이 별 반응이 없다.〉 (오늘 급식은 먹었니?) 아니요. 〈몸집이 크고 뚱뚱한 내담자는 배가 고플 때만 음식을 먹는 불규칙적인 식사를 하고 있다. 학교에서는 급식을 거의 먹지 않는다.〉 (배고프지는 않니?) 아니요, 괜찮아요. 원래 안 먹어요. 중2 이후, 아버지 폭력 때문에 스트레스 받아서 살찌게 된 거 같아요. (¹그래, 살이 좀 찐 거 같은데, 지금 몸에 대한 느낌은 어때?) 맘에 안 들어요. (신체에 대한 만족도를 10점 만점으로 보면 몇 점 정도 줄 수 있을까?) 3점이요.

(²아버지가 폭력을 쓰셨다고?) 네, 옛날부터 많이 때렸어요. 언니하고 나한테요. 그리고 엄마한테도요. 물건 막 집어던지고. 〈침묵〉 ³초2 때 엄마 아빠가 이혼했는데, 그때 아빠가 보기 싫고 짜증났어요. 아빠는 다른 사람한테는 착한데, 언니와 나한테는 돈을 쓰는 게 아깝대요. (옛날부터 아빠한테 맞았구나. 돈 쓰는 것도 아깝다고 하시나.) 네. 아빠는 평소에 언니하고 나한테 욕하면서 때리고, '나가 죽어라.' '돈 벌어 와

1. 청소년 내담자의 자아존중감에 영향을 주는 중요한 요인인 자신의 신체상에 대해 묻는 질문이다. 이때 공감 반응을 하는 것도 좋겠다. "아버지 때문에 스트레스를 많이 받았구나, 살까지 쪄서 더 속상했겠네."

2. 초점을 아버지와의 관계로 돌려놓기 위한 질문이다.

3. 말을 잘 안 하던 내담자가 기다렸다는 듯이 쏟아내고 있다.

라.' 그래요. (아버지 폭력은 어느 정도야?) 작년 중2 때 아빠가 때려서 언니가 신고했어요. 그래서 그때 아동보호전문기관에서 검사받고 상담도 받았어요. 언니와 내가 그때 상담받았어요. (그때 상담을 받았구나. 상담하고 나서 어땠어?) 잘 모르겠고 별 도움이 안 되었어요. (상담은 얼마나 많이 받았는데?) 한 열 번 정도요. ([4]요새 힘든 게 뭐야?) 아버지가 잔소리하는 게 짜증나고 학교 오는 것도 싫어요.

4. 내담자의 주 호소문제를 파악하기 위한 질문으로 요즘에 가장 힘든 게 있다면 무엇인가를 질문하고 있다.

 1회 멘토의 이야기

1. 내담자의 행동 변화

담임교사에 의해 의뢰되어 말이 별로 없던 내담자가 아버지의 폭력 내용에 관하여는 적극적으로 불만을 토로하면서 학교에 오는 게 싫다고 표현하고 있습니다.

2. 내담자의 행동 변화 계기 분석

첫 회 상담장면에서 아버지에 대한 불만을 표현할 수 있었던 것은 상담자가 내담자를 상담의 동기가 낮은 방문형 내담자로 보고, 내담자에게 진심 어린 관심을 표현하였기 때문으로 보입니다.

3. 추가 탐색이 되면 좋을 부분

내담자가 무단결석을 할 때 가정에서 어떻게 시간을 보내는지, 특히 수면 패턴을 점검할 필요가 있습니다. 또한 학교생활에서 친구관계, 교사와의 관계, 학업 등에서 어떤 어려움이 있는지에 대한 구체적인 탐색이 필요합니다. 또한 아버지의 폭력 상황을 탐색하면서 내담자가 경험한 내용과 감정에 대하여 좀 더 구체적으로 질문하는 탐색이 필요합니다.

2회

(이전 상담을 할 때 무얼 했는지 기억하니?) 병원에서 검사를 했어요. 그리고 집에서 하고 센터에서 상담을 받긴 했는데, 잘 기억이 안 나요. 잘 모르겠어요. (병원 검사를 받았구나. 결과가 어땠는데?) [1]그런 거 잘 기억이 안 나요, 그냥 상담이 싫었어요. (싫었구나. 그때 상담에서 좋은 경험이 없었나 보네.) 네. (상담에서는 어떤 내용으로 했지?) 난 가정폭력에 대해 솔직하게 말을 했는데 상담샘이 자꾸 캐묻는 거 같고, 나를 믿지 않는 것 같았어요. ([2]종결은 어떻게 했니?) 내가 연락을 안 해서 더 이상 상담이 안 되었던 거 같아요. 열 번도 못한 거 같고, 여덟 번 정도에서 끝난 거 같기도……. (그때와 지금을 비교하면 상황이 어떻게 다르니?) 지금이 더 안 좋아요. (그래? 안 좋은 최악 상황을 10점으로 본다면 지금은 몇 점 정도?) 작년이 8점이고, 지금은 9점 정도요. (그럼 앞으로 어떤 문제로 상담받고 싶지?) 가족관계. (가족에 대한 친밀도는? 친밀한 정도에서 최고가 10점이라면 어느 정도일까?) 언니가 9점, 엄마 8점, 아빠는 2점 정도. (언니에 대해 말해 줄래?) 언니는 중학교 다니다가 말았어요. 검정고시 보고 아르바이트 하면서 지내요. 요즘 남자친구가 있는데 결혼할 거래요.

(고민하고 있거나 상담받기를 원하는 부분은?) 〈내담자는 신청서 목록들에서 여러 정서 문제와 다른 부분들에도 골고루 체크하였다.〉 [3]우울, 두려움, 분노, 외로움, 소외감, 부모와의 갈등, 가정폭력, 선후배와의 관계, 가치관, 죽음, 불면, 우유부단, 체중 증가, 외모 및 자아상, 생활비 등. (요즘 남자친구는 있니?) 있었는데 지난달에 헤어졌어요. 100일 정도 사귀었어요. (어떻게 헤어지게 되었는데?) 남자친구와 싸웠는데 연

1. 내담자가 상담 경험에 대해 부정적인 표현을 하고 있는데, 이것이 앞으로의 상담에 영향을 줄 수 있어 추가적인 탐색이 필요하다.

2. 내담자는 이전 상담에서 자신을 불신하는 경험을 말하고 있으므로 감정을 수용하는 공감적 이해가 필요하다. "솔직하게 말했는데 상담샘이 자꾸 캐묻고 믿어 주지 않아서 서운하고 많이 아쉬웠겠구나."

3. 내담자가 상담에 대한 동기가 높지 않아 상담신청서를 참고로 하여 내담자의 주 호소문제를 파악할 필요가 있다. "여러 가지 문제와 많은 감정을 체크했구나. 그중에서 가장 먼저 상담에서 얘기하고 싶은 것은 뭐지?"

4. 내담자의 정서가 드러나는 부분으로 상담자가

락을 안 해서 헤어졌어요. (요즘 힘든 게 있니?) 어려운 일이 생기면 언니한테 말해요. 지금은 아니지만 3월쯤에 죽고 싶은 생각까지 들었어요. 아빠가 돈 벌어 오라고 하고 그래서. (죽고 싶은 마음이 들 정도로 많이 힘들었구나. 지금 마음은 어떠니?) [4]지금 마음은 복잡해요.

> 내담자의 정서에 공감하면서 복잡한 마음을 구체적으로 질문하는 것이 필요하다. "지금 네 마음이 많이 복잡하고, 힘들다는 말이지."

 2회 멘토의 이야기

1. 내담자의 행동 변화

내담자는 이전 상담에서 자신이 가정폭력까지 솔직히 말했음에도 상담선생님이 자신을 믿지 않는 것 같았다고 이야기하고 있습니다. 또한 이전 상담에 대한 부정적인 감정과 자신이 자살 생각까지 했음을 이야기하고 있습니다.

2. 내담자의 행동 변화 계기 분석

상담자가 내담자의 이전 상담 경험이 부정적이었음에 대하여 충분히 공감해 주고, 다양한 방식의 질문(척도질문 등)으로 내담자가 자신을 표현할 수 있도록 도와주었기 때문으로 보입니다.

3. 추가 탐색이 되면 좋을 부분

상담신청서를 활용하여 내담자의 주 호소문제를 파악할 경우 구체적으로 내담자가 표시한 것에 대해 하나씩 질문해 나가며 내담자가 지금 현재 가장 힘들어하는 것이 무엇인지를 분명하게 확인하는 것이 필요할 것입니다. 특히 자살 생각에 대한 구체적인 탐색이 필요하며, 상담자의 공감적 반영이 필요합니다.

🎁 3회(축어록)

상₁: 아침밥은 먹었니?

내₁: 네.

상₂: 네가 차려서 먹었어?

내₂: 네. 단호박 삶은 거 먹었어요…….

상₃: 그래, 잘 먹었네. 언니와 함께 먹었니?

내₃: 아뇨, 언니는 여행 갔어요.

상₄: 언니가 일하고 있는데, 누구하고 여행을 가지?

내₄: 남자친구하고 휴가 내서…….

상₅: 넌 지금 언니가 되게 의지가 되잖아? 괜찮아? 언니가 집에 없어도? 언니는 여행을 언제 갔는데?

내₅: 어제 새벽 5시에요.

상₆: 그렇구나. 언니가 여행을 가서 혼자 있겠구나.

내₆: 네. 남자친구가 데리러 와서 기차 타고 갔어요.

상ᵢ: 상담자는 내담자를 따뜻하게 맞이하여 내담자가 긴장을 풀 수 있도록 해 준다.

상₂: 내담자가 밥은 어떻게 먹는지, 내담자의 일상적인 생활이 어떻게 결석과 관련되는지를 점검하고 있다.

상₃: 상담자가 스스로 아침을 챙겨 먹는 내담자의 행동을 지지하고 있다.

상₄: 내담자와 가장 친밀한 언니에 관해 탐색하는 질문을 하고 있다.

상₅: 내담자에 대한 상담자의 걱정과 염려로 내담자의 감정을 미루어 짐작하고 있다. 이런 경우 내담자가 스스로 언니에게 의지하고 있음에 대해 표현할 수 있도록 질문하는 것이 필요하다. "언니가 없이 지내는 게 어때?" "이전에도 언니 없이 지내 본 적이 있어?"

내₅: 상담자의 질문이 여러 개여서 내담자는 맨 마지막 질문에만 답을 하고 있다.

상7: 언제 돌아오는데?

내7: 오늘이요.

상8: 그래? 그럼 어젯밤에 언니가 없었겠네. 언니 없을 때 기분이 어때?

내8: 심심해요.

상9: 심심하다……. 그래, 아버지는 언제 들어오시지?

내9: 11시요.

상10: 그렇구나. 언니가 집에 없을 때 아버지하고 있을 때가 많니?

내10: 네.

상11: 아버지와 둘이 있을 땐 어떠니?

내11: 괜찮아요.

상12: 괜찮아, 아…… 괜찮다고. 선생님은 네가 예전에 아버지의 폭력이 있었다고 해서 걱정했거든. 그런 일이 없었다니 다행이네. 훨씬 안심이 되네.

내12: 근데 12시에 나갔어요.

상8: 언니가 없었을 때 내담자의 정서에 대한 변화를 질문하고 있다.

내8: 내담자가 자신의 감정을 표현하였다.

상9: 가족관계를 탐색하기 위해 아버지에 대해 질문하고 있으나 내담자의 심심함에 대해 더 탐색할 필요가 있다. "언니 없을 때 말고 심심하다고 느낄 때가 있니?" "혼자 있을 때는 어떻게 지내?"

상10: 내담자의 가정 상황 파악을 위한 질문이다.

상11: 아버지에 대한 내담자의 감정을 표현할 수 있도록 내담자의 감정을 탐색하는 질문이다.

상12: '괜찮다'는 것은 어떤 의미인지를 좀 더 질문할 필요가 있으며, 내담자의 감정을 표현할 수 있도록 하는 것이 필요하다. "괜찮다는 건 네가 어떻다는 말이지?"

상₁₃: 12시에 나가셨어? 아버지는 일을 가신 거니?

내₁₃: 〈고개를 끄덕임〉

······〈중략〉······

상₁₈: 아버지가 운전하신다고 했지? 그럼 아버지 생활이 불규칙하시겠구나. 이 일이 너희가 보기는 어떤지 모르겠지만 일반적으로 보면 아버지가 하시는 일이 굉장히 힘든 일이야. 너도 그거 아니?

내₁₈: 〈알고 있다는 표정과 끄덕임을 보임〉

상₁₉: 몸이 힘들고, 어려운 일이고, 또 위험한 일이고······, 그래서 아버지가 일하시면서 받는 스트레스가 없진 않으실 거야······. 그런데 옆에서 누가 챙겨 주고 만약에 아내가 있다면 건강도 챙겨 주고, 휴식 등 챙김을 받으면 아버지가 더 신나서 일하실 텐데 지금 그런 상황이 아니잖아. 그러니까 아버지한테도 뭐가 있을 거 같네.

"네 마음이 달라진 게 있어?"

상₁₃: 상담자의 탐색 질문을 통해 실제 내담자가 아빠와 함께 집 안에 있는 시간이 얼마 안 된다는 사실을 알게 되었다.

상₁₈: 아버지의 입장에서 내담자를 이해시키려고 하고, 상담자의 주관적인 판단으로 내담자를 보고 있다. 내담자 중심의 공감적인 반응이 우선되어야 한다. "아버지가 불규칙한 운전 일을 하는 것을 보면서 너의 마음은 어때?"

상₁₉: 상담자는 부모의 돌봄이 필요한 내담자에게 오히려 아내의 챙김을 못 받는 아버지의 힘듦을 이해하라고 강조하여 말하고 있다. 내담자에게 아버지의 심정을 헤아려 보는 질문으로 접촉해 보는 것이 필요하다. "아버지는 지금 어떠신지 한번 상상해 볼까?" "요즘 아버지의 심정은 어떠실지 한번 생각

내₁₉: 〈침묵〉

······〈중략〉······

상₂₃: 요즘 아버지 상태는 어떤 거 같아?

내₂₃: 괜찮아 보여요.

상₂₄: 아······ 뭘 보면 괜찮은 거 같아?

내₂₄: 그냥 그런 거 같아요.

상₂₅: 요즘은 아버지가 너희를 욕하고 때리는 그런 모습은 없
어?

내₂₅: 네······.

상₂₆: 그래? 어떻게 해서 아버지가 변했나?

내₂₆: 한 번씩은 그러다가 폭발해요.

상₂₇: 그래? 좀 불안하네. 그러다가 언제 터질지 모르는 이런 상
태가 얼마나 되었니?

내₂₇: 하루······.

상₂₈: 어제 하루 만이야······? 어휴 그럼 얼마 안 됐네? 그럼 최
근에 마지막으로 아버지가 폭발한 것은······.

내₂₈: 항상 하던 거예요.

상₂₉: 항상 그랬는데 어제만 잠시 좋았단 말이구나. 혼자 있는

해 볼까?"

내₁₉: 내담자의 침묵의 의
미를 생각해 보면 내
담자의 저항으로 볼
수 있는데, 이 경우
내담자가 공감받지
못하기 때문으로 생
각해 볼 수 있다.

상₂₃: 내담자가 보는 아버
지에 대해 탐색하기
위한 질문이다. 내담
자의 입장에서 아버
지에 대한 이해 정도
를 탐색할 수 있겠
다. "요즘, 아버지랑
은 어떻게 지내니?"

상₂₅: 현재 아버지의 폭력
적인 행동이 일어나
고 있는지 상황을 탐
색하고 있다.

내₂₆: 내담자는 상담자의 여
러 차례 구체적인 질
문을 통해 마침내 아
버지의 폭발하는 행
동을 말하게 되었다.

상₂₇: 아버지의 폭력이 다
시 일어날 가능성에
대해 점검하고 있다.

상₂₈: 상담자의 계속된 탐색
적 질문으로 아버지
의 폭력성이 일상적
이라는 사실을 알게
되었다.

건 지낼 만해?

내$_{29}$: 심심해요…….

상$_{30}$: 그럼 심심할 때 뭐해?

내$_{30}$: 강아지랑 놀아요.

……〈중략〉……

상$_{49}$: 아버지가 폭력적인 행동을 할 때, 너는 어떻게 하니?

내$_{49}$: 집 나가요…….

상$_{50}$: 그래, 가출하네. 그러면 아버지와 갈등이 더 심해지지 않니? 뭐 다른 방법은 없을까? 아버지를 교육시키는 건 가능할까?

내$_{50}$: 〈고개를 젓는다.〉

상$_{51}$: 아빠를 교육하는 게 불가능해?

상$_{30}$: 정서에 초점을 맞춰 질문했더라면 내담자가 아버지와의 관계에서 느끼는 정서가 구체적으로 드러나는 데 도움이 되었을 것이다. "그때 마음은 어땠는데?"
심심할 때 무엇을 하는지를 묻기보다 무엇을 하고 싶은지 질문한다면 내담자의 욕구 파악에 도움이 되었을 것이다. "심심할 때면 무얼 하고 싶니?"

상$_{49}$: 내담자가 아버지 폭력에 어떻게 대처하고 있는지 탐색하고 있다. 폭력적인 아버지에 대해 내담자의 대처를 질문함으로써 내담자가 당시에 느꼈던 감정을 떠올릴 수 있도록 돕는다.

상$_{50}$: 상담자는 내담자의 대처 행동이 아버지와의 갈등을 유발할 수 있음을 인식시키며, 아버지의 폭력 행동 변화를 위한 대안을 찾고자 하는 내51: 경찰에 신고해도 안 되었는데…….

상52: 신고했을 때 어땠는지 얘기해 줄 수 있어?

내52: 아빠가 너무 때려서…….

상53: 그랬는데……?

내53: 그때 경찰이 우리가 말을 안 들어서 그런다면서, 그래서 때리는 거라고 해서…… 공부 잘하면 되는데…… 공부도 못하면서…… 그냥 맞으라고…….

상54: 허…… 경찰이 그런 말을 했어, 정말 어이가 없었겠다.

내54: 말 안 들으면 맞아도 된다고…… 아빠는 때릴 자격 있다고…….

상55: 아아……〈한숨〉

내55: 그래 놓고 뭘 신고하라고 그러나…….

상56: 이런, 신고하라는 말을 믿고 했는데 실망이었겠구나.

내56: 네.

상57: 그땐 나라도 그런 마음이 들었을 거 같아. 그러니까, 경찰도 못 믿겠다는 말이지?

내57: 네.

상58: 너희들이 아버지한테 맞았는데 경찰은 아버지 입장에서만 말하니, 너무 충격이었겠구나. 그 뒤에 상담이 연계되었다고? 그때는 어땠어?

내58: 똑같아요…….

질문이다. 그렇지만 가출했을 때 어떤 심정이었는지 공감해 주는 것이 필요하다. "가출해 보니 어땠어? 어떤 마음이 들었니?"

내51: 내담자의 무력함의 원인을 엿볼 수 있다.

내53: 내담자는 아버지 폭력을 정당화하는 경찰로 인해 신고해도 소용없다는 불신이 생긴 것으로 보인다.

내54: 내담자는 상담자의 공감적 반응을 통해 자신의 속마음을 드러내 표현한다.

상57: 내담자의 입장이 되어서 내담자와 동감함을 표현하고 있다.

상58: 내담자가 경찰에게조차 도움 받지 못했음에 대해 공감하고 있으며, 이후 상담으로 연계되는 과정에 대해 탐색 질문을 하고 있다.

$상_{59}$: 똑같다는 말은 무슨 말이야?

$내_{59}$: 아빠한테 다 말하고…….

$상_{60}$: 너희가 맞는 게 당연하다고 그래?

$내_{60}$: 네…….

$상_{61}$: 맞는 게 당연하다니, 나도 할 말이 없네…….

$내_{61}$: …….

$상_{62}$: 그래, 그런 경험을 하게 되면 사람을 믿기가 참…… 어렵겠다. 그래도 네가 믿을 만한 사람이 있다면 누가 있을까?

$내_{62}$: 친구 ○○이, 언니…….

……〈중략〉……

$상_{59}$: 내담자의 심정을 파악하기 위해 내담자가 한 말을 구체화시키는 질문을 하고 있다.

$상_{60}$: 상담자의 질문은 내담자가 이전 상담 경험을 더 탐색할 수 없는 폐쇄적 질문이다. 또한 상담자는 $내_{58}$의 '똑같아요'라는 말을 통해 상담자가 짐작한 내용을 질문하고 있다. 좀 더 탐색 가능한 질문이 요구된다. "아버지한테 다 말한다는 말이 무슨 의미일까?"

$내_{60}$: 내담자는 폐쇄적 질문에 단답형으로 답을 하고 있다.

$내_{61}$: 상담자가 동감하는 말에 대한 내담자의 침묵은 자신을 들여다보고 생각하는 시간이므로 상담자가 기다려 줄 필요가 있다.

$상_{62}$: 상담자는 내담자의 어른에 대해 믿지 못하는 경험을 구체적으로 공감하고 있으며, 또한 내담자의 자원이 될 만한 사람을 탐색하고 있다.

상₆₉: 어머니는 어때?

내₆₉: 〈고개를 젓는다.〉

〈어머니 얘기를 꺼내면 표정이 없고 무기력한 모습이다.〉

상₇₁: 어머니한테 뭐가 제일 원망스러워?

내₇₁: 맨날 같이 산다고 그래 놓고 말만…… 엄마도 돈 때문에…… 저번에 아빠가 양육비 매달 백만 원씩 주고 같이 살라고 했는데…….

상₇₂: 어, 그렇게까지 얘기가 되었구나.

내₇₂: 엄마가 할머니 집에 우리를 살라고 보내 놓고, 양육비는 자기가 받아 가고…….

상₇₃: 응, 그랬구나. 어머니가 너희를 할머니 집에서 살라고 보내 놓고, 양육비를 어머니가 받아가고…….

내₇₃: 엄마가…… 돈 받을 때도 안 되었는데 아빠한테 돈 안 준다고…… 그러고…….

상₇₄: 양육비 백만 원은 어머니가 받아 가고, 너희는 할머니 집에 살았단 말이지? 그때가 몇 학년이니?

내₇₄: 네. 초 3학년…….

……〈중략〉……

상₈₁: 돈만 어머니가 챙기고, 아주 나간 건 아니고 왔다 갔다 하셨네? 어머니는 어디 사는 데가 따로 있었나?

내₈₁: 네.

상₈₂: 어머니가 너희를 돌보지 않고 양육비는 따로 쓰고, 아버지한테 더 요구하고 그랬단 말이지? 어머니는 왜 그러셨을까?

내₈₂: 엄마가 바람나 가지고…….

상₈₃: 그런 상황을 그 당시에 너는 어떻게 알았니?

내₈₃: 전화하는 거 들었어요.

상₈₄: 그때 심정은 어땠니?

상₆₉: 내담자의 자원을 찾기 위해 가족 중에 믿을 만한 지지의 대상을 탐색하고 있다.

내₇₁: 내담자는 경찰이나 아버지와 같은 어른들과 마찬가지로 어머니도 말과 행동이 일치하지 않아 믿기 어려움을 표현하고 있다.

상₇₃: 내담자가 어머니에 대해 원망하는 마음을 그대로 반영해 주고 있다.

상₇₄: 어머니에 대한 감정들이 드러날 수 있도록 그 상황에 대해 구체적으로 질문하고 있다.

상₈₁: 내담자가 어머니의 행동에 대해 직접 생각하고 느낀 바를 말할 수 있도록 질문하는 것이 필요하다. "어머니가 양육비만 받고 너희를 돌보지 않은 게 어떻게 느껴져?"

상₈₄: 상담자가 감정을 물어본다. 짜증나는 것

내₈₄: 짜증났어요.

………〈중략〉………

상₉₂: 할머니 집에는 언제까지 있었니?

내₉₂: 한 달 정도…….

상₉₃: 딱 한 달 있다가 아버지가 도로 데려온 거구나?

내₉₃: 네.

………〈중략〉………

상₁₀₃: 어머니는 아버지한테 받은 양육비를 어디다 쓰신 거지?

내₁₀₃: 엄마는 바람난 그 남자한테 돈 쓰고, 대출비 내주고…….

에 대해 좀 더 구체적으로 질문한다면 어머니에 대한 내담자의 부정적 감정이 더 잘 드러날 수 있었을 것이다.

내₈₄: 마침내 내담자가 부정적 감정을 드러낸다.

상₉₂: 상담자는 부모님 이혼 후 내담자의 심리상태의 근원이 될 수 있는 생활환경 상황을 탐색하고 있다.

상₉₃: 내담자가 아버지를 이해하는 데 도움을 주기 위해 아버지가 할머니 집에서 한 달 만에 아이들을 데려온 이유에 대해 질문하는 것이 필요하다. **"아버지가 무엇 때문에 한 달 만에 너희를 도로 데려온 것일까?"**

상₁₀₃: 내담자의 경제적 상황을 탐색하기 위한 질문으로 좀 더 내담자의 입장에서 질문할 필요가 있다. **"어머니가 돈을 어디에 쓰는지 아니?"**

내₁₀₃: 내담자는 양육비를 다른 곳에 사용한 어머니의 행동에 대상$_{104}$: 그것 때문에 아버지가 폭력을 쓴 거니?

내$_{104}$: 아빠는 엄마가 바람 안 났을 때부터 때리고 해서······.

상$_{105}$: 그랬구나. 언니하고 이런 얘기는 해 봤니?

내$_{105}$: 아뇨······.

상$_{106}$: 안 해 봤어? 언니는 어떤 마음이야······.

내$_{106}$: 엄마를 더 미워해요.

상$_{107}$: 그렇구나. 언니도 어머니한테 실망을 했나 보다. 언니는 지금 무슨 생각을 할까?

내$_{107}$: ······.

상$_{108}$: 언니도 어머니 못 믿는다······ 뭐 이런 마음일까?

내$_{108}$: 〈침묵〉

해 불만스럽게 말하고 있다.

상$_{104}$: 아버지의 폭력의 원인을 확인하고 있다.

상$_{105}$: 부모의 문제에 대해 언니와 의사소통하는지 질문하여 내담자가 감정을 해소하는 과정을 탐색하고 있다.

내$_{105}$: 내담자는 의지하고 믿는 언니와도 부모 문제를 얘기해 보지 못한 이유를 탐색할 필요가 있다. "언니한테 부모 문제를 꺼내지 못하는 이유가 있니?"

내$_{106}$: 내담자와 언니가 둘 다 어머니에 대해 부정적인 감정을 갖고 있음을 알 수 있다.

내$_{108}$: 내담자의 연이은 침묵은 어떤 의미가 있는지 질문하여 탐색하는 것이 필요하다. "지금 계속 말이 없네. 무슨 생각하고 있어?" "지금 말하지 않는 건 뭐 다른 어떤 의미가 있는 걸까?"

상109: 이런 힘든 상황에서 네가 큰 사고 안 치고, 가출 안 한 것만 해도 대단하다고 생각해.

상109: 상담자는 힘든 상황에서도 잘 견디고 있는 내담자를 알아주고 지지해 주고 있다.

내109: 〈눈물을 계속 흘린다.〉

내109: 상담자가 내담자를 그대로 알아줌으로써 내담자의 감정이 움직이고 내담자가 눈물을 흘리고 있다.

상110: 이렇게 힘든 상황을 네가 버텼잖아! 그래 잘 버텨왔구나. 지금 약속을 잘 지키고 있고, 이렇게 학교 나와서 상담하고 있는 것도 잘 버티는 일 중의 하나라고 보고, 우리가 차근차근 어떻게 나가야 할지 생각해 보자. 오늘 아픈 얘기를 해서 힘들었지? 좀 걱정이 되는데…… 지금 마음은 어때?

상110: 내담자가 힘든 상황 속에서도 상담을 지속하고 있음을 지지하면서 현재 학교에 잘 나올 수 있도록 독려하고 있다.

내110: 〈감정을 추스르며〉 괜찮아요.

내110: 내담자는 상담자의 공감과 격려에 마음이 안정되고 있다.

 4회

(오늘은 어때?) 안 좋아요. 오늘은 생리통이 심해서 불편해요. (그래, 안색을 보니 생리통으로 힘든가 보구나. 그동안 어떻게 지내고 있니?) 요즘 새벽 2시까지 잠을 못 자고, 자도 새벽 5시에 일어나요. (잠 못 잘 때는 어떻게 해?) 폰을 만지고, 컴퓨터에서 페북(페이스북) 해요. (피곤할 텐데 학교에서는 어때, 괜찮니?) 학교에 와서도 잠은 안 자고, 애들하고 놀아요.

1. 상담자는 타로카드를 상담 도구로 활용하여 내담자에게 좀 더 가까이 접근하고 있다. 자기 얘기하는 걸 꺼리거나

(^{1}타로카드로 오늘의 운세를 한번 알아볼까?) 〈두 장을 뽑았다.〉 (카드를 본 느낌은 어때?) 친구끼리 뭔가 이야기하는 거 같고, 또 다른 하나는 좋은 일이 있는 것 같아 보여요. 〈뽑은 카드를 가리키며〉 (카드 하나는 가족 화합 카드라고 하는데 어떤 생각이 드니?) 그러고 보니까, 요즘 아빠가 잘해 주는 거 같아요. (어떻게 잘해 주니?) 옛날에는 내가 돈을 좀 쓰니까 집에 있으라고 막 하면서 돈도 잘 안 주고 놀러도 못 가게 했는데, 엊그제는 아빠가 만 원을 주며 놀러 가라고 했어요. (^{2}만약에 너에게 갑자기 기적이 일어났다면 어떤 일이 일어났을 거 같니?) ^{3}……엄마와 함께 집에 살고 있을 거예요. 그런데 언니는 올해 결혼할 거 같아요. (언니가 결혼하면 네 마음은?) 언니가 가니까 반갑기보다 그저 그래요. 언니가 결혼하면 그러면…… 그때, 엄마가 나를 데리고 갈 거 같아요. 언니하고 그렇게 의논한 거 같아요.

단답형의 대답을 주로 하는 청소년의 상담에서 관심을 갖고 반응하게 할 수 있는 접근 방식이다.

2. 상담자는 해결중심치료적 상담 접근 방법으로 기적질문을 활용하고 있다.

3. 내담자는 자신의 희망 사항을 직접적으로 표현하지 않고 있었는데, 기적질문을 통해 자신이 어머니와 함께 사는 것을 바라고 있다는 사실을 짐작할 수 있다.

 4회 멘토의 이야기

1. 내담자의 행동 변화

내담자는 자신의 심리적인 이야기를 하기 전에 신체적 불편함으로 이야기를 시작하고 있네요. 내담자는 엄마에 대한 원망보다는 함께 살고 싶은 바람을 표현하고 있습니다.

2. 내담자의 행동 변화 계기 분석

내담자의 말이 단답형이고 자기표현이 미숙한 것에 대한 대처 방안으로 상담자는 타로카드 도구를 활용하고 있고, 기적질문을 활용하여 내담자가 자기 이야기를 자연스럽게 말할 수 있도록 돕고 있습니다. 이것이 내담자의 심리적 변화에 영향을 주는 것으로 여겨집니다. 청소년들이 말문을 열지 않아 대화로만 상담이 원활하게 진행되지 않을 경우, 감정카드, 보드게임, 동영상 시청 등 다양한 도구나 매체를 활용하는 것이 바람직합니다. 아울러 내담자를 존중하고 인정하는 상담자의 비언어적 태도와 분위기가 내담자로 하여금 안정감을 갖고 표현하게 하는 요인이 될 수 있었으리라 여겨집니다.

3. 추가 탐색이 되면 좋을 부분

불면 증세를 보이고 있는 내담자의 수면 패턴을 좀 더 탐색해 볼 필요가 있습니다. 내담자의 불면 증세를 좀 더 구체적으로 탐색해 본다면 어떤 불안이 내담자에게 영향을 주고 있는지 알게 될 것입니다. 또한 언니가 결혼하게 되면 그 이후 내담자가 엄마와 함께 살게 될지, 아니면 누구와 살게 될지 그 상황에 대해 내담자의 감정을 살펴보는 개입이 필요합니다.

5회

〈일주일 결석 후 상담하게 되었다.〉

(점심 먹었니?) 배가 안 고파서 안 먹었어요.

〈섭식과 관련하여 몸의 반응, 생리 작용 등의 정보를 주며 교육하였다. [1]자기 자신을 표현하는 상징적인 동그라미를 하나 그리기를 제시하였으나 거부하였다.〉

([2]현재 상태를 점수로 매긴다면 10점 만점으로 할 때 몇 점이나 될까?) 10점 만점에 5점 정도. (그럼 5점 정도는 만족하

1. 상담자가 내담자에게 상담장면으로 초점을 모으기 위한 활동을 제시하였으나 활동 거부로 중단되었다. 이때 상담

나?) 아니요, 한 8점은 되어야 잘 살 거 같아요. (○○이가 채워야 할 것은?) 뭐 없어요. (그럼 부족한 점수는 어떻게 하면 채워질까?) 가정환경, 우리 집이 잘 살면 될 거 같아요. (잘 사는 것은?) 좀 안 싸우고 (누구랑 안 싸우는 거지?) 엄마 아빠가 안 싸우는 거. (그렇게 되면 8점이 채워질 수 있을까?) 모르겠어요. (학교 오기 싫을 때는?) [3]아빠가 잔소리하면 만사가 귀찮아지고 마음이 우울한 거 같기도 하고. (그렇구나, 아버지 잔소리가 힘들구나. 그 힘들다는 건 어느 정도이지? 최고로 힘든 게 10점이면?) 7점 정도요. (그렇게 힘들 땐 어떻게 해?) 그때 컴퓨터 해요. 그런 일이 있을 때면 학교에 안 가고 언니와 함께 집에 있어요. 보통 아침 먹고 4시쯤에 점심 먹고 그렇게 보내요. (그럴 때 언니는 뭐라고 해?) 언니는 학교에 가라고 해요. (가장 하기 싫은 거는?) 학교 오는 거…….

〈내담자는 검정고시를 보고 싶어서 언니하고 의논한 바 있으나, 언니는 반대하였다. 내담자에게 학교를 다니지 않게 되는 경우를 고려하여 유예, 시민학교, 대안학교, 검정고시 등에 관한 정보를 제공하였다.〉

자는 내담자의 심리적 상태를 점검할 필요가 있다.

2. 상담자는 해결중심치료 상담 접근 방법으로 척도질문을 하고 있다. 이 질문은 청소년상담에서 구체적인 상태를 점검하는 데 도움이 될 수 있다.

3. 아버지의 잔소리가 내담자가 학교에 가기 싫은 마음이 들게 하는 원인이 되고 있음을 알 수 있다.

 5회 멘토의 이야기

1. 내담자의 행동 변화

내담자는 아버지에 대해 계속해서 부정적으로 표현하고 있으며, 등교 거부와 검정고시를 고집하는 등 자신의 의사를 확고하게 표현하고 있는 것으로 보입니다. 내담자가 학교에 오기 싫은 것이 가정 상황과 가족관계와 연관되어 있으리라 짐작되는 표현들이 드러나고 있습니다.

2. 내담자의 행동 변화 계기 분석

이전 상담내용에서 내담자는 자신이 진정으로 원하는 것은 아버지로부터 벗어나는 것이며, 자신에게 언니의 결혼으로 헤어져야 하는 섭섭한 마음이 있으며, 엄마와 함께 살고 싶다는 것을 표현하였습니다. 내담자가 자신이 원하는 마음을 명료하게 인지하게 된 것이 자신의 생각을 더욱 확고하게 표현하는 데 영향을 미치는 것으로 여겨집니다.

3. 추가 탐색이 되면 좋을 부분

내담자가 무단결석을 하게 되는 이유 중 하나로 아버지가 잔소리하는 상황과 연관 지어서 좀 더 구체적으로 깊이 있게 탐색할 필요가 있습니다. 또한 언니는 내담자가 검정고시를 고집하는 것에 반대하고 있는데, 그 이유와 배경에 대해서 내담자와 함께 탐색해 나가는 시도를 한다면 동생에 대한 언니의 심리적 욕구를 파악할 수 있을 것이며, 나아가 내담자가 좀 더 현실적인 시각을 갖는 데 도움이 될 것입니다.

6회

(며칠 동안 있었던 일은?) 아빠가 어제 일 나가셨는데요, 아침 등교 시간에 맞춰서 아빠가 전화를 했어요. 언니가 자고 있어서 내가 아빠 전화를 직접 받았어요. "배고프면 사먹고, 학교 잘 갔다와라." 아빠가 예전에 나한테 이렇게 전화로 잘해 준 적이 없었어요. (아버지의 이런 말이 너한테 어떻게 들

1. 내담자가 처음으로 아버지의 챙기는 마음을 알아차리게 되는 중요한 경험이다. 이때 상담자는 내담자의 심정을 심층적으로 접근하기

리나?) 으음…… 좀 얼떨떨했어요. 이러다가 아빠가 나중에 또 뭐라 할까 봐 의심이 들었고요. (아버지가 전화를 하신 것은?) 원래 아빠는 일하는 동안은 바빠서 밥도 못 먹는데, 그런데 내 건강을 챙기고…… 원래는 돈돈 하는 아빠가 돈보다 나를 중요하게 생각하는 거 같아 고마움이 느껴졌어요. 가끔은 언니한테 아침 시간에 전화해서 '밥 먹어라.' 하긴 했지만요. (그럼 예전에도 좀 챙기는 아버지네?) [1]음…… 그런데 나한테는 처음이에요. (아버지로서 역할을 하고 싶고, 아들 딸들을 위하는 마음이 있는 걸로 보이는데 어떠니?) 요즘 아빠가 술을 잘 안 드시는 거 같아요. (아버지가 좀 달라진 건가?) 그런데 사실은 요즘 엄마가 이 근처로 방을 얻어 와서 우리랑 같이 살자고 하는데 아빠는 아직 이런 사실을 잘 몰라요. 엄마 말은 아빠가 양육비는 절대 안 준다고 했으니, 그냥 우리들 휴대폰 비용하고 학교 다니는 비용만이라도 대달라고 했대요. 그래도 아빠는 안 된다고 했대요. [2]아빠는 엄마가 자꾸 연락하니까 우리가 못 잊는 거라며 우리한테 오는 걸 반대해요. 지난주에 엄마를 만났는데 아프신 거 같아요. 〈울먹임〉 ([3]어떻게 하길 원하나?) [4]…… 몰라요……. 그냥 언니랑 따로 살고 싶어요. 학교 다니기 싫고……. 검정고시 치면 돼요. (네 마음이 그렇다니 다른 방법이 있는지 좀 더 생각해 보자.) (월요일은 학교 오기 더 싫을까 봐 좀 걱정되는데. 네가 학교를 연속으로 3일 등교하게 되면 선물을 주고 싶은데, 뭐 받고 싶은 거 있어?) 화장품이요. 쌍꺼풀 액과 커다란 손거울 받고 싶어요.

위해 질문하는 것이 요구된다. "아버지가 전화로 아침밥 챙기는 말을 했을 때 듣고 어떤 마음이었어?" "아버지의 말을 듣고 그때 기분이 어땠어?"

2. 어머니가 아프시다는 사실을 알고 울먹이는 행동에 대해 좀 더 탐색이 필요하다. "어머니가 아프신 거 같아 보여서 네 마음은 어때?"

3. 내담자의 심정을 탐색할 수 있는 적절한 질문이다.

4. 어머니에 대한 내담자의 양가감정이 드러나는 표현이다. 내담자는 아버지 어머니도 아닌 언니와 따로 살고 싶은 심정을 밝히고 있다. 그 이유를 탐색하는 질문이 필요하다. "언니랑만 따로 살고 싶네. 그런 생각을 하는 이유는 뭐지?"

6회 멘토의 이야기

1. 내담자의 행동 변화

내담자는 아버지가 일 나가서서 내담자가 아침밥을 먹는지를 물어보기 위해 직접 통화한 일로 인하여 아버지가 자신을 챙기고 있음을 알게 되었고, 아버지를 향한 고마움을 표현하였습니다.

2. 내담자의 행동 변화 계기 분석

이전 상담에서 학교를 그만두고 싶어 하는 내담자에게 상담자가 여러 가지 정보를 제공하였습니다. 그렇게 함으로써 내담자는 상담자에게 표현하고 있는 자신이 원하는 바를 상담자와 공유하고 있으며 자신의 뜻이 관철된다고 생각하고 있을 것입니다. 이는 내담자가 수용받고 있다는 정서적 체험인 것입니다. 또한 내담자가 아버지의 심정을 헤아릴 수 있었던 것은 상담자의 구체적인 질문을 통해 아버지에 대한 긍정적인 감정이 드러나서였다고 여겨집니다. 그리고 상담자가 강화물을 활용하는 것 등으로 내담자의 지속적인 등교를 위하여 노력하는 과정이 내담자에게 영향을 미치고 있는 것으로 짐작됩니다.

3. 추가 탐색이 되면 좋을 부분

내담자가 자신의 감정과 행동 패턴에 대해 스스로 알아차릴 수 있도록, 또한 아버지에 대해 새로운 관점에서 생각할 수 있도록 지속적으로 그리고 공감적으로 반영해 주는 것이 필요합니다.

7회

(지난 일주일 학교를 안 왔는데, 무슨 일 있었니?) [1]그냥요. (오늘이 일곱 번째 만나는 날이네. 네가 학교 오고 싶지 않은데도 학교에 나와 줘서 고마워. 네가 상담을 통해 무엇을 기대하는지, 상담을 통해 무엇을 이루고 싶은지 얘기해 볼까?) 그냥 학교 그만두고 싶어요. 검정고시 보면 돼요. [2]학교 담임도 그렇고, 나한테 학교 가라고 강요하는 게 싫어요. 아빠가 학교 가라고 하면 더 학교에 오기가 싫어요. [3]아빠한테 벗어나고 싶어요. 좀 편해지고 싶어요.

〈상담에 잘 참여한 내담자에게 강화물을 제시하였고, 다음 상담에 참여할 것을 당부하였다.〉

1. 청소년들은 대체로 단답형으로 대답을 많이 한다. 표현을 잘 안 하는 청소년의 상담에서의 한계가 드러나는 실제적인 현장의 모습이다.

2. 상담자 또한 내담자에게 강요하는 대상 중의 한 사람이었는지 점검해 볼 필요가 있다. 내담자에게 무엇을 강요받는 것이 힘든지 탐색하는 것이 필요하다.

3. 아버지로부터 벗어나서 편해지고 싶은 내담자의 심정에 대한 공감적 반응이 우선되어야 한다.

 7회 멘토의 이야기

1. 내담자의 행동 변화

내담자의 결석이 다시 잦아지고, 내담자가 학교를 그만두고 싶다는 말을 반복하고 있습니다. 그리고 검정고시를 치면 된다는 거, 그것이 자신이 원하는 바임을 강하게 주장하고 있습니다.

2. 내담자의 행동 변화 계기 분석

내담자의 가족이 내담자 등교 관리를 소홀히 하고 있으며 어찌할 바를 몰라 속수무책으로 대처하고 있는 상황이 내담자로 하여금 다시 결석이 장기화되도록 만드는 것으로 판단됩니다. 또한 내담자의 습관화된 무기력이 장기 결석으로 이어지는 또 하나의 원인으로 작용하는 것으로 보입니다.

3. 추가 탐색이 되면 좋을 부분

내담자의 결석이 일주일 이상 길어지는 것에 대하여 점검하고, 그 원인과 함께 내담자가 가정에서 어떻게 지내고 있는지 탐색해 볼 필요가 있습니다. 그리고 내담자가 학교에 오고 싶지 않은 마음과 행동이 변함없이 확고한 것과 관련하여 상담자는 그 뚜렷한 원인 탐색이 이루어지지 못한 점을 점검해 볼 필요가 있습니다. 아울러 상담자는 상담과정에서 내담자와 얼마나 공감적 반응이 이루어졌는지 그리고 내담자와의 공감적 관계 형성이 어떻게 이루어지는지 점검할 것이 요구됩니다.

〈추후 동향〉

7회 이후 내담자가 계속 학교에 등교하지 않았다. 더 이상 상담이 지속되지 못하고 중단되었다.

상담전문가의 사례 되짚어 보기

1. 내담자의 문제 발생

청소년 상담사례에서 학교에 다니고 싶지 않다는 호소문제는 종종 만나게 된다. 그러나 등교 거부라는 내담자의 표출된 행동을 해결하기 위한 방안으로 그에 걸맞는 상담개입 방안이 매뉴얼처럼 존재하는 것은 아니다. 그것은 내담자의 문제 행동 결과가 유사하다 하더라도 그 원인은 제각기 다른 모양과 무게로 시작된 것이기 때문이다. 특히 청소년의 경우는 그 발생 원인이 어디에서부터 비롯되었는지 제대로 탐색되어야 한다. 결석을 하는 이유로 또래관계 문제, 학습부진과 같은 학교 부적응이 원인일 수도 있고, 가정에서 비롯된 문제가 결석이라는 행동 표출로 나타날 수도 있는 것이다.

이 사례의 경우 그 원인이 복합적이라고 할 수 있다. 불안정한 가정 내 가족의 상황이 내담자의 정서를 더욱 불안정하게 하여 우울한 상태까지 와 있으며, 부모에 대한 불신과 교사, 경찰 등 이 사회의 어른들에 대한 불신이 커서 현재 학생 신분으로 학교에 다니는 일반적인 생활마저 포기하고자 하는 행동으로 이어지고 있다. 물론 내담자의 문제 행동의 근원은 어린 시절 부모의 다툼과 이혼 과정, 불안정한 양육 경험에서 비롯되었으며 특히 아버지로부터 받은 폭력 피해 경험이 내담자에게 깊은 상처가 되어 문제 행동 표출의 주된 원인이 되었으리라 짐작된다.

2. 치료적 개입

청소년 사례에서는 무엇보다도 청소년 내담자와 친밀한 관계를 형성하는 것이 가장 중요한 일이다. 이 사례의 경우도 내담자는 부모에 대한 불신은 물론 우리 사회의 어른들에 대한 불신이 깊게 자리 잡고 있어서 상담자에게도 마음을 내어 다가오려 하지 않고 저항하는 태도를 취하고 있다. 이 경우 상담자는 내담자와 마음으로 만날 수 있는 여러 방안을 찾아 최선을 다해야 한다. 그러기 위해서는 내담자를 깊이 이해하려는 진정성을 가지고 내담자를 존중하며, 일관된 모습으로 끊임없이 다가가는 노력을 해야 한다. 청소년 내담자가 조심스럽게 마음을 열 때, 그리고 상담자와 진솔한 관계가 시작될 때, 바로 상담의 치료적 개입은 시작된다고 볼 수 있다.

내담자의 변화에 따라 상담자가 개입한 과정을 살펴보면, 상담 초기에 내담자는 잦은 결석으로 등교하지 않았으나, 상담을 시작하면서 불규칙적으로나마 등교하게 되었다. 상담과정에서 현재 문제 상황의 원인과 가정환경 상황 그리고 이전 상담 경험 등 내담자의 주변 환경에 대한 탐색이 주로 이루어졌다. 상담 중기에 내담자는 아버지 폭력에 대한 원망과 엄마에 대한 양가감정을 드러내었으나, 그럼에도 현실에 처해 있는 환경으로 안정적인 생활을 할 수 없었던 내담자는 결석이 반복되었다. 상담과정에서 내담자로 하여금 아버지를 향한 속 깊은 감정을 찾아가고, 내담자 자신이 갖고 있는 불만과 모호한 감정을 스스로 발견할 수 있도록 다각적인 접근을 시도하였다. 상담 후기에 내담자는 긴 결석 후에 지속적으로 학업 중단을 강하게 주장하였고, 그 후 등교하지 않았다. 상담과정에서 상담자는 강요하는 내담자 가족의 반응과 다르게 접근하려 노력하였으며, 현실적으로 가능한 대안을 찾아보는 시도를 하였다.

3. 상담의 적절성

상담의 성과로는 내담자가 상담 시작을 계기로 학교에 일시적으로나마 등교하게 된 것, 자기의 의견을 분명하게 표현하게 된 것, 아버지가 자신을 챙기는 것을 알아차리고 고마움을 표현하게 된 것 등을 들 수 있다. 일련의 과정에서 상담의 목표였던 학교에 등교하여 상담하기는 어느 정도 진전을 보이며 상담이 진행되기도 하였으나, 결국 내담자는 학교에 더 이상 나오지 않게 되어 종결로 이어지는 아쉬움을 남겼다. 상담자는 내담자의 행동 수정을 위하여 강화물을 활용한 것이 내담자에게 일시적으로나마 긍정적으로 작용하였으며, 척도질문과 기적질문 등 해결중심상담의 질문 기법으로 접근하는 노력이 있었다. 이는 청소년 내담자에게 적절한 개입이었다고 보인다. 이 사례에서처럼 어른에 대한 불신이 많고 저항이 강한 청소년 내담자의 경우 치료적 동맹이 이루어지기까지 무수한 시간과 노력이 요구된다. 무엇보다도 청소년 내담자에게 진정성을 지속적으로 유지하며 사랑으로 다가갈 때 내담자에게 치유의 변화가 일어날 것이다.

4. 대안

내담자의 행동 특성을 살펴보면, 불규칙한 생활 습관으로 잦은 결석을 하게 되고, 이는 무기력한 패턴으로 이어지고 있다. 이 사례에서 내담자의 행동 특성에 맞는 대안을 제시하면 다음과 같다.

- 아버지 및 언니와의 면담을 통해 내담자의 생활 습관을 바꾸어 줄 수 있는 환경을 조성한다. 가족 면담 시 내담자의 문제를 현실적으로 안내하고 내담자의 문제를 해결하기 위해 협조를 구할 수 있도록 하며, 내담자와 가족이 함께 연결되어 상담이 이루어지도록 한다.
- 담임교사의 협조를 구해 함께 등교할 수 있는 멘토를 만들어 준다.
- 내담자가 좋아하는 활동을 할 수 있도록 지역사회 자원을 연계한다.
- 일반적인 경우 학교에 오지 않거나 등교 거부를 하는 내담자는 그 원인이 무엇인지 파악하여 원인에 따른 상담개입을 할 필요가 있다. 구체적으로 예를 들자면, 게임 과몰입이나 불규칙한 생활 습관, 친구 부재 등과 같은 원인을 찾아내어 그 원인들을 해결하는 것이 중요하다. 더불어 지역사회 자원을 활용하는 방안으로 학업중단 예방 프로그램에 연계하여 다양한 활동 경험을 할 수 있는 기회를 제공한다.

이 사례가 중간에 종결된 점에서 학업 중단으로 조기 종결된 청소년 사례에서 다루어져야 할 것들을 모색하는 노력이 요구된다. 청소년 상담에서 내담자의 조기 종결에 영향을 미치는 원인으로 청소년 내담자가 가진 상담에 대한 동기와 기대는 상담의 조기 종결 및 지속적인 상담 진행에 영향을 미치는 중요한 요인이 될 수 있다.

청소년 상담에서 상담자는 전문적인 상담 능력을 배양하기 위한 지속적인 노력을 해 나감과 동시에 상담 초기에 청소년 내담자의 상담 동기를 높이기 위한 다양한 전략을 개발하고, 상담과 상담자에 대한 긍정적인 기대를 가질 수 있도록 개입을 함으로써 조기 종결을 예방할 수 있을 것이다. 또한 청소년 상담에서 비자발적인 내담자인 경우 상담자는 내담자가 상담에 대한 부정적인 인식을 갖지 않고 상담에 참여할 수 있도록 부모와 교사 등을 대상으로 상담에 대한 이해를 돕고 지지체계를 형성하는 것이 필요하다.

후배 청소년 상담자에게 보내는 선배의 따뜻한 한마디

허미경 센터장(울산광역시 청소년상담복지센터)

청소년 사례를 접하면서 가장 난감한 것은 말을 하지 않거나 학교에 등교하지 않아서 상담할 수 있는 기회조차 제한되는 경우일 것입니다. 이 사례의 경우에도 학교 전문상담사로서 제한된 상황 속에서 상담을 진행하는 데 어려움이 많으셨으리라 짐작됩니다. 아무런 이유 없이 '그냥 학교에 나가기 싫다'고 호소하는 아이를 상담해야 한다는 건 쉽지 않은 일입니다. 특히나 학교 상담자라면 더더욱 부담스러웠을 것 같습니다. 학교 관계자들은 학교에 남아 있길 원하는데, 아이는 자기 속마음을 이야기하지 않고 피하니까 상담자 입장에서는 마음이 조급해질 수 있는 사례입니다.

이 사례의 내담자의 경우, 가정 불화로 잦은 부모님의 싸움과 아버지의 가정폭력에 노출되는 경험과 부모님의 이혼으로 외가에서 살다가 다시 아버지와 살게 되는 상황이라 아이 입장에서는 참 불안했으리라 봅니다. 또한 양육비 유용과 외도 문제로 아버지가 어머니에게 자주 비난하는 것을 들으면서 내담자는 아버지와 어머니 그 누구도 신뢰하기 어려웠으리라 봅니다. 아버지의 경우 물리적인 폭력은 사라졌다고는 하지만 분노, 적개심을 자녀들에게 언어폭력이나 비난으로 풀었으리라 봅니다. 내담자는 사람들과의 관계에서 신뢰감이 형성되지 않았으니 주로 에너지를 자기를 방어하는 데 사용하고, 부모나 대인관계에서 느꼈을 원망, 적대감, 좌절감을 공격의 수동적 표현으로 결석하고 피해 버리는 패턴으로 행동했으리라 봅니다.

이런 아이들의 경우 지금까지 살아오면서 믿을 수 있는 어른, 의지할 수 있는 어른과의 관계 경험이 없었기에 건강한 어른과 관계 맺는 새로운 경험이 필요합니다. 그래서 당장의 문제 해결보다는 내담자와 관계 형성에 좀 더 많은 시간과 에너지가 필요하다고 봅니다. 준비가 되어 있지 않은 내담자에게 무조건 표현시키고, 변화시키려고 하기보다는 기다리면서 내담자에게 변화를 준비시키는 게 필요합니다.

상담목표에 있어서는 상담 목표와 전략을 구분하되, 상담전략은 목표를 달성하기 위해 사용하는 구체적인 방안들이 필요합니다. 이 상담의 목표에서는 내담자보다는 상담자나 상담 의뢰자가 상담을 통해 바라는 부분이 더 많이 드러나는 것 같습니다. 특히 상담을 받은 경험은 있었지만 상담에 대한 경험이 좋지 않았기에 상담목표에서 상담을 통해 커다란 효과를 보기보다는 상담에 대하여 긍정적인 경험을 하는 게 좋을 것 같습니다. 그래서 '상담을 통해 신뢰할 만한 어른과 관계 맺는 경험을 한다.' '학교를 그만두려고 하는 자신의 마음을 알아차린다.' 등의 작은 목표를 가지고 상담자의 적극적 경청과 공감, 수용 경험을 하고 학교에 있는 시간에 흥밋거리를 찾을 수 있도록 하는 건 어떨까요? 상담의 경우 전통적인 면담 상담보다는 아이가 좋아하는 매체를 활용하는 상담과 다양한 체험 활동을 통해 심리적 압박감을 낮추고, '학업중단 숙려제도'를 활용하거나 타 기관과 연계하고 병행하여 도움을 줄 수도 있을 것 같습니다.

참고로 '학업중단 숙려제도'는 학업 중단 징후 또는 자퇴 의사를 밝힌 학생 및 학부모에게 일정 기간 숙려 기회를 부여하고 상담, 진로 체험, 예체능 등 프로그램을 지원하여 신중한 고민 없이 이루어지는 학업 중단을 예방하고자 하는 제도입니다.

가족관계

사례 5

아버지 얼굴이 떠올라 무서워요

내담자의 말

나는 고등학교 2학년 남학생이에요. 4개월 전에 아버지가 돌아가셨는데 눈감고 있던 아버지의 얼굴이 생각나 무서워요. 요즘은 옆집에서 다투는 소리에도 경찰을 불러야 하나 걱정되고, 방 안에서 들리는 앰뷸런스 소리에도 놀라요. 그래서인지 밤에도 숙면을 하기가 힘들어졌어요. 공부할 때도 집중이 되지 않고요. 이제는 나를 힘들게 하는 아버지도 계시지 않아서 나만 잘하면 되는데 어떻게 하면 마음이 편안해질 수 있을까요.

🖋 내담자 기본 정보

1. 내담자 인적 사항

남, 18세, 고등학교 2학년, 1녀 1남 중 둘째

2. 내담자 상담 경위

내담자는 4개월 전에 아버지가 사망하였는데, 그때 눈감은 아버지 얼굴이 자꾸 떠올라 누나에게 무서움을 호소하였고, 누나의 권유로 상담을 신청하게 되었다.

3. 주 호소문제

죽은 아버지의 얼굴이 자꾸 떠올라 무섭다. 옆집의 다툼 소리에도 걱정이 되고 사소한 일에도 잘 놀랄 만큼 불안감이 심해져 이제 지친다.

4. 가족관계

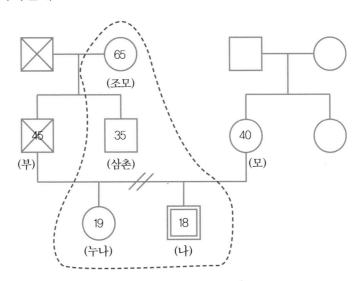

아버지(45세 때 사망) 내담자가 6세 때 이혼하고 할머니댁에 들어가서 살게 되었다. 작년에 간경화 진단을 받고, 4개월 전에 사망하였다. 친구에게 사기를 당한 후 술을 마시고 난폭해졌다. 술만 마시면 내담자에게 욕을 하고 때렸으며, 다른 가족들도 무서워서 집 밖으로 숨어야만 했다. 내담자는 그런 아버지가 빨리 죽었으면 하고 바라는 마음이 있었다.

어머니(40세) 남편과 이혼한 후 다른 남자와 재혼하였다. 내담자를 만날 때 주위 사람들에게 아들이라고 소개하지 않았다. 내담자와 같이 살 때도 집을 자주 비우고 내담자를 잘 돌봐 주지 않았다. 아버지가 사망하고 내담자가 힘들었을 때 어머니에게 의지하고 싶었으나 오히려 내담자에게 욕을 하였고 힘이 되어 주지 않았다. 지금은 연락을 끊고 지내고 있다.

누나(19세, 고등학생) 성격이 밝으나 우유부단하여 결정을 잘 내리지 못한다. 내담자와 친구처럼 서로 의지하는 사이이다.

할머니(65세) 화를 잘 내지 않는 순한 성격으로 희생적이다. 내담자에게 엄마와 같은 존재로 든든한 보호자 역할을 해주나 누나와 더 가까운 사이이다.

삼촌(35세) 작년에 이혼하고 집에 들어와 같이 살고 있다. 신경질적이고 한 번씩 폭발할 때는 무섭기 때문에 집에서 실질적인 최고의 권력자이다.

📝 상담자가 본 내담자 문제 이해

내담자는 이웃에서 들려오는 소리에도 긴장이 되고 불안감이 커지는 예민함이 있고 돌아가신 아버지의 눈 감은 얼굴이 떠올라 무서움을 호소하고 있

다. 내담자는 아버지 죽음을 갑작스럽게 맞닥뜨리면서 일상에서 겪는 다툼
이나 소리에 예민해지고 눈감은 아버지 얼굴이 연상되는 것은 심리적 외상
으로 나타나는 증상이라고 짐작된다. 내담자는 자신도 모르게 옆집 다툼이
나 앰뷸런스 소리에 불안해지고 눈감은 아버지 얼굴이 떠올라 무서움을 느낀
다. 또한 잠깐 집에 다녀온 사이에 중환자실에서 숨을 거둔 아버지를 지키지
못하고, 잘 돌보지 못해 빨리 돌아가시게 한 상황을 재경험하는 것으로 여겨
진다. 이러한 내담자의 두려움과 무서움은 평소에 아버지와의 관계에서 기
인한 것으로 볼 수 있다. 내담자는 어렸을 때부터 아버지 말을 거부하지 못하
고, 술 마시는 아버지 옆을 지키고 있어야 했다. 초등학교 때부터 매일 술을
마시면 난동 부리고 욕하고 때리는 아버지를 무서워했다. 중학교 때는 입원
치료를 하면서 퇴원시켜 달라고 했을 때, 싫고 화가 나서 성질을 부렸던 내담
자는 아버지가 없어지면 좋겠다고 바란 적도 있다. 그러면서도 학교에서 아
버지가 계속 신경이 쓰이고 '오늘은 얼마나 마셨을까' 하는 생각에 수업 시간
에 집중하지 못했다. 거의 매일 아버지가 집기를 던지고 부술 때 집 주변을
서성거리고 잠잠해질 때까지 기다렸던 경험, 아버지를 갑자기 잃은 슬픔, 아
버지를 걱정하는 마음, 잘해 주지 못한 양가감정이 불안감으로 재현되고 있
는 것으로 예상된다.

　내담자의 경우는 갑작스러운 아버지의 죽음으로 임종을 지키지 못했던 상
황에서 느껴지는 죄책감 그리고 새삼 아버지의 빈자리가 크다는 것을 알게
되면서 주변에서 일어나는 작은 변화에도 민감하게 반응하면서 불안감이 높
아진 것으로 여겨진다.

　따라서 아버지의 죽음으로 인한 내담자의 불안한 마음을 충분히 공감하고
불안한 감정을 줄일 수 있도록 해야 할 것이다. 아버지에 대한 부정적인 감정
을 다 쏟아붓고 난 후에야 아버지에 대한 긍정적인 감정이 우러날 수 있을 것
이다. 내담자는 아버지가 돌아가신 후 느끼는 허무함과 내담자의 당부에도
계속 술 마시고 고집 부린 아버지에 대한 미움과 그리움으로 혼란스러움 감

정을 경험하고 있는 것으로 사료된다. 그러므로 아버지에 대한 여러 가지 감정을 표현한 후에 정서적 이별을 할 수 있도록 해야 할 것이다. 그 후에야 내담자는 아버지로부터의 이별을 준비할 수 있을 것이다.

🔖 상담의 진행

1. 상담 목표 및 전략

1) 상담목표
- 일상생활에서 느끼는 불안감과 무서움의 원인을 이해한다.
- 갑작스러운 아버지의 죽음으로 인한 충격을 줄여 나간다.
- 아버지를 이해하고 죽음을 애도한다.

2) 상담전략
- 아버지의 죽음으로 인한 불안한 마음을 충분히 공감하고 불안한 감정을 줄일 수 있도록 한다.

> 심리적 외상인 경우 불안을 줄이기 위해 안전지대를 개발할 필요가 있다.
> - 내담자가 가 보았던 곳, 상상하는 곳, 고요하고 안전하게 느껴지는 곳을 떠올려서 내담자의 감정과 감각에서 좋은 감각이 느껴지는지에 집중하고 안전감을 느낄 수 있도록 한다. 부정적인 감정이 떠오르면 멈추고 안전지대를 찾거나 호흡 등 안정시킬 수 있는 방법을 찾도록 한다.

- 아버지에 대한 여러 가지 감정을 표현해 봄으로써 이별의 아픔을 감당할 수 있도록 한다.
- 빈 의자 기법을 활용하여 내담자가 감정표현을 하도록 한다.

- 내담자가 어려운 환경을 잘 견뎌 낸 것에 대해 지지하고 격려한다.
- 내담자의 강점을 인식시켜 자원을 키울 수 있도록 한다.

2. 상담내용(총 9회)

1회

(어떻게 왔나?) 아버지가 알코올 중독이었는데 시중드느라 힘들었고 고생을 했다. (¹힘들었던 것은?) 술을 마시면 욕하고 물건을 던지는 등 행패를 부리고 나를 불러서 곁에 있게 하면서 많이 때렸다. (²많이 무서웠겠다.) 음…… 아버지는 내가 초등학교 6학년 때 알코올 중독으로 입·퇴원을 반복하였는데 퇴원 이후에도 계속 술을 마시고 건강이 안 좋아서 애를 먹었다. 아버지는 입원할 당시 가족에 대한 원망이 심했는데, 그럴 때 마음 약한 할머니가 퇴원을 시켰다. 나도 그러는 아버지 때문에 스트레스를 많이 받았는데 아버지가 작년 여름에 간경화 말기 진단을 받고 갑자기…… 4개월 전에 돌아가셨다. (³많이 놀랐겠다. 지금의 심정은?) 나에게 왜 이런 일이 일어났는지, 술을 안 먹고 잘 지냈으면 좋았을 텐데……. 갑자기 돌아가신 아버지에 대해 허무하다. 그렇다고 이혼한 엄마한테 기댈 수도 없다. (어머니한테 기대고 싶었는데 지금은 여의치 않다는 말이구나?) 엄마는 종교에 너무 빠져 있고, 같이 있는 사람들 걱정만 해서 싫다. 어렸을 때는 엄마가 보고 싶고 마냥 좋기만 했는데 지금은 '왜 저런 사람이 우리 엄마가 되었을까?'라는 생각이 들고 기댈 수가 없어 답답하다. (어머니한테 기대고 싶다는 말로 들린다.) 문득 가족끼리 대화하면서 함께 식사도 하고 여행 가는 것을 상상해 봤는데 부모님처럼은 안 살고 싶다는 생각이 들었다. 초등

1. 내담자의 어려움을 구체화하기 위한 질문이지만 상담 초기에는 신뢰감 형성을 위한 공감이 더 우선되어야 한다. "많이 힘들었겠네. 네가 힘들고 고생스러운 것은 무엇이니?"

2. 내담자가 느꼈을 감정을 말하고 있으나, 내담자가 스스로 자신의 어려움을 표현하도록 기다려 주는 것이 필요하다.

3. 내담자가 갑작스럽게 겪은 마음을 받아 주는 것은 좋으나 지금의 심정을 묻기보다는 그 순간에 느낀 감정을 표현하도록 돕는 질문이 좋을 듯하다. "갑작스러운 일을 겪었을 때 어땠어?"

학교 때 참관수업에 부모님이 오지 않아 주눅 들었고 엄마에게 화가 났다. 내 편이 없는 것 같아서 자신감이 바닥까지 내려가 뭘 해도 안 될 것 같다. (⁴외롭고 자신감이 많이 떨어졌구나. 생활은 어떻게 하나?) 누나가 아르바이트를 해서 번 돈으로 생활하고 있다. 힘들게 했던 아버지가 돌아가셔서 걱정할 필요가 없고, 나만 잘되면 되는데 잘 버틸 수 있을까 하는 불안감이 심해 많이 지친 상태이다.

4. 내담자가 현실 생활을 어떻게 하는지에 대한 상담자의 궁금증보다는 내담자의 불안한 마음을 공감해 주는 것이 필요하다. "네 편이 아무도 없고 혼자라는 생각이 드는구나."

 1회 멘토의 이야기

1. 내담자의 행동 변화

   내담자는 자신을 힘들게 한 갑작스러운 아버지의 죽음으로 인해 허무한데다 이혼한 어머니한테 기댈 수가 없어서 잘 버틸 수 있을까 하는 불안감을 표현하고 있습니다.

2. 내담자의 행동 변화 계기 분석

   첫 회기에 내담자는 불안하고 외로운 마음을 토로하고 있는데, 이는 상담자가 아버지의 죽음에 대한 탐색과 내담자가 아버지의 죽음에 대한 심정을 표현할 수 있도록 공감적 반응(많이 무서웠겠다, 많이 놀랐겠다, 외롭고 자신감이 많이 떨어졌구나)을 했기 때문인 것으로 보입니다.

3. 추가 탐색이 되면 좋을 부분

   내담자가 지금 오게 된 계기와 주 호소문제에 대해 구체적으로 탐색할 필요가 있습니다. 또한 상담에 대한 내담자의 기대와 상담목표 설정 그리고 아버지의 빈자리로 인해 내담자가 힘들어진 이유를 첫 회기에 탐색해서 사례에 대한 전체 그림을 그릴 필요가 있습니다.

2회

(지난주는 어땠나?) 아버지가 생각나기도 하고 엄마가 상처 줬던 말들이 생각나기도 하고 이해받지 못했던 것이 속상했다. 또 많은 감정이 사무치면서 눈물이 나기도 하고 우울해질 때도 있었고 무기력하여 감정 기복이 심했다. (¹그럴 때 어떻게 하나?) 공부할 때 집중도 안 되고 해서 노래를 듣거나 글을 쓰면서 풀었다. 아버지가 술 먹고 막 던지고, 부수고, 때리고 했는데 갑자기 돌아가신 것이 마음에 큰 상처가 되어 아직 마음을 조절하기가 어렵다. (²어머니는 어떻게 하셨나?) 그럴 때 엄마는 신경 끄라고 하며 아버지에 대해 안 좋은 말을 엄청 했다. (그럴 때 어땠나?) 집에서도 감정을 별로 표현하지 못했고 그게 익숙하다보니까 참는 게 일상이 되었다. 그러나 화가 많이 날 때는 심장이 뛰는 것 같고 소화가 안 되었다. 성격이 우유부단하여 결정을 못 내리고 말할 용기가 없었다. 혼자 있으면 귀찮고 우울하다가 학교에서 친구들을 보면 힘내야겠다는 생각이 반복되었다. (어머니와 함께 지낸 적은 있나?) 방학 때 엄마한테 가서 잠깐 살았는데 엄마는 시댁 스트레스를 나한테 풀고, 눈치를 많이 주며 구박을 했다. 엄마는 종교에 관해선 아주 부드럽고 친절한데, 다른 사람들한테 나를 조카라고 소개하고 어쩌다 엄마라고 하면 말조심하라고 했다. 엄마는 가정보다는 종교가 우선이고 재혼해서 살아도 형편이 좋지 않다. 엄마가 임신했다는 소식을 처음 들었을 때 많이 놀랐고 이제 진짜 엄마와 다른 가족이 되는 것 같았다. 시간이 지나서 그때 느꼈던 감정을 잊고 있었던 것 같다. 지금은 엄마와 연락을 잘 하지 않는다.

1. 상담자의 질문보다는 내담자와의 정서적 공감 기회를 더 가질 수 있는 질문이 필요하다. "너의 무기력이나 감정 기복이 심하다는 것은 어떤 의미이니?"

2. 상담자가 내담자의 정보 수집을 위해 따라가기보다는 내담자가 마음 조절이 어렵다고 한 것을 구체화할 수 있는 질문이 내담자를 더 이해할 수 있는 기회가 된다. "마음에 큰 상처가 되었다는 것이 무엇이지?"

2회 멘토의 이야기

1. 내담자의 행동 변화

내담자는 우유부단하고 참는 성격이며 감정 기복이 심하여 자신의 마음을 조절하기 어렵다고 표현하고 있습니다. 또한 엄마에 대해 상처받았던 감정과 경험을 떠올리고, 화가 많이 나면 신체화 증상(심장이 뜀, 소화불량)으로 나타나며 감정을 잊고 있었던 것 같다고 이야기하고 있습니다.

2. 내담자의 행동 변화 계기 분석

상담자가 부모와의 관계를 탐색하는 질문을 통해 내담자는 아버지에 대한 감정뿐 아니라 어머니에 대한 감정까지 표현할 수 있었던 것으로 보입니다.

3. 추가 탐색이 되면 좋을 부분

아버지의 죽음으로 인한 감정 기복이 심한 것에 대한 구체적인 탐색 및 일상생활(수면, 식사, 등교 시간, 학교생활 등)의 점검이 이루어진다면 일상생활에서 어려움을 구체화할 수 있고, 내담자가 자신의 감정 기복을 이해하는 데 도움이 될 것입니다. 또 어머니가 내담자를 다른 사람에게 조카라고 소개했을 때 내담자의 마음이 어떠했는지에 대해 질문할 필요가 있습니다.

 3회

(어떻게 지냈나?) 걱정도 많고 고민도 많아 잠을 못 잤다. 크게 아픈 곳은 없으나 옆집에서 다투는 소리가 들려 놀라고 신경이 쓰여서 경찰을 불러야 되나 하는 생각이 들기도 하고 도로 지나가는 앰뷸런스 소리에도 가슴이 두근거린다.

(^{1}많이 예민해져 있다.) 아버지가 돌아가신 이후에 불안이 높아져 불면증이 생겼다. (^{2}불면증이 생겼다? 아버지 살아계실 때는 어땠나?) 예전에 아버지가 술을 많이 마시면 난동을 피워 공부에 집중을 하지 못했다. 아버지는 술을 마시기 위해 할머니한테 돈을 요구하거나 술에 취해 거리에 누워 난동을 부려 경찰이 출동하기도 했다. 아버지는 주로 남한테 피해를 주기보다는 만만한 가족한테 행패를 부려 무서워서 가족이 집 밖으로 숨어야만 했다. 아버지는 일용직 일을 해서 돈을 번 적도 있으나 거의 술값으로 쓰고, 그럴 때마다 아버지가 빨리 죽었으면 하는 마음이 들기도 하였다.

1. 상담자는 '많이 예민해져 있다'고 반응하기보다는 내담자의 고민이 무엇인지에 초점을 두고 질문하는 것이 필요하다. "걱정되고 고민되는 것을 말해 줄 수 있겠니?"
2. 상담자는 내담자의 고민에 대해 구체적으로 묻는 탐색적 질문이 필요하다. "불면증이 나타날 정도의 불안함은 무엇이니?"

3회 멘토의 이야기

1. 내담자의 행동 변화

   아버지가 돌아가신 이후 주위에서 들리는 소리에 예민하게 반응하며 불안이 높아져 불면증이 생겼음을 이야기하고 있습니다.

2. 내담자의 행동 변화 계기 분석

   주위에서 들리는 소리에 반응하고 있는 내담자는 아버지가 술을 마시고 행패부리던 경험으로 인해 비슷한 소리에도 예전 경험이 재현되는 것으로서 혹여 남에게 피해가 되기 전에 도움을 받아야 한다는 걱정으로 보입니다.

3. 추가 탐색이 되면 좋을 부분

　내담자가 겪고 있는 증상은 아버지가 돌아가심으로 인해 경험하는 죽음에 대한 상실의 과정임을 설명하고 교육할 필요가 있겠습니다.

4회

(생각나는 첫 기억은?) 부모님이 이혼하기 전 6세 때까지 혼자 집에 있었다. 비디오 보고 그냥 혼자 있으니까 무서울 때도 있고 심심했다. 그리고 아버지가 술 먹고 물건을 부수고 엄마와 싸우는 것을 보면서 불안했다. 가끔 그 장면이 떠오르면 심장이 뛰기도 하고 무섭기도 하다. (어린 나이에 감당하긴 힘들지. 누구라도 그 상황에서는 불안했을 것 같다.) 아버지가 엄마와 헤어지고 할머니댁에서 살았는데 아버지를 닮았다는 이유로 가족들은 누나를 더 좋아했다. 내가 어렸을 때 아버지는 친구에게 사기당했고 그때 이후로 과하게 술을 마셨다고 들었다. 아버지가 계속 술을 마시고 문제를 일으킬 때마다 말릴 사람이 없어 걱정이 많았다. 내가 어려서 이 상황을 어떻게 해야 하나 고민을 많이 했으며 그것이 웃음을 잃게 되는 계기가 되었다. (¹학교생활은?) 학교에서도 여러 명이랑 있는 게 불편하였고, 아버지 걱정으로 쉬는 시간에도 친구들과 즐겁게 놀지 못하고 혼자 있는 시간이 많았다. 또한 수업 시간에 나의 생각을 말로 표현하지 못하고 친구들이 보는 앞에서 발표하는 것과 선생님을 대하는 것이 무서웠다.

······〈중략〉······

1. 내담자에게 학교생활을 묻는 질문보다는 웃음을 잃게 된 계기가 내담자에게 무슨 의미인지 묻는 질문이 필요하다. "웃음을 잃게 된 계기에 대해 더 말해 줄 수 있을까?"

6학년 때 담임의 관심으로 학생회 활동을 하게 되었고, 성적도 상위권을 유지할 수 있었다. 아마도 아버지 걱정을 잊기 위해 열심히 한 부분도 있었다.

(^{2}만약에 아버지가 옆에 계신다면 어떤 말을 해 주고 싶나?) 술 안 먹으면 사람이 좋은데 왜 그렇게 나약하게 술에만 의존하고 살았냐고 묻고 싶다. 누나와 나는 학원도 안 다녀서 크게 돈 쓸 일이 없었는데 아버지는 돈을 벌지는 않으면서 돈에 집착했던 것 같다.

2. 빈 의자 기법을 이용해 내담자가 아버지에게 하고 싶었던 말을 할 수 있도록 돕고 있다.

4회 멘토의 이야기

1. 내담자의 행동 변화

자신의 첫 기억부터 어린 시절에 대한 이야기를 하면서, 부모로부터 돌봄을 받지 못한 외로움과 가정 불화로 겪어 내어야 했던 불안감을 넘어서 심장이 뛰는 공포감을 느낀 것을 표현하고 있습니다. 또한 내담자가 감당할 수 없었던 아버지에 대한 걱정과 불안이 학교생활 부적응에도 영향을 끼치고 있었다는 것을 알 수 있습니다.

2. 내담자의 행동 변화 계기 분석

상담자가 내담자의 첫 기억에 대해 탐색하면서, 술로 인한 아버지의 문제 행동 때문에 어린 시절부터 불안이 지속되었고, 대인관계에서도 그 영향이 있었음을 인식하게 된 것으로 보입니다. 이렇게 내담자가 아버지에게 생전에 하지 못한 말을 상담과정에서 표현하게 된 것으로 여겨집니다.

3. 추가 탐색이 되면 좋을 부분

아버지에 대한 걱정 때문에 학교에서 친구들과 놀지 못하고 혼자 있는 시간이 많았다는데, 아버지에 대한 걱정이 무엇인지 구체적으로 탐색하는 것이 필요합니다.

5회

(^{1}지난주에 아버지에게 못다 한 이야기를 해 보았는데 어땠니?) 아직도 하고 싶은 말이 있다. 아버지가 퇴원하지 않고 병원에 계셨더라면 우리를 원망했겠지만 돌아가시진 않았을 것 같다. 아버지가 우리를 원망하게 된 것은 입원했던 병원에 병세가 심한 사람들이 많아서 힘들었기 때문이었다. (^{2}아버지가 퇴원을 하지 않았더라면 살 수 있었을 텐데라는 안타까움과 병원에서 퇴원할 수밖에 없었던 아버지의 고충을 느꼈다는 말인가?) 아버지가 밉기도 하고 짠하기도 하고 불쌍하기도 하다. 빨리 돌아가시게 한 것 같아 후회가 많이 된다. (^{3}아버지를 생각하면 어떤가?) 아버지는 가족들한테 외면을 당했던 것 같다. 할머니, 삼촌과 다르게 나는 아버지 편이고 아버지 잘못이 아니라고 말해 주고 싶었다.

〈눈물〉

1. 상담자는 내담자의 기분을 탐색하는 질문을 하고 있다.

2. 상담자는 내담자의 마음을 헤아리기 위해 정서적 공감을 하고 있다.

3. 아버지에 대한 느낌을 구체화시키기 위해 질문하고 있다.

5회 멘토의 이야기

1. 내담자의 행동 변화

   내담자는 아버지가 퇴원하지 않고 병원에 있었다면 좀 더 살았을 텐데, 아버지를 퇴원시켰기 때문에 결국 더 빨리 사망한 것이 아닌가 하는 후회의 마음을 털어놓고 있습니다. 또한 아버지를 밉기도 하지만 마음이 짠하고 불쌍한 존재로 인식하고 있으며, 아버지 편이라고 말하고 싶었음을 드러내고 있습니다.

2. 내담자의 행동 변화 계기 분석

   상담자가 내담자로 하여금 아버지에게 못다 한 이야기를 충분히 할 수 있도록 질문하고 공감하였습니다. 그 덕분에 내담자가 아버지에 대한 깊은 감정을 탐색하면서 자기 내면에 후회하는 마음과 아버지 편이 되어 아버지 잘못이 아니라고 말하고 싶었던 마음이 있음을 드러내게 되었습니다.

3. 추가 탐색이 되면 좋을 부분

   마지막 부분에 언급된 내담자의 말, 즉 아버지 잘못이 아니라고 말하는 싶다는 것에 대해 구체적으로 탐색할 필요가 있습니다. 내담자의 말로 미루어 볼 때, 할머니와 삼촌은 아버지의 잘못이라고 했지만 내담자는 그렇지 않다고 생각한 듯합니다. 하지만 아버지에게 그 말을 하지 못했고, 그래서 지금이라도 말해 주고 싶었을 것입니다. 따라서 그 당시에는 왜 그 말을 하지 못했는지, 그래서 아버지에 대해 어떤 마음이 들었는지 등에 대해 탐색한다면 내담자의 내면에 있는 아버지에 대한 깊은 감정들을 드러낼 수 있을 것으로 보입니다.

6회

(한 주 동안 어땠나?) 아버지와 어머니, 할머니 생각을 많이 했고 아버지는 불쌍하면서 밉기도 하고 술 먹지 말라고 했는데 술을 먹고 왜 자신을 데리고 다녔는지를 따지고 싶었다. (¹좀 더 이야기해 볼 수 있을까?) 아버지의 마음을 잘 모르겠고 아버지는 중독이라서 술을 마신 것 같고, 주위 사람들이 해 주는 말을 싫은 소리로 들었던 것 같아 답답했다. 아버지는 담배도 많이 피우고 화도 자주 냈으며, 주위 사람들이 잔소리를 하면 더 할 거라고 협박을 하여 무서웠던 것 같다. 그런 아버지를 보면 너무 중독된 것 같아 항상 신경이 쓰였다. (²어떤 마음이었나?) 아버지가 무서웠고 술에 취하면 짜증내고 물건을 던져서 더 무서웠다. 그럴 때마다 방에 들어가 아버지가 잠들 때까지 말하지 않고 가만히 있었다. 아버지 하면 삼촌이 떠오르는데 삼촌은 아버지 돈을 관리해 준다. 그런 삼촌에게 눈치가 보이고 무서웠다. 나는 아버지처럼 퍼 주는 편은 아니지만 우유부단하고 무뚝뚝한 것은 아버지를 닮았다. 결정을 잘하지 못하고 의사표현을 하지 않아 친구도 답답해했다. 아버지는 술을 마실 때마다 외롭다는 소리를 계속했고 죽을 때까지 엄마를 못 잊겠다고 했다. 그런 아버지를 이해하기 어려웠다. 어렸을 때 엄마를 만나러 갔던 것이 지금 생각해 보니 아버지에게 미안한 마음이 든다.

1. 내담자의 깊은 감정을 탐색하기 위해 구체화 질문을 하고 있다.

2. 상담자가 내담자에게 던지는 질문에 따라 상담의 방향이 달라질 수 있다. '어떤 마음이었나'라고 질문하기보다는 정서적 공감이 더 필요한 상태이다. "아버지가 알코올 중독이 된 것 같아 걱정이 되었구나."

6회 멘토의 이야기

1. 내담자의 행동 변화

상담 초기에는 아버지에 대한 화나 두려움을 표현하고 있습니다. 술을 먹고 자신을 데리고 다니기도 하고 가족들에게 화를 내고 물건을 집어던지며 심지어 협박도 하던 아버지에 대한 분노 말입니다. 하지만 후반부에는 아버지와 자신이 닮은 부분이 있다는 것을 인정하고, 아버지의 외로움과 어머니를 향한 마음을 느끼며 아버지에 대한 애잔한 감정을 표현하고 있습니다.

2. 내담자의 행동 변화 계기 분석

내담자는 아버지를 위해 자신이 한 걱정하는 말에 아버지가 더 마시겠다고 협박할 때 무서워했습니다. 아버지가 잠들 때까지 기다려야만 했던 내담자의 우유부단하고 결정하지 못했던 모습이 아버지를 닮아 있습니다. 삼촌의 눈치를 보고 삼촌을 무서워하는 것도 같은 맥락에서 이해할 수 있습니다. 늘 미워만 했던 아버지의 마음을 느끼고 자신도 느끼지 못한 사이에 자신이 아버지를 닮아 있음을 깨닫고, 엄마를 만나러 갈 때마다 아버지의 마음을 헤아리지 못했던 미안함과 일상에서 자신의 모습을 반영하고 있는 것으로 보입니다.

상담자의 구체화된 질문을 통해 내담자는 아버지에 대한 복잡한 마음을 표현할 수 있었던 것으로 여겨집니다.

3. 추가 탐색이 되면 좋을 부분

삼촌이 가정에서 어떤 역할을 했는지, 아버지의 돈을 관리하게 된 과정에 대해 탐색할 필요가 있겠습니다. 또한 내담자가 삼촌의 눈치를 보고 무서움을 느끼는 것이 무엇 때문인지 확인할 필요가 있습니다.

7회

상₁: 상담을 시작할 때 ○○이가 어렵고 힘들다고 얘기했고, 아빠의 갑작스런 죽음으로 감정 기복이 심해지고 잠도 못 잤다고 했는데 요즘은 어땠어?

내₁: 계속 생각나는 건⋯⋯.

상₂: 어떤 것이 계속 생각나?

내₂: 아빠가 병원에 입원했을 때요. 중환자실에서 돌아가셨을 때의 얼굴이 생각나요.

상₃: 보니까 아버지의 얼굴은 어떤 느낌이었어?

내₃: 숨이 턱 막혀요.

상₄: 숨이 막혔다고?

내₄: 집중하는 것이 힘든 것 같아요.

상₅: 아버지 얼굴이 생각나서 숨도 막히고 집중하기 힘들다는 말이지?

상: 상담 중반기에 접어들면서 처음 오게 된 경위를 상기시키고 현재 상태에 대해 점검하고 있다.

상: 내담자의 생각을 구체적으로 탐색하는 질문이다.

상: 내담자의 감정이 어떤지를 탐색하고 있다.

상: 내담자가 느끼는 숨이 턱 막힌다는 증상을 자세하게 알기 위한 질문이 필요하다. "숨이 턱 막혔을 때 어떠했는지 좀 자세하게 설명해 줄 수 있어?" 또는 증상이 시작된 시기를 알 수 있는 질문이 필요하다. "언제부터 그런 증상이 시작되었어?"

상: 상담자가 앞서가서 말을 할 때 내담자의 말을 막는 경우가 있다. 그러므로 개방적으로 감정을 묻는 질문이 필요하다. "돌아가신 아버지의 얼굴이 떠오를 때 어떤 기분이었어?"

내$_5$: 계속 생각나는 것이 힘든 것 같아요.

내$_5$: 상담자가 구체적인 질문을 하지 않아 1회 때와 같은 말을 반복하고 있다. 탐색적 질문이 필요하다. "숨도 막히고 집중하기 힘들다고 하였는데 좀 더 구체적으로 말해 주겠니?"

상$_6$: 생각나는 것 때문에 힘들다. 이런 생각들은 시간이 좀 지나야 해결될 부분인 것 같은데, 그럴 때마다 느껴지는 것은?

내$_6$: 몸이 늘어지는 것······.

상$_6$: 시간이 좀 지나야 해결될 부분인 것 같다는 말은 내담자의 심정을 이해하기보다는 상담자가 단정 짓는 말로 내담자를 공감하지 못하고 있다. 계속 생각나서 힘든 것에 대한 구체적인 질문이 필요하다. "계속 생각나고 힘들게 느끼는 것이 무엇인지 말해 줄 수 있겠니?"

상$_7$: 몸이 늘어진다.

내$_7$: 아빠 장례식 때요. 입관하는 것을 봤는데, 못 보겠더라고요. 그 얼굴이 생각나고 슬프고 겁나더라고요.

상$_8$: 겁나고 말고!

상$_7$: 상담자는 내담자의 말을 따라가기보다는 탐색적 표현을 하는 것이 필요하다. "몸이 늘어진다는 건 무슨 의미지?"

내$_8$: 아침에 상태가 안 좋다고 빨리 오라고 해서 7시에 갔는데 주치의가 오늘 넘기기 힘들다고, 수간호사에게 언제 될지 모르는데 밖에서 계속 기다릴까요 하니까 볼일 보고 오라고 해서 잠깐 집에 갔다 왔어요. 병원에는 점심 때쯤 갔는데 아버지 인공호흡기 떼 놓았더라고요. 좀 전에 돌아가셨다고······.

내$_8$: 아버지 임종을 지키지 못한 상황을 이야기하고 있다.

상₉: 놀랐겠네. 그때 어땠어? 아버지가 돌아가셨다는 말에, 인공호흡기 뗀 모습 보고?

내₉: 정신이 너무 없었어요.

상₁₀: 당황했을 것 같은데. (네.) 집에 가지 말 걸 이런 생각도 했겠네.

내₁₀: 네. 그 순간에는 아무 생각도 하지 못했던 것 같아요.

상₁₁: 그래, 그렇지. 아무 생각이 안 떠오르겠지.

내₁₁: 정말 그랬어요. 멍해졌다고 해야 하나. 그래서 가만히 있었던 것 같아요. 그리고 나서 한참 후에야 어떻게 하지라는 생각이 들었던 것 같아요.

상₁₂: 그렇지. 그때 먼저 떠오른 생각은?

내₁₂: 그때 가장 먼저 떠오른 것은 조금 더 빨리 발견했으면 어땠을까, 병원을 이동하면서 아버지에게 한 처치들이 허술해서 그런 건 아니었을까 하는 의심도 들고, 안타까운 상황들이 머릿속을 계속 맴돌았던 것 같아요.

상₁₃: 이 상황을 되돌리고 싶다는 마음이었네.

내₁₃: 맞아요. 아버지의 죽음이 믿기지 않았어요. 누나는 옆에서 울고 있었는데 저는 눈물조차도 나지 않았어요.

상₁₄: 갑작스럽게 일어난 일이라 아버지의 죽음이 현실로 받아들여지지 않았구나?

상₉: 내담자의 심정에 대한 공감 반응이 필요하다. "집에 갔다 오는 사이에 아버지가 돌아가실 거라곤 생각도 못했을 텐데."

내₉: 상담자가 감정적으로 접근했다면 아버지의 죽음에 대한 슬픔을 표현할 수 있었을 것이다.

상₁₀: 상담자가 아버지 임종을 지키지 못한 것에 대한 내담자의 생각을 먼저 말하였다. 이로 인해 내담자가 자신의 깊은 감정으로 들어가지 못했다.

상₁₁: 아버지 사망으로 당황한 내담자의 심정을 그대로 반영해 주면서 지지해 준다.

상₁₂: 내담자가 어떤 것을 가장 크게 느끼고 힘들어하는지 알기 위한 질문이다.

상₁₃: 내담자가 받아들이고 싶지 않은 상황을 반영해 준다.

내₁₄: 그랬던 것 같아요. 저로선 큰 충격이었던 것 같아요.

상₁₅: 그렇지. 너무나 큰일이다 보니 충격이지.

내₁₅: 아버지가 그렇게 쉽게 가실 줄은 상상도 못했던 것 같아요.

상₁₆: 그랬구나. 너에게 아버지는 어떤 분이셨지?

내₁₆: 항상 신경 쓰이게 하고 무섭고 힘들게 하는 사람이지만 그때는 몰랐는데 나를 챙겨 주신 분이었던 같아요.

상₁₆: 아버지에 대한 객관적인 이해를 돕는 질문이다. 그러나 좀 더 지지하고 애도하는 것이 필요한 시기로 보인다. "아버지께서 갑자기 돌아가셔서 당황스럽고 놀랐지."

상₁₇: 너를 힘들게도 한 분이시지만 한편으로 너를 가장 잘 챙겨 주신 분이란 것도 알게 되었다는 거네.

내₁₇: 네. 아버지가 가신 후 느껴지는 빈자리가 너무 크고 아직은 믿겨지지가 않아요.

상₁₇: 아버지에 대한 객관적인 이해를 확인해 주는 반응이다.

상₁₈: 그렇지 아버지의 빈자리는 크지. 네가 받아들이고 감당하기 어렵지. 가족들은 언제 오셨어?

내₁₈: 할머니 놀랄까 봐 아빠 돌아가신 것도 말 안 했어요. 그다음 날 삼촌한테 말했대요.

상₁₉: 둘이서 힘들었겠네.

내₁₉: 그땐 진짜 막막했어요.

상₁₉: 공감적 반응을 하고 있다.

상₂₀: 아버지 혼자서 돌아가셨네.

내₂₀: 〈울음〉

……〈중략〉……

상₂₀: 내담자의 막막한 심정에 대해서 공감이 필요하고 내담자가 자기 감정을 충분히 표현할 수 있도록 해 줄 필요가 있다. "아마도 그 상황에선 누구라도 막막했을 것 같아."

상₂₅: 만약에 아버지가 중환자실에서 잠깐 눈을 떴다면 그 순간

상₂₅: 내담자가 임종 전에

어떤 말을 하고 싶어?

내25: 〈침묵〉돌아가시기 직전에요? 좋은 곳 가시라고. 〈울음〉누나랑 제가 잘 살겠다고 걱정하지 말라고 하고 싶어요.

상26: 아버지하고 인사하지 못하고 가니까 더 계속 마음에 남는 거지?

아버지에게 하고 싶은 말을 할 수 있도록 질문하고 있다.

상26: 아버지에 대한 감정을 충분히 느낄 수 있는 질문이 필요하다. "이 상황에서 아버지에게 하고 싶은 말을 하고 나니 어때?"

내26: 아버지는 자신이 돌아가신다는 것을 모르고 계셨어요. 제가 말을 안 했거든요. 그래서 퇴원할 수 있을 거라고 생각하셨던 것 같아요. 아버지한테 말하지 않은 것이 걸리고, 옆에 있어 주지 못해서 미안해요.

내26: 상담자의 질문에 따라 내담자가 아버지에 대한 죄책감을 다시 말하고 있다.

상27: 그렇지. 옆에 있어 주지 못한 미안함이 느껴지네.

내27: 네. 아빠 데리고 고향 가야하니까 짐 챙기러 잠깐 집에 간 건데 그 사이에 돌아가셨다고 하니까.

상28: 수술 끝나면 집에 가려고 했네.

내28: 수술 첫날부터 아빠 안 깨어나고 가망이 없다고는 생각했어요.

상29: 아버지가 가망이 없다고 했을 때 어땠어요?

내29: 막막했어요. 우리밖에 없으니까!

〈이하 생략〉

상28: 내담자가 아버지 임종을 지키지 못한 것에 대한 죄책감을 가지지 않도록 돕는 것과 자신의 잘못이 아님을 인식시킬 필요가 있다.

8회

(어떻게 지냈나?) 아버지가 술을 마시고 취해서 나를 기다리던 모습이 길 가다가도 생각나서 마음이 아프고 집중도 잘 안 된다. ([1]아버지 생각이 많이 나는구나. 그럴 때는 어떻게?) 아버지 생각하면서 잘 살아야겠다는 생각으로 공부한다. 할머니가 나를 안쓰럽게 생각하여 더 열심히 해야지 하는 마음이 든다. 그러다가도 반복적으로 집중이 안 된다. ([2]어떤 생각이 떠오르나?) 아버지가 무능력해서 더 좋은 병원에 가지 못했다고 비난하던 삼촌의 말이 떠오른다. (어땠나?) 너무 슬프고 내가 못해 준 것만 생각나고 아버지를 자주 못 본 것이 후회된다. 학교 다닐 때 아버지가 언제 오냐고 전화를 했는데 못 간다고 해서 아버지가 삐쳤던 것이 생각났다. (아버지에 대한 미안한 마음이 많다. 오늘 아버지에 대한 미안한 마음을 얘기해 볼 수 있나?) 그렇다. ([3]아버지가 여기 계신다고 생각하고 하고 싶은 말을 해 볼까?) 아버지가 언제 오냐고 전화했을 때 퉁명스럽게 못 간다고 말했던 것이 미안하다. 아버지가 없으니까 나한테 전화해 주는 사람도 없다. 그때는 몰랐는데 지금 생각해 보니 아버지 마음이 어땠는지 짐작이 가서 마음이 아프다. 아버지는 화가 나도 말을 잘 안 해서 몰랐다. 〈흐느낌〉 정말 죄송하다. 아버지가 보고 싶다. 잘못했다. 집에 가지 말았어야 했는데…….〈눈물〉 (아버지는 뭐라고 하셨을까? 선생님이 아버지라면 아버지는 괜찮다. 술 먹고 너를 힘들게 해서 미안하다. 네가 울면 아버지 마음이 더 아프다.)〈눈물〉 ([4]아버지는 네가 잘 자라 줘서 고맙고 내 아들이어서 좋았다. 내 걱정하지 말고 잘 사는 모습을 보고 싶구나. 아버지는 항상 네 마음속에서 너를 응원할 거다. 아버지의 마음을 듣고 나니 어떤가?) 마음이 좀 가벼워졌다.

1. 내담자에 대한 공감적 반영 후 아버지에 대한 감정을 충분히 표현할 수 있도록 촉진하는 것이 필요하다. "아버지에 대한 기억을 좀 더 말해 줄 수 있겠니?"

2. 내담자가 반복적으로 집중이 되지 않는다고 하는 부분에 대해 물어 주는 것이 좋을 듯하다. "반복적으로 집중이 안되는 것이 어떤 것이니?"

3. 내담자가 아버지에게 하고 싶었던 말을 할 수 있는 기회를 제공하기 위해 빈 의자 기법을 이용해 내담자의 감정을 탐색하고 한다.

4. 상담자가 아버지 역할을 통해 내담자의 마음을 위로하고 있다.

8회 멘토의 이야기

1. 내담자의 행동 변화

   내담자에게 안부를 묻는 전화도 없고, 내담자를 기다리던 아버지의 빈자리가
   느껴지면서 공부해야겠다는 마음가짐에도 불구하고 집중에 어려움을 겪고 있
   습니다. 또한 내담자가 아버지의 속 깊은 마음을 이해하면서 아버지에 대한 죄
   송한 마음을 눈물을 흘리며 드러내고 있습니다.

2. 내담자의 행동 변화 계기 분석

   지난 회기에 아버지의 죽음과 연관된 내담자의 죄책감을 다뤄 줌으로써 아버지
   와의 사소한 일상에서의 미안함을 떠올릴 수 있었던 것으로 보입니다. 또한 빈
   의자 기법을 통해 아버지에 대한 감정이 생생하게 떠올라 눈물을 흘리게 된 것
   으로 여겨집니다.

3. 추가 탐색이 되면 좋을 부분

   아버지에 대한 죄책감과 미안함을 이야기하고 나서 내담자가 느끼는 현재 심정
   을 충분히 표현하도록 하면 좋겠습니다. 이후에 내담자의 적응을 도울 수 있는
   다른 대인관계(누나, 친구 등) 지원에 대해 탐색할 필요가 있습니다.

 9회

(지난주 상담하고 어땠나?) 아버지에 대해서 말하고 나니 마
음은 가벼워졌다. 예전에는 공부할 때 갑자기 눈물이 나서 집
중하기 어려웠는데 지금은 마음이 안정되어 집중을 하게 된
다. 곧 시험이 다가와서 공부하는 데 도움이 된다. (¹지금까   1. 상담 종결을 앞두고 내
지 상담했던 내용에 대해 정리 한번 해 볼까?) 아버지에 대   담자에게 도움이 된 부

해 무서웠던 마음도 줄고, 미안한 마음도 표현하고 나니 마음이 편안해지고, 소리에 민감했던 것도 안정되었다. (²자기 문제를 적극적으로 해결하려고 하는 모습, 상담에 빠지지 않고 성실하게 참여한 것, 아버지에 대한 감정을 표현한 것, 어려운 환경에서도 열심히 공부하려고 노력하는 모습이 너의 장점이다.)

〈다음 상담 일정은 시험이 끝나고 난 후에 연락하여 의논하기로 하였다.〉

분에 대해 묻고 있다.

2. 상담과정에서 느꼈던 내담자의 장점을 짚어주고 내담자에게 여태까지 버티어 낸 과정을 정서적으로 공감하고 있다.

9회 멘토의 이야기

1. 내담자의 행동 변화

내담자는 아버지로 인한 슬픈 감정에서 차츰 안정되어 가고 있는 모습을 표현하고 있습니다. 그리고 자신의 감정과 자신의 의견(시험으로 인해 상담 연기 요청)을 상담자에게 정확하게 표현하고 있습니다.

2. 내담자의 행동 변화 계기 분석

아버지에 대한 죄책감을 충분히 표현함으로써 부정적인 감정뿐 아니라 긍정적인 감정에 대해서도 자각하고 솔직하게 표현할 수 있게 된 것으로 보입니다.

3. 추가 탐색이 되면 좋을 부분

내담자가 상담을 통해 가져온 변화를 지속할 수 있도록 하는 상담 종결 이후의 삶에 대해 구체적으로 계획을 세워 볼 수 있도록 하고 상담을 연기하고자 하는 다른 심리적 요인이 있는지 점검해 볼 필요가 있겠습니다.

상담전문가의 사례 되짚어 보기

1. 내담자 문제 발생

내담자는 갑작스럽게 아버지의 죽음을 경험한 뒤 일상에서 일어나는 작은 소리에도 불안감을 느끼는 예민함 때문에 상담을 신청하였다. 아버지가 돌아가신 지 4개월 지난 지금 내담자의 경우, 불안감이 줄어들기보다는 일상에서 불안감이 높아지고 아버지의 눈감은 얼굴이 떠올라 무섭다고 호소하는 증상은 심리적 외상에 가깝다고 말할 수 있겠다. 집에 잠깐 다녀온 사이에 마주하게 된 호흡기를 뗀 아버지의 얼굴은 내담자에게 큰 충격이 아닐 수 없다. 이처럼 예상치 못한 갑작스러운 죽음을 맞이하게 되는 상황이라면 감당하기 힘들 수 있다. 그러나 통상적으로 한 달 뒤에는 격한 슬픔이라도 자연스럽게 슬픔을 받아들이고 죽음을 인정하는 단계에 이르게 되겠지만, 내담자의 경우에는 시간이 갈수록 아버지에 대한 무서움이 줄어들지 않고 오히려 증가하였다. 이는 내담자가 이웃집의 싸우는 소리나 앰뷸런스 소리에 예민해지는 요인으로, 아버지의 중환자실 입원 당시 상황이 자동적으로 재현되고 있는 것이라고 할 수 있다. 그리고 내담자에게 아버지는 밉고 싫은 존재였지만 일상에서 아버지의 존재감이 컸기 때문에 아버지의 빈자리로 인한 공허감은 누구보다도 클 것으로 짐작된다. 초등학교 때부터 수업 시간, 노는 시간에도 아버지를 걱정했고, 집에서도 아버지가 술 마실 때도 옆을 지키고, 외출할 때도 아버지와 함께 했던 내담자에게 아버지의 죽음을 인정하는 것은 무섭고 혼란스러운 일일 것으로 예상된다.

내담자가 호흡기를 뗀 아버지의 얼굴이 일상생활에서 떠올라 무섭고, 과민해지고, 공부할 때 집중하지 못했던 것은 예기치 못한 일상 속에서 아버지의 죽음으로 인한 심리적 외상 때문에 나타나는 문제 행동이라고 예상할 수 있다.

2. 치료적 개입

심리적 외상이란 예상치 못한 상황에서의 극심한 스트레스로 인한 불안장애라고 볼 수 있다. 내담자의 경우는 아버지의 갑작스러운 죽음으로 인해 일상에서 겪은 소리에 예민하게 반응하고 아버지의 눈감은 얼굴이 반복적으로 경험되는 것으로 보아 심리적 외상을 경험하고 있다고 여겨진다. 우선 내담자를 지지해 주고 격려하여 내담자가 외상에 대해서 이야기할 수 있게 하고 일상생활에서 스트레스 대응 능력을 길러 주는 계기가 필요하다고 보인다.

먼저, 내담자에게 아버지로 인해 일상에서 힘들었던 부정적인 감정을 표현하도록 하였다. 상담 초기에는 아버지의 죽음으로 인한 불안감과 가족에 대한 불편한 마음을 표현하게 했고, 특히 아버지의 폭력, 난동, 협박, 무서움, 엄마의 외면, 권위적인 삼촌의 눈치로 가족환경에서 비롯된 감정 변화와 신체화 증상에 대한 원인을 이해할 수 있도록 하였다. 상담 중기에는 어렸을 때 돌봄을 받지 못한 결핍감이나 아버지 걱정 때문에 친구들과 마음껏 어울릴 수 없었던 것에 따른 소외감을 공감해 주고 내담자의 장점을 부각시켜서 자존감을 높일 수 있도록 지지하였다. 끝으로, 상담 후기에는 아버지와의 대화 시간을 마련하기 위한 '빈 의자 기법'을 적용하여 아버지에게 전하지 못했던 아버지에 대한 부정적인 감정, 긍정적인 감정을 표현함으로써 내담자에게 아버지의 외로움이나 측은함 그리고 그리움을 표현할 수 있도록 하였다. 빈 의자 기법을 이용해 상담자는 아버지를 대신해 내담자를 위로하고 아버지의 마음을 대신 전달하여 내담자가 아버지에 대한 자신의 양가감정을 얘기할 수 있도록 조력하였다.

3. 상담의 적절성

내담자가 상담 초기에는 아버지에 대한 부정적인 감정으로 편향되었으나 상담 종결에는 아버지에 대한 이해와 아버지에 대한 긍정적인 마음을 가질 수 있었다는 것이 세 번째 상담목표인 '아버지를 이해하고 죽음을 애도한다.'에 대한 상담 성과라고 할 수 있겠다. 특히 빈 의자 기법을 활용해 아버지에 대한 양가감정을 충분히 다룰 기회를 준 것이 내담자에게 정서적 안정을 제공하였다고 할 수 있겠다. 그러나 첫 번째 상담목표인 '일상생활에서 느끼는 불안감을 이해한다.'에 대해서는 상담과정에서 내담자와 일상에 대한 불안감을 줄이기 위한 구체적인 상담전략에 근거하기보다 세 번째 상담목표 달성을 통해 자연스럽게 해결된 부분이 있다고 할 수 있겠다. 이럴 경우 내담자와 협의하에 당면한 문제에 대해 새로운 상담목표를 계획할 수 있어야 할 것이다.

그러나 한편으로 내담자와 상담과정에서 여러 가지 상담목표를 계획하기보다는 이 사례처럼 아버지의 죽음에 대한 충분한 애도의 감정을 다루는 것만으로도 내담자와 협의하여 합의 종결을 할 수 있어야 할 것이다.

4. 대안

내담자는 주변에 지지 자원이 없는 편이다. 이혼한 엄마, 권위적인 삼촌, 할머니와 누나가 있지만 가족 친밀도에서 누나와 할머니는 가깝고 내담자는 아버지가 더 가까운 관계로 아버지가 없는 지금 내담자는 외톨이로 주변에서 사람들과 교류가 적다고 여겨진다.

그러므로 첫째, 내담자가 지닌 장점이나 숨은 잠재력을 찾아 자존감을 높이는 것이 필요하다고 여겨진다. 내담자가 아버지로 인해 받았던 심리적 상처를 회복하기 위해서는 내담자의 갖고 있는 장점을 찾는 것이 필요하다. 내담자는 학교를 결석하지 않고 성실한 모습이 있고 상위권 성적을 유지하고 있는 모습이 있다. 이런 내담자에게 정서적으로 지지하고 장점을 인정하여 수용할 수 있게 함으로써 자존감을 향상할 수 있도록 도와야 할 것이다.

둘째, 지역사회 자원을 연계하여 소속감을 갖게 하는 것이 필요하다고 판단된다. 지역사회의 청소년상담복지센터나 학교에서 운영하는 또래상담 모임, 대학생 멘토링 또는 교육청 멘토링으로 제한된 대인관계를 탈피할 수 있는 기회를 제공하는 것이 필요하다. 이와 같이 내담자의 자존감 증진과 향상, 대인관계 향상을 통해 사회성이 원활해질 수 있다면, 그것이 학교생활에서나 친구관계가 지금보다 훨씬 원만해지고 가족관계에서도 의사소통이 보다 잘 이루어져서 풍요로운 삶의 밑거름이 될 것으로 예상된다.

후배 청소년 상담자에게 보내는 선배의 따뜻한 한마디

"네 잘못이 아니야, 그래도 괜찮아"

정은미 센터장(봄길심리상담센터)

1. 증상이 아닌 증상을 일으키는 원인에 집중해야 합니다

내담자는 왜 불안할까요?

내담자의 주 호소는 극심한 불안감이며, 이는 불면증이나 우울, 무기력, 우유부단함 등과 같이 겉으로 드러나는 내담자의 부적응적 증상입니다. 이러한 내담자의 일상을 지배하는 과도한 불안에서 벗어나 학업이나 또래관계와 같은 자신이 현재 해야 할 일에 집중하도록 돕기 위해서는 어떻게 해야 할까요? 바로 불안의 발생과정을 이해해야 합니다.

부모의 돌봄이 어려운 가정환경과 부모 간의 불화로 인해 의존적 애정 욕구가 좌절되었던 내담자의 내면에는 부모에 대한 적개심이 자리 잡았으며, 이는 부모의 이혼과 알코올 중독자인 부의 행패와 폭력, 어머니의 존재 부정과 배척 등으로 유지·강화되어 온 것으로 보입니다. 특히 내담자는 만성적인 폭력과 주사로 자신을 귀찮고 힘들게 만드는 아버지에 대한 원망과 화가 컸지만, 그에 대한 죄의식으로 불안이 높아 감정을 표출하지 못한 채 억압함으로써 우울하고 위축되며 무기력하고 우유부단한 성향을 갖게 된 것으로 짐작됩니다.

이러한 발달과정을 지닌 내담자에게 아버지의 사망 후 고조되는 불안감의 원인은 무엇이며, 상담 동기는 무엇일까요? 아버지 사망 이후 내담자는 '이제 나를 힘들게 하는 아버지는 없어, 이제 나만 잘하면 되는데……'와 같은 마음이 드는 반면, 아버지를 미워한 것에 대한 죄책감도 따라 올라올 것입니다. 이러한 갈등으로 인해 내담자는 불안감이 높아졌으며, 이를 해소하고자 상담을 받게 된 것으로 보입니다. 즉, 내담자는 이전의 억압적 방어에 의존하던 방식에서 벗어나 상담을 통해 보다 현실적이고 합리적으로 불안을 감소 · 제거하고자 상담을 받게 된 것으로 보입니다.

따라서 상담자는 내담자의 이러한 심정을 이해할 수 있어야 하며, 이러한 공감적 이해를 토대로 내담자 문제의 개입 계획을 수립할 수 있어야 합니다.

2. 말 못해서 생긴 병, 표현할 수 있게 하는 것이 우선입니다

감정을 억압하는 대처 방식은 심리적 문제 발생의 주요 원인이자 심화요인입니다. 내담자의 경우에도 아버지는 무섭고 어머니에게는 더 밀쳐질까 봐 자신의 감정을 표현하지 못하고 참는 게 일상이 되어 왔습니다. 그로 인해 내담자는 불안정하고 대인관계와 학업 등에서 위축되어 자신의 역량을 제대로 발휘하지 못하고 있으며, 소심하고 우울하고 무기력한 부적응적 성향을 보이고 있습니다.

따라서 내담자에게 가장 핵심적인 치료법은 억압된 감정을 충분히 표현할 수 있게 하는 것이며, 이러한 감정을 표현하기 위해서는 내담자가 죄책감에서 벗어날 수 있게 도와주는 게 우선되어야 합니다. 현재 죄책감은 내담자가 아버지의 죽음의 원인을 자신에게 귀인하는 방식과 그 방식을 아버지가 겪었던 삶의 아픔 전반에 적용시킴으로써 감정표현을 억압하게 하여 불안이 고조되게 만들고 있는 것입니다. 이에 상담자는 죄책감을 표현하는 내담자에게 '네가 할 수 없는 일이었다.' '상황상 그럴 수밖에 없었다.' '병원에서도 어쩔 수 없었던 거지.'와 같이 내담자의 입장과 행위를 타당화하는 반응을 해 주어 내담자가 죄책감에서 빠져나와 자신의 속내를 표현할 수 있게 도와줄 필요가 있습니다. 이러한 과정에서 상담자가 재부모 역할을 통해 교정적 관계 경험을 제공하는 것은 위축되었던 내담자의 변화와 성장에 기본 토대가 될 것입니다.

사례 6

이제 더 이상 부모 역할은 안 하고 싶어요

내담자의 말

나는 고등학교 2학년 여학생이에요. 우리 엄마는 부모 같지가 않아요. 엄마는 집안일을 시킬 때처럼 필요할 때만 나를 부르고, 내가 하는 얘기는 안 들어줘서 억울하고 너무 힘들어요. 게다가 내가 집안일과 동생을 챙기고 있는데도 인정은 못 받아요. 그래도 참고 견뎠는데 선생님과 진학상담을 하다가 그만 눈물이 왈칵 쏟아졌어요. 난 가족에게 관심 받고 싶고, 내가 얼마나 힘든지 엄마에게 말하고 싶고, 내가 노력했던 것을 이해받고 싶어요.

📝 **내담자 기본 정보**

1. 내담자 인적 사항

여, 18세, 고등학교 2학년, 2녀 중 첫째

2. 내담자 상담 경위

진학상담 중에 "부모님은 진로에 대해서 어떻게 생각하시니?"라는 담임선생님의 질문에 내담자가 눈물을 왈칵 쏟아서 개인상담을 권유하였고, 내담자가 상담을 신청하였다.

3. 주 호소문제

엄마 대신 집안일을 하고 동생을 챙겨도 가족들에게 하나도 인정을 못 받고 억울하다. 난 어디에도 내 얘기를 할 때가 없다. 내가 노력했던 것을 이해받고 싶고, 엄마가 동생에게 신경 써 주는 것처럼 나를 신경 써 주면 좋겠다.

4. 가족관계

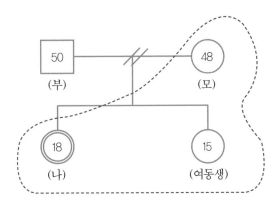

아버지(50세, 주차관리원) 내담자가 어릴 때부터 건강이 나빠서 경제생활을 하지 못하고 집에서 쉬는 날이 많았고, 이로 인해 아내와 자주 다투었다. 내담자가 초등학교 3학년 때 이혼한 후 주차관리원을 하며 혼자 살고 있다. 내담자는 자신의 이야기를 잘 들어주고 강요하지 않는 아버지가 좋고 가여우면서도 의지가 되지 않고 답답함을 느낀다.

어머니(48세, 식당 종업원) 가난한 어린 시절을 보냈기에 경제생활을 하지 않는 남편과 돈 문제로 자주 싸웠다. 이혼한 후 오후에 일을 나가서 아침에 들어오는 야간 식당 일을 하였고, 그로 인해 내담자에게 집안일과 동생을 챙기도록 하였다. 내담자는 엄마가 시키는 집안일을 하고 있지만, 엄마에게 인정받지 못해서 억울함을 느낀다.

여동생(15세, 중학생) 성격이 괄괄하고 자신이 필요로 하는 것을 잘 받아 내며 자기표현을 잘한다. 집에서 자신은 엄마에게 인정도 못 받고 내담자에게 간섭까지 당하고 있다고 말한다. 그러나 내담자는 자신보다 엄마와 여동생이 더 통하는 사이라고 느낀다.

📝 상담자가 본 내담자 문제 이해

내담자는 초등학교 3학년 때 부모님의 이혼 후 아버지와 따로 살게 되었고, 일하는 어머니를 대신하여 집안일과 여동생을 챙겨 왔다. 그럼에도 가족 중 누구에게도 관심과 인정을 받지 못해 억울함을 호소하고 있다. 이러한 내담자는 한 달 가까이 생리를 하면서 가족들에게 관심을 받고 싶었지만 아무도 알아주지 않아 외로움과 불안을 경험한 것으로 여겨진다. 또한 담임선생님과 진학상담을 하면서 시험 때마다 집안일이 떠올라 학업에 집중하지 못하고, 챙김을 받지 못했던 자신을 돌아보면서 슬픔이 올라왔던 것으로 짐작된다. 게다가 그동안 집안일과 동생을 챙기는 것을 자신의 몫으로 여기며 참고 인내하며 지냈지만 '지나치게 간섭한다'는 여동생 그리고 '뭐 한 게 있냐'고 하는 어머니의 반응으로 인해 자신의 노력을 인정해 주지 않는 가족에 대해 쌓였던 억울한 마음이 올라오면서 촉발된 것으로 보인다.

내담자는 어릴 때 영재 소리를 들을 정도로 똑똑해서 부모의 기대를 받았지만, 이혼 후 어머니가 전교 5등 한 것을 칭찬하기보다 집안일을 안 했다고 나무라면서 공부보다는 집안일을 도와야 했던 좌절된 기억을 가지고 있다. 또한 부모님이 이혼할 때 내담자는 어머니의 팔을 잡았으나 뿌리친 어머니에 대해 자신을 두고 떠나 버릴지도 모른다는 불안이 형성되었을 것으로 여겨진다. 그렇기에 내담자는 집안일과 동생을 챙기면서 어머니가 자신을 뿌리치지 못하도록 어떤 표현도 하지 못하고 참고 인내하며 지낸 것으로 보인다. 내담자는 초등학교 4학년 때 전학 간 학교에서 의지한 친구에게 부모의 이혼 사실로 협박을 받은 경험이 있다. 이로 인해 대인관계에서도 가족을 드러내는 것이 약점이 될까 봐 조심하게 되었고, 자기주장을 하지 못하게 되었다. 이처럼 내담자가 발달과정에서 가졌던 경험은 가족과 대인관계에서 관심과 인정을 받고 이해받고자 하는 의존적 애정의 욕구와 열망이 충족되지 못하고 표현되지 못하면서 심리적 갈등을 형성하게 된 것으로 여겨진다.

따라서 내담자가 의존적 사랑 욕구의 좌절로 인한 억울함과 가족들을 챙기는 부담감에서 발생하는 현실적 어려움이 무엇인지를 구체적으로 탐색하는 것이 필요하다.

📕 상담의 진행

1. 상담 목표 및 전략

1) 상담목표
- 부모 역할 대신하기가 자신에게 미친 영향에 대해 탐색한다.
- 자기 자신으로 살지 못했던 그 마음을 위로한다.
- 가족들에게 바라는 자신의 욕구와 감정을 알고 표현한다.

> 고2인 내담자의 현실적 상담목표로 적절한가?
> 내담자는 진학상담 중에 개인상담을 신청한 고2 학생이지만 상담자는 진로와 관련해서 상담목표를 수립하지 않았다. 이는 내담자가 가정에서 집안일과 동생을 챙기는 주부와 엄마의 역할을 하면서 억울함과 부담감을 호소하였기에 학생으로, 딸로 온전하게 살지 못하는 자신을 가족체계 안에서 이해하는 것이 우선되어야 한다고 파악하였기 때문이다. 그래서 상담자는 가족관계에서 내담자의 역할과 상황을 탐색하고, 억압한 욕구와 감정을 표현하는 것을 상담목표로 설정한 것이다.

2) 상담전략
- 편안한 분위기를 조성하여 내담자가 가정에서 주부로, 동생을 챙기는 보호자로 생활하면서 어려웠던 점과 힘든 점을 탐색한다.
- 억눌렸던 자기감정을 알아주고 위로할 수 있도록 돕는다.
- 역할극 시연을 통해 가족에게 바라는 욕구와 감정을 표현하고 수용받는 경험을 한다.
- 내담자가 직접 자신의 의사를 가족들에게 적절하게 표현할 수 있도록 돕는다.

그 외에 상담전략을 제안하면 다음과 같다.

- 모래놀이, 동물 가족화, 미술치료 기법 등의 매체를 활용하여 자신이 바라는 욕구와 감정을 수월하게 표현할 수 있도록 돕는다.
- 대처질문을 활용하여 내담자의 강점에 대한 지지를 통해 자신에 대한 자신감을 높인다.
- 체계적 둔감법을 활용하여 자신의 불안을 파악하고 낮춘다.
- 호흡법을 통해 신체를 이완하고 마음을 안정화할 수 있도록 돕는다.

2. 상담내용(총 10회)

1회(축어록)

상$_1$: 어떻게 상담을 신청하게 되었니?

내$_1$: 담임선생님과 진학상담을 하다가 "부모님은 진로에 대해 어떻게 생각하시니?"하고 질문하셨는데, 순간 울컥하고 눈물을 흘리니깐 담임선생님께서 상담을 한번 받아 보라 하셔서 개인상담을 신청했어요.

상$_2$: 부모님하고는 무슨 일이 있었니?

내$_2$: 음. 엄마가 부모 같지 않아요.

상$_3$: 부모 같지 않다는 말은 무슨 의미이지?

내$_3$: 딸인 내가 챙겨야 해요. 내가 어쩔 수 없이 챙겨야 해서 부담스러워요.

상$_4$: ○○이 나이에는 부모님에게 챙김을 받고 살아가는데 ○○이가 오히려 부모를 챙겨야 해서 부담스럽네. 어쩔 수 없이 부모를 챙겨야 하는 상황이 있니?

내$_4$: 초등학교 3학년 때 부모님이 이혼하셨어요. 그 이후로.

내$_1$: 가족관계에서 내담자가 느끼는 감정이 많이 차 있음을 알 수 있다. 상담을 신청한 동기가 드러난다.

상$_4$: 어머니와의 관계에서의 '부담감'을 반영해 주고, 부모를 챙겨야 하는 상황에 대해 구체적으로 질문한다.

상5: 부모님이 이혼하셨으면 ○○이도 많이 힘들었을 텐데 도와줄 만한 친척들이나 어른이 옆에 없었니?

내5: 이혼하기 전에는 할머니 할아버지랑 같이, 우리 가족 다 같이 살았어요.

상6: 언제부터 할머니 할아버지랑 같이 살았니?

내6: 아버지가 장남이라 제가 태어나기 전부터 쭉 같이 살았던 것 같아요.

상7: 어렸을 때부터 대가족이 함께 살다가 부모님께서 이혼하면서 헤어졌네. 그때 어떤 마음이었는지 기억나니?

내7: 음, 기억이 정확하지 않은데 그때는 아빠가 잘못해서 그런 줄 알고 엄마가 나가자고 해서 그냥 엄마만 따라갔어요.

상8: 아버지가 어떻게 잘못한 걸로 알았는데?

내8: 전에 아빠가 베개로 엄마를 때리는 걸 본 적이 있어요. 초등학교 2학년 때.

상9: ○○이가 그걸 봤네. ○○이는 그때 어떻게 행동한 걸로 기억 하지?

내9: 할 수 있는 건 없었어요. 표현도 못하고, 그냥 울면서 할머니를 깨웠어요.

상10: 아무것도 안 한 건 아니네. 초등학교 2학년이 할머니를 깨운 건 제일 좋은 방법이었을 것 같은데. 그렇게 하기도 쉽지 않단다.

내10: 아~ 그렇게 생각 안 해 봤어요. 할머니께서 "너희, 왜 그래?" 하고 호통치셔서 싸움이 끝났어요.

상11: 지금 생각해 보면 마음이 어때?.

내11: 싸움이 크게 안 나서 다행이에요.

상5: 내담자의 인적 지원체계가 있는지 탐색하는 질문이다.

상6: 이혼하기 이전 가족관계의 변화 시점을 묻는 질문이다.

내7: 내담자가 정서가 아닌 상황을 표현한다.

상9: 부모의 행동에 대해 내담자가 어떻게 인지하고 있는지, 어떻게 느꼈는지를 알아보는 탐색적 질문도 필요하다. "그때 ○○이의 마음은 어땠어?"

상11: 내담자가 현재에서 그때의 정서를 경험할 수 있도록 하는 탐색적인 질문이다.

상₁₂: 이혼하기 전에 부모님께서 자주 싸우셨니?

내₁₂: 아빠가 몸이 안 좋아 자주 집에 있었어요. 엄마가 불만이 많았어요. 부모가 열심히 살아야 하는데 하면서 잔소리를 엄청 했어요.

상₁₂: 내담자가 과거의 감정을 현재에서 표현한 것이므로, 상담자는 내담자의 반응을 반영한 뒤 질문하는 것이 필요하다. "그때는 불안했는데 지금 돌아보니 다행이라고 느껴지는 마음이 있네."

상₁₃: 그럴 때 어머니가 어떻게 느껴지니?

내₁₃: 음, 잔소리 듣기 싫으면 엄마한테 잘해야겠다 생각했어요.

상₁₃: 아버지가 어떻게 반응하는지에 대한 탐색적 질문을 한다면 부모의 관계 패턴을 알 수 있다.

상₁₄: '잘해야겠다'고 생각하면 어떤 마음이 올라오지?

내₁₄: 음, 부담스러워요.

상₁₅: 부모를 챙겨야 해서 부담스럽고 잘해야겠다 했을 때도 부담스럽네. 어머니는 성격이 어떠셔?

상₁₄: 내담자가 잘해야 하는 것이 무엇인지 인식하는 것을 확인할 필요가 있다. "어머니한테 잘하는 건 어떻게 하는 거니?"

내₁₅: 엄마는 독불장군이에요. 다섯 살 때 집에서 영어학습지를 했는데 잘 못한다고 꾸중 들었어요.

상₁₆: 다섯 살 때 기억이 남아 있을 정도이면 강렬했다는 건데 그때 생각하면 마음이 어때?

내₁₆: 그 뒤로 영어를 안 했어요.

내₁₅: 어머니에 대한 성격 탐색을 통해 내담자에게 남겨진 응어리를 표현한다.

상₁₇: 영어 하면 어머니가 꾸중한 것이 기억나고 영어를 안 할 정도로 마음이 많이 상했나 보네. 다섯 살 때 영어학습지를 할 정도이면 어머니가 ○○이에게 거는 기대가 있었니?

내₁₇: 어릴 때는 영재라고 얘기 들었어요.

상₁₈: ○○이가 똑똑해서 어머니의 기대가 컸네. 동생도 그

상₁₇: 내담자의 대처 방식을 탐색하는 질문이 필요하다. "어머니한테 스스로 안 하겠다고 얘기했니?" "어머니가 끊은 거니?" "마음이 상해서 그만둔 게 또 있어?"

랬어?

내₁₈: 음, 여동생은 어릴 때 뭘 시켜도 공부를 썩 잘하지 않은
것 같아요.

상₁₉: 어머니는 어릴 때 어떻게 자랐는지 들은 것 있니?

상₁₉: 어머니 성장에 대한 질문으로 방향이 전환되고 있다. 이때 동생과 비교하는 반응에 대한 심층적인 탐색이 필요하다. "동생보다 공부를 잘했을 때 ○○이가 기대했던 마음은?" "동생이 공부를 잘하지 못했을 때 어머니는 어떤 반응을 보이셨니?"

내₁₉: 외갓집이 가난해서 엄마가 힘들었다고 해요. 그렇지만
저도 많이 힘들었어요.

상₂₀: 뭐가 제일 힘들었지?

내₂₀: 엄마가 내 얘기를 안 들어줘요. 속상해요.

내₁₉: 내담자는 어머니 관련 얘기보다 자신의 힘듦을 더 얘기하고 싶어 한다는 걸 알 수 있다.

상₂₁: ○○이는 눈을 맞추고 얘기를 서로 들어주는 것을 좋아
하는데 어머니가 그걸 안 해 주시니까 진짜 속상하겠네.
언제부터 얘기를 안 들어주는 것 같았니?

상₂₁: 내담자의 '속상함'을 공감해 주고, 감정의 시작점을 탐색하는 질문이다.

내₂₁: 초등학교 3학년 때부터 엄마가 이혼하고 식당 같은 데
나가시고 제 얘기를 귀담아 안 듣는 것 같았어요.

상₂₂: 이혼하고 어머니도 먹고 살기 위해서, 바삐 일하느라 귀
담아 듣지 못하는 상황이 있어서 그랬겠지만 그런 엄마
를 어린 ○○이가 이해하기에는 더 힘들었겠다.

상₂₂: 어머니와 내담자의 상호 소통 방식이 이혼 전에는 어땠는지를 탐색하거나 내담자가 어머니의 상황을 직접 말할 수 있도록 하는 것이 필요

내₂₂: 진짜 힘들었어요. 내 얘기도 안 들어주면서 나한테 분풀
이를 해요.

상23: 어떻게 분풀이를 했어?

내23: 집을 어지럽히거나 동생을 못 챙기면 '이럴 거면 아빠한테 가라'고 했어요.

상24: 세상에. ○○도 어린데 집안일에 여동생도 챙기라 하고. 게다가 그걸 못하면 아버지한테 가라고까지. 나도 어려서 집안일도 못하고 아버지한테도 못 간다고 얘기하지 그랬어.

내24: 그냥 말도 못했어요.

상25: 말을 못한 이유가 있어?

내25: 그때는 내가 힘들어도 집 청소도 하고, 여동생도 엄마 대신 챙겨야 한다고 생각했어요. 그게 어머니를 위하는 거라 생각했어요.

상26: 사람들은 힘들면 힘들다 기쁘면 기쁘다 다 얘기하고 싶어 하는데 어린 ○○이가 엄마를 위한 마음에 힘들다는 말도 못하고 속으로 삼켜 버렸네.

내26: 내가 가족들에게 노력하는 거에 비해 대우를 못 받는다고 생각돼요. 엄마는 돈만 있으면 다 돼요.

상27: 그렇게 생각하는 이유가 있어?

내27: 중학교 때 진로를 정할 때 엄마가 '돈 없으니 실업계 들어가라.' '빨리 돈 벌어라.' 했어요.

상28: 그 말을 들을 때 마음이 어땠니?

내28: 나한테 돈 쓰기 싫다는 소리로 들렸어요. 여동생은 용돈 주면서 나한테는 '아껴 써라.' 해요. 나한텐 돈 주는 게 아까운가 봐요.

하다. "어머니가 이혼하기 전에는 어땠지?" "○○이가 말할 때 어머니는 어떻게 듣고 있지?"

상24: 가족을 챙기지 못할 경우 어머니의 분풀이를 감당해야 하는 내담자의 힘듦을 공감한다. 또는 아버지한테 가라고 했을 때의 심정을 물어보는 질문이 필요하다. "아버지한테 가라는 말을 들었을 때 ○○이의 마음은 어땠어?" "어머니가 그런 말을 했을 때 어머니한테 어떤 감정을 느꼈어?"

상26: 상담자는 말을 삼키는 내담자의 행동을 반영한다. 또는 어머니를 위하는 마음을 공감해서 반응한다면 내담자가 자신의 감정과 행동을 긍정적으로 이해하는 데 도움이 된다.

상29: 속상하겠네. ○○이한테만 그러시니?

내29: 여동생은 요령 있게 다 받아 가요. 난 엄마가 '돈 없다' 하면 힘드니깐 얘기하는 거겠지 생각돼서 이해하려고 하고, 동생은 성격이 괄괄하고 다 표현해서 그런지 엄마가 동생이 얘기하면 다 해 주고.

상30: 그럴 때 어떤 마음이 들지?

내30: 왜 나는 같은 딸인데 나한테만 왜 이러나 싶어요. 그냥 나는 딸보다는 엄마의 집안일하는 사람인가?

상31: 가족을 위하는 마음이 받아들여지지 않고 혼자라고 느껴지는 거네.

내31: 〈침묵〉 어떨 때 너무 속상해서 엄마 부르고 싶지 않고 엄마를 안 보고 살고 싶은데, 어떨 때는 좋아하는 마음도 있고 괴로워요.

상32: 갈등이네. 좋아만 하든지, 미워만 하든지 한 가지만 하면 괴롭지 않은데 이러지도 저러지도 못하니까 괴롭겠다.

내32: 엄마가 가끔씩 밥해 놓고 기다려요.

상33: 어머니라면 당연하다고 생각할 수 있는데 그게 어떻게 느껴져?

내33: 그게 너무 좋아서…… 〈눈물〉 엄마가 조금만 변해 주면 좋을 것 같아요.

상34: 어머니가 ○○이를 위해서 밥 해 놓고 기다려 주는 게 너무 좋았네. 어머니가 뭐가 조금만 변하면 좋을까?

상29: 내담자의 '속상함'을 공감하면서 어머니의 가족관계 내에서의 태도를 탐색한다. 이는 가족관계에서의 친밀함과 소통 방식을 파악하는 데 도움이 된다.

상30: 내담자의 억울함이 충분히 표현되도록 감정을 탐색한다. 또는 어머니가 돈과 관련하여 동생과 다르게 행동하는 것에 대해 공감하는 반응이 필요하다. "어머니가 ○○이한테만 인색하시니 많이 속상하겠네."

내31: 벗어나고 싶지만 의존하고 싶은 어머니에 대한 양가감정을 표현한다.

상32: 어머니에게 느끼는 양가감정을 공감한다. 또는 내담자의 오랜 침묵의 의미에 대한 탐색이 필요하다. "무슨 생각을 하고 있었니?" "침묵할 때 어떤 이미지가 떠올랐어?"

내₃₄: 어머니가 제가 얘기할 때 들어주고, 힘들었다는 것 이해
해 주면 좋겠어요. 나는 의지할 데가 없어요.

상₃₅: 이해받고 의지하고 싶었네. 가족을 둘러봐도 아무도
○○이를 이해하는 사람이 없다고 느끼니?

내₃₅: 〈고개 끄덕임〉

상₃₆: 아버지하고는 연락하니?

내₃₆: 지금도 한 번씩 만나러 가요. 아빠한테는 미안한 마음이
있고.

상₃₇: 아버지에게는 미안한 마음이 있네.

내₃₇: 중학교 때 아빠랑 있었으면 차라리 나았을 텐데, 그런
생각이 들어요.

상₃₈: 어떨 때 그런 생각이 들지?

내₃₈: 엄마가 기분 좋은 날은 웃으면서 '왔어.' 하시지만 안 좋
으면 '뭘 먹었으면 치워야지.' 하고 막 뭐라고 해요. 그
래서 학교 갈 때 청소 다 해 놓고 나가야 해요.

상₃₉: 어린 나이에 학교 가기도 바쁠 건데 어머니의 기분에
맞춰 반응하기가 얼마나 힘들었을까? 그랬겠다. 이런
마음을 어머니에게 얘기해 본 적은 있니?

내₃₉: 얘기 안 해 봤어요.

상₄₀: 그렇게 힘들었는데도 얘기를 안 해 봤네. 얘기를 못한
이유가 있었겠지만 표현하지 못하면 비슷한 문제가 생
길 수 있어. 어머니가 무엇을 알아주면 좋은지 지금은

상₃₄: 내담자의 호소문제가
드러난다.

상₃₆: 지금 현재의 아버지와
의 관계를 탐색한다.

상₃₇: 내담자가 아버지에
대해 느끼는 감정을
그대로 읽어 준다. 또
는 감정에 대해 구체
적으로 묻는 질문이
필요하겠다. "아버지
한테 미안한 마음이
드는 이유는 뭘까?"

내₃₇: 아버지랑 정서적으
로 연결되어 있음을
알 수 있다.

상₃₉: 내담자가 그 당시 느
꼈을 힘듦에 대해 공
감하는 반응이다. 나
아가 어머니와의 소
통 방식을 한번 더
탐색한다.

상₄₀: 내담자의 표현하지
못하는 마음을 공감
하면서 상담장면에

얘기할 수 있겠니?

내₄₀: 엄마한테 편하게 나도 힘들었다는 얘기를 하고 싶어요. 엄마한테 '너도 고생했다'는 얘기를 듣고 싶고 알아줬으면 좋겠어요.

상₄₁: 어머니가 ○○이가 얼마나 마음고생을 했는지, 힘들었는지 알아줬으면 좋겠네. ○○이가 그러한 마음이 들 수밖에 없었던 경험이나 감정들이 있었을 거야. 상담을 통해서 어떤 도움을 받고 싶지?

내₄₁: 잘 모르겠어요. 그냥 얘기하니깐 편해졌어요.

상₄₂: ○○이가 얘기하기가 쉽지 않았을 텐데 용기 내준 것 고맙고, 표현해 보니 마음이 좀 편해졌다니 너무 기쁘네. ○○이 마음과 몸이 좀 더 편할 수 있으려면 어떤 도움이 필요할까?

내₄₂: 음, 엄마가 좀 변해서 여동생처럼 나에게도 신경 써 주면 좋겠어요.

상₄₃: 그래. 그게 ○○이가 상담에서 바라는 거네. 상담을 통해서 ○○이가 느꼈던 감정들을 표현해 보면서 ○○이가 편안해지고 자신을 이해하는 시간들을 가져 보자. 그 힘으로 다시 어머니에게 자신에 대한 이야기를 해 보면 좋겠어. 함께 해 보자.

서 표현할 수 있도록 시도해 본다. 이는 내담자의 욕구를 이해하는 데 도움이 된다.

상₄₁: 내담자의 핵심 문제인 어머니로부터 이해받고자 하는 마음을 공감해 주면서 상담 구조화를 하고 있다.

상₄₃: 어머니에 대한 내담자의 바람을 확인하면서 상담 동맹을 형성하고 있다.

2회

(¹두 번째 상담인데 지금 마음은 어떠니?) 음. 마음이 왔다 갔다 해요. 초등 4학년 때 부모님 이혼 얘기를 친구한테 한 적이 있어요. 그다음에 그 친구랑 안 좋은 일이 있었는데 "이

1. 첫 회기 상담에서 내담자의 솔직한 감정표현이 많았다. 그러므로 자신을 개방한 후 내담

런 식으로 나오면 너네 엄마 아빠 이혼한 얘기 다 할 거다." 라고 얘기했어요. 그 뒤로 친구를 사귈 때도 내 얘기를 잘 안 하게 되고. 친구는 걔 하나였는데 오랫동안 같이 있어 준 친구였어요. (힘들 때 의지한 친구라서 부모님 이혼한 것을 얘기했을 텐데. 마음고생 했겠다.) 그랬는데 나한테 약점이 됐어요. 안 좋을 때 담임샘과 함께 삼자대면을 했는데 처음에 샘이 "둘 다 잘못했으니깐 화해해라." 해서 나는 사과했어요. 걔는 끝까지 안 받아 주고 사과도 안 했어요. (^{2}그때 마음이 어땠어?) ^{3}혼자 남겨진 기분이었어요. 그 뒤로 친구들한테 마음을 잘 안 주고 고민 얘기도 안 하게 됐어요. (그랬겠다. 의지한 친구에게 외면당했으니 얼마나 상처가 됐겠니? 중학교나 고등학교에서는 마음 편하게 얘기하는 친구가 있어?) 없어요. 친해지는 건 금방인데 내가 다가가면 관계가 지속될 것 같기도 한데 다가가지 못해요. 저번처럼 친해지니깐 가족 얘기를 하게 되고. 가족 얘기 듣고 어떤 친구는 위로하지만 어떨 때는 약점이 되는 것 같아서 조심하게 돼요. 엄마도 '이혼'했다는 얘기하지 마라 하세요. 약점 된다고. 다른 사람이 좋게 안 본다고. (친해지고 나면 자연스럽게 가족 얘기를 하게 되는데, 부모의 이혼이 자꾸 관계에서 움츠러들게 하네. 초등학교 친구가 계속 영향을 미치고 있고 가족 중에서는 힘들 때 누구한테 말하니?) ^{4}아빠는 내 얘기를 잘 들어주고 좋은데 딱히 해결책이 없어요. 내가 힘들다 하면 "그냥 무시해라. 그냥 내가 우는 게 아프다." 라고 해요. (그때 마음이 어땠어?) 그냥 이 상황이 답답해요. (힘들 때나 괜찮을 때 누구한테 말 못하고 있으면 몸도 아프고, 다 마음에 병이 된다. 아빠한테라도 얘기할 수 있어서 다행이기는 한데, 아버지가 듬직하게는 느껴지지 않았네.) 어릴 때는 아빠가 잘못해서 이혼한 줄 알았고, 엄마가 '가자' 해서 따라 나왔는데, 막상 엄

자의 감정의 동요가 없었는지를 지금 현재의 감정을 묻는 탐색적 질문을 통해 구조화하고 있다.

2. 부모의 이혼이 관계에서 약점이 되고 친구에게 사과도 못 받은 것에 대해 표현하고 있으므로 어떤 문제로 친구가 협박했는지를 탐색해 볼 필요가 있다. "친구랑 무슨 일이 있었지?" "친구가 어떻게 얘기했어?"

3. 부모의 이혼으로 인한 내담자의 대인관계 방식과 정서(외로움)가 드러난다.

4. 아버지에 대한 욕구와 감정이 드러난다. 아버지에 대한 양가적 감정과 기대가 더 드러날 수 있도록 촉진할 필요가 있다.

마랑 사니 장녀라고 엄마 대신 집안일도 동생도 내가 챙기고
스트레스가 많았어요. 그러면서 하나도 인정해 주지 않고. 뭐
한 게 있냐고 하고. 난 어디에도 내 얘기를 할 때가 없어요.
(^{5}가족에게 내 얘기를 마음 편히 할 수 없고 힘들었겠다. ○○
이가 어머니 아버지에게 전달하지 못한 이야기, 하고 싶은 이
야기는 여기에서 뭐든지 어떠한 것이라도 떠오르는 대로 다
표현해 보자. 그렇게 나랑 연습해 보자.)

5. 내담자의 지금 감정에
대해 공감하고, 이를 표
현할 수 있도록 격려하
고 있다.

 2회 멘토의 이야기

1. 내담자의 행동 변화

내담자는 1회와 달리 부모의 이혼이 친구관계에서 약점이 되어 친구들에게 다가
가지도 못하고 조심스러웠다고 대인관계에서의 어려움을 털어놓고 있습니다.

2. 내담자의 행동 변화 계기 분석

1회에 상담자가 내담자를 이해하고 지지하는 반응을 보인 것이 내담자의 마음
을 여는 데 도움이 된 것 같습니다. 이를 통해 2회에서도 내담자는 친구관계에
서의 자신의 상황에 대해 있는 그대로 표현할 수 있었던 것으로 보입니다.

3. 추가 탐색이 되면 좋을 부분

내담자가 친구관계에서 경험한 내용을 구체적으로 탐색할 필요가 있습니다.
친구가 부모 이혼의 약점으로 내담자를 협박할 정도의 일이 무엇인지, 내담자
가 친구에게 한 행동은 무엇인지, 내담자의 과거의 또래관계뿐 아니라 현재의
또래관계의 양상도 구체적으로 탐색하면 내담자의 친구관계 방식을 이해하는
데 도움이 될 것으로 보입니다.

3회

(¹가장 어릴 때 생각나는 기억은?) 네 살? 다섯 살인가? 엄마 무릎 베고 누워서 아빠를 기다리던 기억이 있어요. (느낌은?) 엄마 무릎이 되게 좋았어요. 부드럽고 따뜻하고. 그런데 ²지금 생각해 보니 좋으면서도 엄마가 아빠 늦게 온다고 화 낼까 봐 눈치 보고 있었던 것 같아요. (좋은 내 마음보다 엄마의 표정을 살피면서 눈치 보는 마음이 있네. 지금 어머니와의 관계에서도 그러니?) 지금도 엄마 눈치 보면서 억지로 참고 공부도 해요. 내가 공부를 잘한 것보다 청소를 안 한 것 가지고 더 야단치기 때문에 야단 안 맞으려고 청소를 해요. (그럴 때 어떤 마음이 들어?) 여태껏 엄마한테 밉보이지 않으려고, 잔소리 안 들으려고 공부도 했는데 엄마에게 나는 안 보이고 청소가 더 중요했다고 생각돼요. (³어머니한테 밉보이지 않는 게 중요해서 눈치도 보고 청소도 공부도 했네. 여동생은 어때?) 엄마에게 여동생은 서로 얘기가 통하는 존재이고, 나는 엄마 대신 동생 챙기고 청소하고 그래야 하는 사람이에요. (⁴가족 중에 자신만 일을 해야 한다는 느낌을 받네. 왜 그런 것 같니?) 엄마는 나랑 있으면 그런 분위기가 안 나요. 둘이 있으면 난 그러고 싶지 않은데 즐겁고 일상적인 얘기 대신 '뭐 해 놨나?' 그런 얘기만 해요. (그런 얘기 들으면 어떤 생각이 들어?) 왜 나를 이런 식으로 대우하나 싶어요. 지금도 불안해요. 이 상황 자체가 불안해요. 속에 참고 있는 말이 언제 터질지 몰라서 (누르고 있지만 위태롭고 불안하네. 참고 있는 얘기는 뭐니?) 엄마에 대해 자꾸 이중적인 생각이 들고 자꾸 대립되는 것 같아요. 욱해서 하고 싶은 말은 많은데 어떻게 얘기할지 모르겠어요. (⁵여동생처럼 엄마랑 스스럼없이 친하게 지내고 싶은데 그 마음을 어머니가 몰라

1. 내담자 문제의 원인 파악을 위해 발달사를 탐색할 때 하는 질문이다.

2. 내담자의 첫 기억 속에서 눈치 보는 마음이 지금 관계에서 내담자가 보이는 태도와 연결되어 있음을 드러내고 있다.

3. 내담자에게 있어 중요한 형제관계에서의 부모의 태도를 탐색한다.

4. 여동생에 비해 어머니하고의 관계에서 정서적으로 연결되지 못함을 표현하고 있으므로 그 이유에 대해 탐색한다.

5. 내담자가 표현하지 못했던 감정을 상담장면

쥐서 많이 속상했겠네. 눈치는 보면서도 그걸 어떻게 표현해야 할지 모르니깐 더 힘들었겠다. 그러면 연습해 볼래? 나를 엄마라 생각하고 엄마에게 속상했던 얘기 생각나는 대로 한 번 해 볼래?) 〈침묵한 채 바닥만 봄〉 선생님을 엄마라 생각해도 말이 안 나와요.

에서 재현하는 연습을 시도한다.

 3회 멘토의 이야기

1. 내담자의 행동 변화

내담자는 어머니에게 역할로만 관계하는 것에 대한 서운함과 불안에 대해 구체적인 상황을 들어 표현하고 있습니다. 첫 기억을 통해서나 지금 관계에서 끊임없이 눈치를 보면서도 엄마에게 참고 있던 말이 터질까 봐 불안해하고 있습니다.

2. 내담자의 행동 변화 계기 분석

내담자의 첫 기억과 가족관계에서의 정서를 구체적으로 드러낼 수 있는 질문('지금 엄마와의 관계에서도 그러니?' '누르고 있지만 위태롭고 불안하네. 참고 있는 얘기는 뭐니?' 등)을 통해 가족관계에서의 내담자의 불안과 외로움이 표현되었음을 알 수 있습니다.

3. 추가 탐색이 되면 좋을 부분

내담자의 첫 기억에 대한 감정을 충분히 다루어 주고 엄마와 동생의 소통에 따른 내담자의 속마음이 구체적으로 탐색되고 표현될 수 있도록 공감적 질문들이 필요한 것으로 보입니다. 또한 내담자가 남의 것은 크게 인식하고, 자신의 것은 작게 인식하는 패턴이 있는지를 확인할 필요가 있습니다.

4회

(중간고사 끝내고 어떻게 지냈니?) 오랜만에 아빠에게 갔어요. 근데 아빠도 설거지 시키고 일하라고 했는데, 내가 속상해서 '하기 싫다'니깐 아빠가 "넌 장녀가 돼 가지고 일이 보이면 좀 움직여야지, 그것도 하기 싫어?" 했어요. (¹오랜만에 아버지한테 갔는데 쉬지도 못하고. 아버지 얘기에 마음이 어땠어?) 서러웠어요. 나도 첫째가 돼서 여태까지 너무 힘들었는데 아무도 몰라 줘요. (아버지가 어떤 마음을 알아주면 좋겠어?) ²난 너무 힘들다, 난 사랑을 더 받고 싶다, 내가 사랑받아야 할 때 안 받아 줘서 억울하다 하니 아빠가 뭐가 힘드냐며 내가 다 큰 줄 알았다고 얘기했어요. 아빠한테 실망이에요. 나한테 부모 역할 다 시켜 놓고. 표출 안 해서 더 그런 것 같아요. 막상 내가 기댈 사람이 없어요. (³그 말이 아프네. 난 여태껏 가족들을 위해 많은 것을 했는데 사랑도 덜 받고 기댈 사람도 없고. 믿었던 아버지마저 나를 알아주지 않으니.) 여동생도 '언니가 제일 어른스러운 줄 알았는데' 했어요. '난 부모도 아니고 나도 고등학생밖에 안 됐다'고 얘기했어요. 엄마뿐만 아니라 가족 누구도 내 마음을 몰라 주고 어떻게 해결할지 모르겠어요. (가족 누구도 네 마음을 몰라 주니 어떤 마음이 들어?) 슬프고 외로워요. 쉽게 안 변할 것 같지만 아직도 알면서도 엄마에게 인정받기 위해 여전히 끌려다니고. 내가 왜 이러지? 이제 습관이 되어 행동 하나하나도 엄마 의견대로 움직이게 돼요. (⁴가족관계에서 ○○이만 혼자가 될까 봐 두려운 마음이 이해가 돼. 그러한 감정이 오래 지속되면 엄마하고의 관계에 영향을 미쳐 그렇게 되기 쉽지. 만약 가족들이 변한다면 ○○이의 무엇을 알아주면 좋겠어?) 가족들이 내가 힘들었던 것 알아주고, 이제는 기대고 싶어요.

1. 내담자의 정서표현을 받아 주고 공감적 질문을 통해 내담자가 감정을 더 표현할 수 있도록 한다.

2. 내담자의 솔직한 마음이 드러나는 표현으로 주호소문제가 드러난다.

3. 내담자가 가족들에게 느끼는 마음을 반영한다.

4. 내담자가 가족들에게 바라는 것을 구체화시킨다. 또는 내담자가 집안일을 안 챙기면 어떤 일이 발생할지 탐색할 수 있는 질문이 필요하

(⁵가족들 모두에게 사랑받고 싶고 의지하고 싶네. 당연하다. 지금 그 마음을 가족들에게 표현해 보는 것은 어때? 여동생한테 표현했듯이 한번 여기에서 연습해 볼 수 있겠니?) 어릴 때부터 나에 대한 기대를 내려놓았어요. 엄마한테는 집안일 하는 딸이 필요한 것 같아 슬펐는데, 힘들어도 속으로만 했는데 아빠마저 몰라 주니 눈물이 났어요. 아직 엄마에게는 어떻게 표현해야 할지 모르겠어요.

겠다. "만약 어머니가 요구하는 집안일과 동생을 챙기지 않으면 어떻게 될 것 같지?"

5. 내담자가 가족들에게 바라는 마음을 공감해 주고 자신의 문제를 해결하기 위한 행동을 제안한다.

 4회 멘토의 이야기

1. 내담자의 행동 변화

내담자가 가족관계에서 외롭고 슬픈 마음을 폭발적으로 표현했습니다. 아버지에게 사랑받아야 할 때 받지 못한 것, 여동생에게도 더는 엄마 역할을 하고 싶지 않음을 털어놓았습니다. 또한 내담자는 부모 역할을 벗어나 딸로서 의지하고 싶고 기대고 싶다며 그동안 제대로 표출하지 못했던 자신의 욕구와 바람을 말하고 있습니다. 지금까지 그러한 마음을 드러내지 않았기 때문에 힘겨움이 더 심해졌다는 것을 인식하고 있습니다.

2. 내담자의 행동 변화 계기 분석

내담자는 아버지가 자신을 이해하는 줄 알았는데 엄마와 똑같은 반응을 하여 감정이 폭발적으로 올라왔습니다. 이처럼 내담자가 가족 안에서의 역할과 기대에서 벗어나고자 하는 욕구를 드러낸 것은 상담자가 내담자의 내면에 잠재되어 있는 무의식적 욕구와 자신의 행동을 살펴볼 수 있도록 질문하고, 자신의 문제를 해결하기 위한 행동을 제안하였기 때문인 것으로 보입니다.

3. 추가 탐색이 되면 좋을 부분

내담자는 반복적으로 자신을 집안일만 하는 딸로 여기는 엄마로 인해 슬퍼하고 있습니다. 그러므로 내담자가 집안일만 하는 딸의 의미와 자신의 존재에 대해 어떻게 느끼는지를 구체적으로 탐색하는 것이 필요합니다. 또한 내담자가 가족에 대한 자신의 생각과 감정을 드러냈던 장면에서 상담자가 조금 더 구체화시키고 격려하면서 부모도 감당할 힘이 있음을 상기시켜 주었다면 내담자가 보다 자신의 욕구를 명확히 알고 행동으로 실행할 수 있는 힘을 얻을 수 있었을 것으로 여겨집니다.

 5회

(성격은 어떠니?) [1]초등학교까지 내성적 성격이 강하지 않았어요. 지금은 다른 사람이 어떻게 생각할지 신경 쓰이고 눈치가 있는 편이라 내 얘기를 잘 안 하게 돼요. 이혼 후 엄마가 "친구들한테 이혼했다고 하지 마라. 이게 알려지면 너희를 안 좋게 볼 거다."라고 했죠. 그때마다 '이게 잘못된 일인가?' 부모가 이혼하면 흠이라고 하니 '내가 흠 가진 사람인가? 나도 안 좋게 보이나?' 생각했어요. 전에 얘기했지만 초등학교 4학년 때 친구랑 다퉜는데 이혼으로 협박당해서 그때부터 엄마 말처럼 흠이구나 싶어 고등학교에서는 숨겼어요. ([2]초등학생일 때라 내 상황이 지금 이렇고 저렇고 마음이 이렇다 저렇다 얘기하지 못해서 힘들었겠다. 그러한 마음이 지금까지 이어져 친구관계에서 계속 나를 드러내지 못하고 숨기게 되네. 그래도 만약 용기를 내어 초등학교 상황으로 다시 간다면 어떻게 얘기하고 싶니?) 음, 모르겠어요. 긴장되고 불안해

1. 부모의 이혼으로 인해 자아상이 부정적이고 불안했으며, 친구관계에서도 소극적으로 대처했음을 표현하였다.

2. 내담자의 고통에 공감하면서 어린 시절 사건을 재구성할 수 있도록 개입한다.

서 '감정 표출 안 해야지.' 하고 친구의 눈치만 봤는데. 친구
가 없는데도 긴장돼요. 손만 보게 되고 작아지는 느낌이에요.
어려워요. 내가 어떤 말을 하고 싶었는지 모르겠어요. (³몸이
먼저 반응할 정도로 긴 시간 동안 긴장하고 눈치 보면서 힘
들었네. 그런데 ○○가 지금 느끼고 있는 생각과 감정에 대해
서 표현할 수 있어야 울컥할 때도 화날 때도 내가 스스로 조
절이 가능하고, 내 마음을 친구도 가족도 관심을 가지고 알아
줄 수 있어. 지금 내 얘기가 어떻게 느껴져?) 얘기하는 게 중
요하다고는 알고 있는데, 생각은 해 본 적 있는데 다른 친구
들이 나를 안 좋게 볼까 봐, 흠 있는 아이로 볼까 봐 그냥 무
서워서 참았어요. (⁴부모님이 이혼한 건 ○○이가 어찌해 볼
수 없는 일인데, 좋은 아이로 보지 않을까 봐 하고 싶은 말을
참았네. 그게 가족관계에서도, 친구관계에서도 똑같이 적용
되는 것 같네. 지금 친한 친구는 몇 명이야?) 1명이에요. (⁵그
친구는 ○○이가 부모님 이혼을 얘기하지 않았기 때문에 좋
은 아이로 알고 사귀고 있는 것 같니?) 모르겠어요.

3. 내담자가 자신의 감정을 표현하지 못하게 된 마음에 대해 공감하면서 표현의 중요성을 교육한다.

4. 내담자의 표현의 어려움에 공감하면서 내담자가 가족관계나 친구관계에서 같은 대처 방식으로 행동하고 있음을 비춰 주고 있다.

5. 상담자는 부모의 이혼이 친구관계에서 불편감의 주요인인지를 점검하면서 직면시킨다.

 5회 멘토의 이야기

1. 내담자의 행동 변화

내담자는 부모가 이혼한 것 때문에 친구들이 자신을 안 좋게 볼까 봐, 흠 있는
아이로 볼까 봐 두려워하는 마음이 있습니다. 그래서 앞 회기에서 했던 이야기
를 반복적으로 하면서 말을 하지 못하고 참아야 했던 불안과 긴장에 대해 표현
하고 있습니다.

2. 내담자의 행동 변화 계기 분석

내담자의 친구관계에서의 불안과 두려움이 앞에서 구체적으로 탐색되지 않았기 때문에 계속적으로 올라오고 있는 것으로 보입니다.

3. 추가 탐색이 되면 좋을 부분

상담자가 대부분의 사람은 대인관계에 있어 자신에게 불리한 이야기는 안 하는 경우가 많음을 알려 주는 것이 필요합니다. 이를 통해 내담자의 대인관계에서의 무거움도 덜어 주고, 소통방식에 대해 통찰하고 인식을 수정하는 데 도움이 될 것으로 여겨집니다.

6회

(피곤해 보이는데?) 요즘 깊게 못 자요. 쉬는 게 쉬는 것 같지 않아요. (무슨 걱정이라도 있니?) 생각이 많아요. 머릿속에서 2명이 서로 대화하는데. 억울했던 것 말하고, 이미 지난 건데 녹이자 말하고, 억울해서 못 한다 얘기해요. 매일 매 시간 다르고 결론이 안 나요. (진짜 힘들겠네. ○○에게 두 가지 마음이 서로 얘기를 하고 있으니 쉬지도 못하고 잠도 못 자게 하네.) 생각 안 하고 싶어서 컴퓨터로 다른 볼거리 보는데도 자연히 가족이 대입되고 이해하려고 노력하는 나를 보게 돼요. 혼자서 기준을 잡아야겠다 생각해요.([1]기준을 잡으면 뭐가 좋아질 것 같니?) 가족들한테 덜 목매달 것 같고 억울함이 덜할 것 같아요. 사실 지난주에 아빠랑 안 좋아서 그런지 전화가 와서 놀러 와라 하는데 목소리가 달라서 내 눈치를 보는 것 같았어요. (마음은 어땠니?) 마음이 좀 풀렸어

1. 내담자가 문제 해결에 대하여 어떤 기대를 하는지 점검한다.

요. (²아버지가 ○○ 눈치를 보면 ○○ 마음을 알아주는 것으로 느껴졌니?) 눈치를 본다는 게 나한테 관심 있는 걸로 여겨지고 억울함이 덜해져요. 아빠도 가엾거든요. (³아버지가 눈치 보는 나로 느껴지니?) 아~ 그렇게 생각 안 해 봤는데. 이번에 한 달 가까이 생리를 했어요. (한 달이나 힘들었겠네. 병원에는 가 봤어?) 병원에 갔더니 괜찮다면서 신경안정제 줬어요. (괜찮다는 그 말이 어떻게 느껴져?) 내 감정 이해 못 하나? 의사도 해결 못하는구나 생각되었어요. 의사도 모르는데 너무 다급해 하지 말자고 마음먹어도 불안했어요. (⁴예전에도 그런 경험 있었니?) 엄마로부터 들었는데 어릴 때 내가 아파서 응급실 갔다 왔다 했대요. ⁵그때도 실제로 아픈 건 아니라고 해서 내가 관심받고 싶어서 그랬나? 내가 아플 때 부모님이 관심 보여 주니 그렇게 행동했나 생각되었어요. (유치원 들어가기 전이면 네다섯 살쯤인데 한창 부모의 관심이 필요한 나이이지.). 요즘 들어 내 생각을 많이 해요. '저 사람은 저래 하고 싶나 보네' 다른 사람에 대해서는 캐치가 빠른데, 정작 나는 뭘 좋아하는지도 모르겠고 다른 사람한테 너무 좋게 보이기 위해서 노력하는 나는 내가 없는 것 같아요. '진짜 좋아하는 건가?' 생각되고 어디서부터 시작해야 할지. (⁶막막하겠다. 그렇지만 누구나 비슷하다. 처음부터 단박에 자기 자신에 대해 잘 아는 사람이 있겠니? 조그만 내 마음 하나 돌보다 보면, 내가 나를 알아주는 것만으로도 덜 외롭고 덜 막막하지 않을 수 있어. 그것을 상담에서 연습해 보는 거야.) 내가 자신이 없으니깐 이런 문제가 생겼다고 요즘 생각해요. 내 생각이나 내 의견을 명확히 가지고 있는 사람이 되고 싶어요. (내가 가족관계에서 자신이 생기면 내 문제가 명확해지고 해결된다고 생각되었네. 기준을 잡아야겠다와 통하네.) 뭔가 내가 당연히 해야 할 일로 생각하고 크니깐,

2. 아버지의 행동이 내담자의 마음과 어떻게 연결되는지를 확인한다.
3. 가족관계에서 눈치를 보는 같은 대처 방식을 사용하는 아버지를 통해 내담자를 직면시킨다.

4. 내담자가 자기 감정을 신체화로 드러내는 패턴이 이어지는지에 대해 탐색한다.
5. 내담자는 어릴 때 아팠던 경험을 표현하면서 자신이 부모에게 관심 받고 싶을 때 신체화로 나타내고 있는지 되짚어 보고 있다.

6. 상담자는 막막함을 공감하면서 내담자가 자신의 욕구를 찾아가도록 지지하고 격려하고 있다. 이는 내담자 자신의 욕구가 이해되면 어머니에게 표현하고 싶은 마음도 명확해질 것이기 때문이다. "진짜 자신의 모습을 보려고 노력하고 있네. ○○이

장녀니깐 내가 하는 게 당연시되었고 못한다고 싸우지도 않 가 진짜 좋아하는 것은

았어요. 그 마음이 강해서 여동생도 엄마도 아빠도 지켜 주 뭐라고 생각하니?"

고 싶었어요.

6회 멘토의 이야기

1. 내담자의 행동 변화

내담자의 심리적 갈등이 신체화로 표현되고 있습니다. 부모에 대한 원망과 억울함에 맞춰져 있던 감정이 자신에게로 향하며, 관심받고 싶었던 마음, 타인에게 맞추며 살았던 삶, 변화하고 싶은 동기로 이어지며 통찰이 깊어지고 있습니다.

2. 내담자의 행동 변화 계기 분석

내담자의 어린 시절 신체 변화에 관한 경험을 탐색하면서 내담자가 가족에게 관심받고 싶을 때 신체화로 표현되는 것과 관련성을 점검한 것이 내담자의 통찰로 이어진 것으로 보입니다.

3. 추가 탐색이 되면 좋을 부분

내담자가 가족에 대한 양가감정을 신체화로 드러낼 때 가족 구성원들이 어떻게 반응했는지에 대해 탐색할 필요가 있습니다. 이것이 내담자와 가족 간의 상호작용 방식과 가족을 향한 내담자의 욕구를 파악하는 데 도움이 될 수 있을 것으로 보입니다.

7회

(주말에 어떻게 지냈니?) 주말에 평범하게. 가족 분위기 좋
았어요. 그러다가 동생한테 '나한테 의지하는 모습 많이 보였
는데 이제는 좀 컸고, 알아서 집안일도 자기 일도 잘했으면
좋겠다'고 얘기했어요. (말하고 나니 마음이 어땠어?) 머쓱했
어요. 말하기 전에는 괜히 동생이 어떻게 생각할까? 동생이
섭섭해하면 어쩌나 생각했어요. 그런데 여동생이 '언니가 오
히려 나를 간섭한다'고 했어요. (그 얘기가 어떻게 느껴져?)
화나고 서운해요. 여동생은 세 살 터울이지만 나한테 의지를
많이 해서 내가 흐트러지면 안 되겠다 생각했어요.

(^{1}언제부터 그렇게 생각했니?) 중학교 때와 고등학교 때 엄
마가 "니 언니 닮아라." 했어요. (그 말이 어떻게 느껴져?) 인
정받았다는 느낌이 들었죠. 그 말에 동생을 더 챙겼던 것 같
아요. 그런데 엄마는 내가 힘들다 하면 내 성격 때문이라 해
요. 그렇게 살았지만 안 하고 싶은데 자동적으로 동생과 가족
에게 마음이 가 있으니. 신경 끊으면 '내가 이러면 안 되지 않
나.' 하는 생각이 들어요. (^{2}두 가지 마음이 왔다 갔다 하느라
고 너무 힘드네. 동생한테 얘기했듯이 어머니한테도 이제 나
도 고2인데 챙기는 것 안 하고 싶고, 나를 좀 챙겨 달라고 두
세 번 요구하지 못하는 이유가 있니?) 엄마는 선생님한테 얘
기하듯이 하면 자기를 무시한다고 생각해요. 엄마는 너무 강
해요. 강해서 한때 롤모델이었지만 강해서 나를 밀어내요. 지
난주에 꿈을 꿨어요. 엄마가 꿈에서 나를 야단치고 나무랐
는데 내가 울면서 밀치면서 깼어요. (^{3}마음은?) 무섭고 억울
해요. 자식으로 안 봐 주고 동생을 돌봐 준 걸 인정 안 할 때
"너가 한 게 뭐가 있니?" 하고. 엄마한테 그런 존재예요. 엄
마 챙기느라 내 감정을 숨기기 바빴는데 나도 이제 딸로 살

1. 동생에 대한 부모화 태
도의 시기를 탐색한다.

2. 내담자가 어머니에게
자신의 욕구를 드러내
지 못하는 이유에 대해
구체적으로 탐색한다.
그러나 상담자가 내담
자에게 욕구표현을 요
구하는 것이 어머니와
같은 태도로 비칠 수
있다. "어머니는 ○○
이의 성격에 대해 어떻
게 얘기하시니?"

3. 내담자의 꿈을 통해서
욕구와 기대를 다시 한
번 확인한다.

고 싶어요. (^{4}그런 마음이 들겠다. ○○아, 애썼다. ○○아, 고
맙다) 울컥해요.

〈눈물〉

4. 내담자의 마음을 공감
하면서 격려한다. 아울
러 상담자는 내담자에
게 어머니가 어떠한 존
재인지 심층적인 탐색
으로 들어가는 과정이
필요하다.

 7회 멘토의 이야기

1. 내담자의 행동 변화

    내담자는 여동생에게 자신의 바람을 직접 표현했고, 내담자의 욕구는 꿈을 통
해 표현되었습니다. 또한 어머니에게 인정받았던 경험과 욕구를 주장하지 못
하는 이유에 대해 말할 수 있었고, 이제는 딸로 살고 싶은 마음을 표현하고 있
습니다.

2. 내담자의 행동 변화 계기 분석

    내담자와 상담자의 관계에서 신뢰가 형성되면서 이러한 안전한 분위기가 내담
자로 하여금 가족과의 기존 관계 방식에서 벗어나고자 하는 시도를 할 수 있도
록 뒷받침된 것으로 보입니다.

3. 추가 탐색이 되면 좋을 부분

    내담자와 어머니의 상호 소통 방식을 구체적으로 탐색할 필요가 있습니다. 서로
간에 '무시받았다'는 같은 정서를 가지고 있는데 이를 직면하고 통찰하게 되면
가족관계에서의 자신의 행동 방식과 소통 방식을 이해할 수 있기 때문입니다.

8회

(하고 싶은 얘기는?) 엄마의 표정이 안 좋아지니 기분이 다운돼요. (^{1}첫 기억에서도 어머니의 표정을 살폈는데 또 언제 엄마의 표정을 살핀 것 같니?) 어릴 때 학습지 공부시켰을 때 따라가지 못하니깐 엄마가 화냈을 때도 기억나고, 기대가 컸나? 내가 한글을 세 살 때 빨리 떼서 엄마는 영재인 줄 알았다고 했어요. 〈웃음〉 엄마가 못한 걸 나에게 시켰어요. 사람마다 다를 수 있는데 엄마의 판단만으로 나를 마음대로 하면서 인정 안 하고 (그런 어머니가 어떻게 느껴져?) 나를 볼 줄 모른다고 생각돼요. ^{2}엄마의 틀에 나를 맞춰서 보고, 내가 관심 있는 건 대화가 안 이어지고. 엄마는 내 얘기를 원망으로 들어서 감정에 대해서 말을 못해요. 3학년 때 이혼할 때도 엄마의 팔을 잡았는데 엄마가 뿌리쳤어요. 그 기억이 남아 있어요. (^{3}부모님의 이혼도 감당하기 힘들었을 건데, 잡은 팔까지 뿌리친 기억을 가지고 있으니 그때의 마음이 어땠는지 기억나니?) 그때는 몰랐지만 지금 생각해 보면 너무 슬퍼서 눈물이 안 나왔던 것 같아요. 초등학교 때 다른 걸 배우고 싶거나 할 때 난 엄마가 안 된다 하니깐 못했는데 여동생은 해 달라고 하니깐 다 해 줬어요. (^{4}집안일은 내가 하고 대접은 여동생이 받네. 그게 어떻게 느껴져?) 많이 억울했어요. 그런데 지금은 내가 상담을 받고 있어서 그런지 엄마의 행동을 생각해 볼 수 있는 시간이 있어요. (^{5}어머니에 대해 다시 생각해 보니깐 어떤 점이 느껴져?) 지금은 엄마가 어릴 때 너무 가난해서 공부도 마음껏 못하고, 하고 싶은 걸 못해서 나에게 강요했나 싶기도 하고, 아빠가 너무 대책이 없으니 이혼할 수밖에 없었나 싶기도 하고. 마음이 왔다 갔다 해요. (어머니가 나에게 기대를 하고 이혼을 한 이유에 대해 그 전과 다

1. 내담자의 반복적인 정서 패턴을 탐색한다.

2. 내담자가 어머니에게 감정을 표현하지 못하는 이유와 어머니가 자신을 뿌리친 슬픈 기억을 솔직하게 표현한다.

3. 내담자가 감정에 더 깊이 접촉할 수 있도록 질문한다.

4. 여동생과의 차별적인 대우에 대해 공감하면서 감정을 탐색한다.

5. 내담자가 억울한 감정을 어떻게 처리했는지 살펴볼 필요가 있다. "억울함이 많으면 어머니의 행동에 대해 생각해 본다는 게 쉽지 않은 일인데 어떻게 생각을 바꿀 수 있었지?"

르게 보이네. 얼굴 표정도 전과 달리 많이 부드러워지고 편
안해 보여. ○○이가 가족들을 지켜 주고 싶었던 그 시간, 또
변하고 싶어서 상담을 하게 된 ○○이의 마음. ○○이에게
힘이 느껴진다.)

8회 멘토의 이야기

1. 내담자의 행동 변화

상담 전반부에는 주로 어머니에 대한 부정적인 감정을 표출하였습니다. 어머니
가 마음대로 내담자를 판단하는 것에 대한 불만과 내담자를 거부했을 때의 슬
픔 그리고 동생과의 차별에 대한 억울한 마음을 표현했습니다. 하지만 상담 후
반에는 어머니의 입장에서 살펴보고 이해하려는 변화를 보이고 있습니다.

2. 내담자의 행동 변화 계기 분석

상담자가 내담자의 경험을 수용하면서 어머니에 대한 감정을 잡고 더 깊은 탐
색을 할 수 있도록 공감적인 질문을 하였기 때문에 내담자는 어머니의 행동에
대해 새롭게 인식하게 된 것으로 보입니다.

3. 추가 탐색이 되면 좋을 부분

내담자가 자신의 표면적인 문제를 정돈하고 심리적 갈등을 유발했던 상황을 자
기 스스로 되돌아보면서 행동의 변화를 드러내는 과정이므로 상담자는 좀 더
내담자의 자원과 강점을 격려하면서 다양한 관점에서 가족관계를 조망할 수 있
도록 이끄는 것이 필요해 보입니다. 또한 어머니에 대한 양가감정을 좀 더 심층
적으로 탐색해 볼 필요가 있습니다.

9회

(하고 싶은 얘기는?) 지난주에 상담을 마치고 돌아가서 생각해 보니 엄마랑 대화가 통했으면 좋겠어요. 그냥 여동생처럼 사이좋은 모녀관계이고 싶은데, 생각은 하나 표현은 못해요. (왜 못하는 것 같니?) 엄마가 나를 어려운 자식이라고. (뭘 보고 그렇게 느끼시는 것 같니?) 내가 까다롭다고 해요. 내 목소리를 내려고 하는데 별나고 까다롭다고 하니 반응을 못하겠어요. (^{1}목소리를 낸다는 건 내 마음을 드러내는 건데, 어머니에게 내 마음을 편안하게 보이기가 쉽지 않네. 평소에 어머니에게 어떻게 반응하니?) 지난주에 난 엄마가 공감인지 해결책인지 뭘 원하는지 몰라 해결책을 제시했어요. 엄마가 여동생이 원하는 건 다 받아 줘서 그렇다고 얘기했는데 엄마가 '너도 그러면 안 된다.' '니들 다 잘되라고 그런 거다.' 했어요. (마음은?) 울컥했어요. 나도 엄마에게 안 좋은 소리 안 하고 싶어요. 스스로 인정하지 않으면서 까다롭다 하니 '엄마가 생각하고 싶은 대로 해라.' 마지막에는 그렇게 돼요. (^{2}그렇겠다. 어머니에게 뭐가 필요한지 늘 살피면서 내 나름대로 그에 맞는 걸로 반응하는데 까다롭다고 하니 불안하겠다. 이번에는 나를 엄마라 생각하고 속에 있는 얘기해 볼래?) 나한테도 관심을 가져 줘. 엄마는 내게 관심이 없다. 내 친구보다 나를 모르는 것 같다. (무슨 소리하는 거냐? 내가 어떻게 몰라 주니?) 여동생이랑 나를 차별한다. 여동생은 어디든지 데리고 다니고 싶어 하잖아. 그것도 있지만 엄마한테 더 기분 나빴던 건 나를 무시하는 거다. 내가 힘든 걸 얘기하면 엄마가 그냥 넘어가잖아. 가볍게 취급하고. 늘 그래 왔다. 〈목소리가 커지며〉 내 얘기를 들으려고 안 하잖아. 동생을 돌보는 거 끝나는 게 없다. 한다 해도 인정도 안 하고. 사과해라. (^{3}○○이가 힘

1. 어머니에게 자기 목소리를 내지 못하는 내담자가 어떻게 상호작용하는지를 점검한다. 또는 어머니에게 반응을 못 하고 있는 이유를 스스로 탐색하도록 질문할 필요가 있다. "어머니가 ○○이를 까다롭다고 여기는데 그래도 ○○이가 반응하지 못하는 다른 이유가 있니?"

2. 내담자가 울컥했다는 것과 어머니에게 안 좋은 소리 하고 싶은 반항심에 대해 더 자세히 물어보는 질문이 필요하다. "울컥한 건 ○○이가 무슨 감정이 생겨서 그런 것 같니?" "어머니한테 안 좋은 소리를 지금 더 해 본다면?"

3. 역할극 시연을 통해 핵

들다 해도 건성으로 넘기고, 집안일도 하고 동생을 챙기는 것을 당연하게 생각하고, 동생을 더 좋아하는 것 같고 ○○이가 너무 억울하고 힘들었겠다. 엄마가 너무 몰라 줬네. 미안하다). 〈울음〉 (지금 마음이 어떤지?) 힘들어요. 기운이 빠져요.

심 문제를 표현한 내담자의 욕구와 감정을 그대로 반영해서 교정적 정서 경험을 할 수 있도록 한다.

9회 멘토의 이야기

1. 내담자의 행동 변화

내담자는 자신이 어머니에게 마음 편하게 말하지 못하는 이유는 어머니가 자신을 까다롭다고 말하기 때문이라고 털어놓았습니다. 그러면서 상담 초기에 어머니라고 생각하고 하고 싶은 말을 해 보라는 상담자의 제안에 응하지 않았던 내담자가 역할극 제안을 받아들였습니다. 그 과정에서 어머니에게 차별받고 무시받은 것에 대한 분노를 드러내면서 어머니에게 사과받고 싶은 자신의 구체적인 욕구를 표출하였습니다.

2. 내담자의 행동 변화 계기 분석

상담자가 직접 어머니가 되어 역할극을 시연한 것이 내담자의 욕구를 표현하는 데 영향을 미쳤을 것으로 보입니다. 이를 통해 자신이 인정받고 싶었음을 표현할 수 있었고, 내담자가 힘들었음을 이해받고 처음으로 사과를 받고 싶은 내담자의 욕구가 드러날 수 있었습니다.

3. 추가 탐색이 되면 좋을 부분

종결이 다가오는 단계에서 내담자의 반복되는 정서적 반응에 대해 지금 현재 느끼는 감정뿐만 아니라 문제를 해결하기 위해 어떤 연습이 필요한지 내담자의 입을 통해 표현할 수 있도록 이끄는 것이 필요해 보입니다.

10회

(지금까지의 상담을 정리해 보자. 오늘로 10번 만났는데 처음에 뭐가 힘들었는지 기억나니?) 오늘은 밝은 색 옷을 입었지만 자신감이 없어서 검은색을 주로 입었어요. 그동안 사람들 눈에 띄기도 싫었어요. 이유 없이 주목받는 게 싫어서. (¹언제부터 싫었니?) 부모님이 이혼하시기 전에는 활발했고 친구들과 어울려 놀았어요. 부모님이 이혼하시고는 조용히 다녔는데 중학교 때 내 인상이나 느낌이 괜찮은지 사람들이 먼저 다가왔어요. 그런데 기대에 못 미치는지 '왜 이러지?' 얘기하고 그다음부터는 가까워지지 않았어요. (마음은?) 불쾌했어요. 친구하자고 할 때는 언제고? 그다음부터 나서지 않게 되고 말 안 하게 되었어요. 자기 마음대로 판단해요. 친구 만나는 게 귀찮고 운이 없나, 뭐가 문제지? 내가 기준이 너무 높은가? 사람관계가 좀 어려워요. 관심사가 틀리는데 내 마음을 얘기하면 너무 까다롭다고 해요. (²어머니랑 친구들이 ○○이의 관계 방식에 대해 까다롭다고 평가하는 것 같네. 친구들이 무엇을 까다롭다고 여기는 것 같니?). 아, 평가하는 게 같다고 연결 안 해 봤어요. 뭐가 까다롭게 느끼는지 모르겠어요. 사실 친구들을 대하는 게 재미가 없고 일같이 느껴져요. 내가 주위 친구에 비해 집안일 겪은 게 달라서 그런가? 끝까지 돌려 말하거나 관계를 유지하기 위한 투자라 생각되고 넘어가야 하는데 그렇지 못해요. 내 생각을 참고 계속 들어주기도 하는데 친구들은 자기 얘기 안 들어줬다고 징징거려요. (친구들과 얘기하는 게 재미가 없고 일처럼 느껴지네. 친구들은 참고 들어주기는 하지만 재미없게 여기는 ○○이의 모습을 보고 까다롭다 얘기하고. 그런 친구들이 어떻게 느껴져?) 친구들이 애기 같고 내가 문제가 있나 생각도 돼요.

1. 상담자의 '언제부터 싫었니'라는 반응은 상담을 다시 원점으로 돌이킬 수 있다. 그러므로 처음 자신감이 없고 주목받는 게 싫었는데 지금은 어떤지 물어보는 게 적절하다. "그래, 처음에 자신감이 없고, 눈에 띄기도 싫고, 주목받는 게 싫었는데 지금은 어떻지?"

2. 내담자의 가족관계에서의 관계 방식과 대인관계에서의 방식이 같음을 직면하게 한다.

그래서 피곤해요. (³징징거리는 친구들이 애기 같네. 그러면서도 요즘은 나 자신에게도 문제가 있는 건 아닌지 점검하게 되고. 변하게 된 계기가 있니?) 상담을 통해 이제 뭔가 해결하고 싶다는 마음이. 엄마에게도 왔다 갔다 하지만 요즘은 다시 옛날처럼 돌아가면 안 되는데 내가 할 수 있는 게 뭔지 고민하게 돼요. (⁴내가 할 수 있는 것을 고민하게 되었다니 ○○ 상황에서 그러기가 쉽지 않은데 큰마음을 냈네. 상담 오면서 ○○이가 가족관계가 힘들다고 애기했는데 상담을 통해 배운 게 있다면?) ⁵여태껏 시험 기간 때마다 집안일 떠올라 힘들었는데 지금은 괜찮아요. 상담을 통해서 감정표현이 중요하구나 느꼈어요. 몰랐는데 나에게 화가 있었고 이제는 많이 가라앉았어요. 내가 뭔가 자꾸 고민하게 되고 발전되고 자신감이 올라요. 엄마를 탓하는 게 아니고 그냥 내 상황이 그랬다는 것을 이해하고 싶은 마음을 가지게 되었어요.

3. 내담자의 대인관계 정서와 인식의 전환을 가져오게 된 요인을 확인한다.

4. 내담자가 상담을 통해 자신의 호소문제에서 무엇이 변화되었는지를 생각해 볼 수 있도록 질문하는 것이 필요하다. "상담을 통해 변화된 게 있니?"

5. 내담자는 감정표현의 중요성과 자신의 상황과 어머니의 상황에 대해 이해하고 싶은 마음을 표현한다.

 10회 멘토의 이야기

1. 내담자의 행동 변화

내담자는 친구나 가족과의 소통 방식에서 자신의 생각을 주장하지는 않고 참아왔지만 그럼에도 불구하고 관계가 이어지지 않는다는 것을 표현하였습니다. 이를 통해 자신의 문제점을 점검하고 해결하고 싶다는 마음을 가지게 되었고 감정표현이 중요하다는 것을 깨닫게 되었습니다.

2. 내담자의 행동 변화 계기 분석

내담자는 가족관계나 대인관계에서의 어려움의 이유가 무엇이었는지 점검함으로써 자신에게도 문제가 있었다는 것을 깨닫고 스스로 관계에서 할 수 있는 게 무엇인지 이해하고자 하였습니다. 이는 상담자가 내담자의 경험 속에서 자신을 바라볼 수 있도록 질문함으로써 자신에 대한 인식의 전환을 가져온 것으로 보입니다.

3. 추가 탐색이 되면 좋을 부분

내담자는 고2이므로 자신과 가족에게 현실적으로 필요한 요구와 해결 방안에 대해 지속적으로 점검할 필요가 있습니다. 이를 위해서는 추수상담에서 가족관계에서의 대안적인 반응을 선택할 수 있도록 연습하고, 현실적으로 내담자에게 필요한 것을 요구할 수 있도록 하는 것이 필요해 보입니다.

상담전문가의 사례 되짚어 보기

1. 내담자의 문제 발생

청소년 상담사례에서 이렇게 깊게 가족관계에서의 정서를 표현하고 경험하는 사례는 흔치 않다고 생각된다. 10회기에 걸친 상담을 통해 내담자가 경험한 가족관계에서의 사건과 관계 방식, 소통 방식이 대인관계에서도 같은 어려움을 반복해서 이끌고 있다는 것을 느낄 수 있다.

내담자의 문제 발생 원인은 부모의 이혼으로 인해 의존적 사랑 욕구가 좌절되고 장녀로서 가족을 챙겨야 하는 역할을 떠맡으면서 발생하였다. 이로 인해 어머니에게 인정받기 위해 눈치를 살피고 어머니의 기대와 요구에 맞추려고 노력하였다. 하지만 어머니는 여동생과 차별하거나 그동안의 내담자의 노력을 인정해 주지 않고, 여동생도 내담자에게 의존하거나 오히려 내담자의 노력을 비난하여 억울함을 느끼게 되었다. 친구관계에서는 가족을 드러내는 것이 약점이 될까 봐 조심하면서 관계를 부담스러워하고 지속적인 관계를 맺지 못했다. 그러면서 가족관계와 친구관계에서 감정을 표현하는 것에 불안을 느껴 자신의 욕구를 주장하지 않고 참았지만, 관계가 지속되지 않고 인정도 받지 못하자 억울함과 분노가 가중되었다. 그래서 한 달간 생리를 하는 신체 증상을 겪고 진학상담에서 눈물을 쏟고 말았다.

2. 치료적 개입

내담자는 준비된 내담자였다. 이제까지 힘든 경험을 참고 인내할 수 있었던 내적 힘을 지니고 있었기에 첫 회부터 부모의 이혼으로 인한 자신의 상황에 대해 솔직하게 말하였다. 상담자는 내담자가 가족들에 대해 느끼는 억울함과 인정 및 사랑받고 싶은 욕구 등 내담자가 억눌렀던 부정적 정서를 드러낼 수 있도록 지속적으로 공감하고 지지하였다. 감정을 억압하고 불안했던 내담자에게 표현의 중요성을 교육하고 격려하면서 상담장면에서 안전하게 연습하도록 하였다. 아울러 상담자는 가족과 친구에게 표현하기 어려웠던 기대와 욕구를 상담장면에서 역할극으로 시연해 보도록 하면서 내담자에게 감정표현의 중요성과 자신감을 회복할 수 있도록 노력하였다. 또한 내담자가 어머니를 새롭게 인식할 수 있도록 힘을 실어 주면서 지지하였다. 종결과정에서는 상담자가 내담자의 경험 속에서 자신을 바라볼 수 있도록 되비춰 질문함으로써 내담자가 자신에게도 문제가 있었다는 것을 깨닫고 자신이 관계에서 할 수 있는 게 무엇인지 찾고 시도해 볼 수 있도록 하였다.

3. 상담의 적절성

부모의 이혼으로 인해 부모의 역할을 대신하는 과도한 책임을 부여받았는데도 사랑받고 싶은 욕구는 드러내지 못한 채 좌절된 것이 내담자에게 큰 스트레스 요소로 작용한 것으로 보인다. 이로 인해 자신의 욕구를 주장하지 못하고 감정을 억압하고 참아 왔기에 상담관계에서 자신의 감정을 편안하고 솔직하게 표현하는 경험을 하는 것을 상담목표로 삼았다. 또한 가족과 친구에게 표현하기 어려웠던 기대와 욕구를 상담장면에서 시연해 보도록 하였는데, 이것이 내담자에게 감정표현의 중요성과 자신감을 회복할 수 있도록 작용한 것으로 여겨진다. 이를 통해 내담자가 가족관계에서와 대인관계에서의 자신의 태도를 점검하게 되어 내담자 스스로 가족관계에서 자신이 할 수 있는 게 무엇인지 찾아보고, 자신의 욕구를 조금씩 표현할 수 있는 변화가 일어난 것으로 보인다. 그러나 상담의 촉발요인이기도 한 진로와 관련해서 구체적으로 탐색하지 못했고, 아버지에 대한 양가감정을 충분히 다루지 못한 점, 그리고 가족 내 협력 방안을 찾지 못한 점은 부족함이 있었던 것으로 보인다.

4. 대안

- 내담자는 가족관계에서의 억울함과 부담감을 상담장면에서 표현하면서, 내담자 스스로 자신에게도 문제가 있었다는 것을 깨닫고 자신이 관계에서 할 수 있는 게 무엇인지 스스로 탐색하고 시도해 보면서 상담이 종결되었다.
- 내담자가 해소되지 못한 감정과 욕구를 충분히 표출하고 난 뒤는 새로운 관점에서 가족관계를 조망할 수 있도록 이끄는 것이 필요해 보인다. 이혼하면서도 부모가 내담자를 지켰던 부분에 대해 새롭게 해석되어야만 가족관계와 대인관계에서 안정적이고 융통성 있게 대처할 수 있고 내담자 스스로 변화를 위한 노력을 지속적으로 실천할 수 있기 때문이다.

- 내담자가 고2인 상황에서의 진로 또한 내담자의 불안을 가중시키는 요인이므로 현실적으로 가족 내에서 필요한 도움을 구체화하고 요구하여 환경을 조성하는 것이 필요하겠다. 상담 종결 이후라도 추수상담을 통해 내담자의 진로에 대해 가족상담으로 문제를 해결하기 위한 시도를 할 필요가 있다.

후배 청소년 상담자에게 보내는 선배의 따뜻한 한마디

박선미 센터장(부산광역시 수영구청소년상담복지센터)

청소년들은 진로나 또래관계의 어려움 등을 호소하며 상담실을 찾아옵니다. 하지만 그러한 청소년들의 어려움을 들여다보면 부부와 부모-자녀 사이에 원인이 있는 경우가 많습니다. 가정에서 원만한 인간관계가 이루어지지 않으면 그것이 다른 관계에도 영향을 미치게 되고 정서적 어려움의 원인이 되기 때문입니다. 무능하거나 폭력적인 아버지, 이러한 아버지로부터 자녀를 보호하지 못한 무기력한 어머니, 가족을 뒤흔드는 어머니 등 부모와 자녀의 관계가 그러합니다. 특히 어머니와 자녀의 관계는 더욱 중요합니다. 마음속에 있는 것을 자유롭게 표현하고 받아 주고 이해를 하는 환경에서 자라지 못하는 경우, 말로는 무엇을 하라고 하면서 표정은 그것을 원치 않는 어머니와의 관계에서 자녀는 어머니의 눈치를 보다 마음의 병이 생깁니다.

상담자를 찾아온 내담자도 '엄마가 내 얘기를 안 들어줘서 속상하다'고 호소하고 있습니다. 그래서 '부모 역할 대신 하기가 자신에게 미친 영향에 대해 탐색한다'는 것 등을 상담목표에 담아 지지적인 상담자와의 상호작용에서 내담자는 자유롭게 자신을 표현하면서 억울함이 감소하였고 자신감도 회복되었습니다. 빠른 시일 내에 내담자가 안정을 찾은 것은 상담의 성과라고 보여지는데 이처럼 내담자에 대한 상담자의 공감과 존중의 태도는 성공적인 변화를 위해 가장 중요하다고 할 수 있겠습니다.

여기에서 또 다른 측면인 진로와 관련된 내담자의 생각이 어떠한지, 자기확신이 없고 막연하여 공부에 집중하지 못하고 있는건 아닌지 호소문제를 좀 더 명료화했더라면 하는 아쉬움이 있습니다. 내담자가 진로에 대해 갖고 있는 생각과 현재 느끼고 있는 불안정감이 근본적으로 같은 원인에서 유래되었을 것으로 보여,

내담자의 생각과 자기이해 수준을 실제적으로 점검할 필요가 있었습니다. 내담자의 불안이 어디에서 오는지 세밀히 탐색하여 내담자가 처해 있는 상황에 대해 위험하지 않는 수준에서 직면하도록 하는 것도 도움이 되었을 것입니다.

1회 상담에서 내담자는 "담임선생님과 진학상담을 하다가 '부모님은 진로에 대해 어떻게 생각하시니?' 하고 질문하셨는데 순간 울컥하고 눈물을 흘리니깐 담임선생님께서 상담을 한번 받아 보라 하셔서 개인상담을 신청했어요."라고 호소하고 있습니다. 그리고 "중학교 때 진로를 정할 때 엄마가 '돈 없으니 실업계 들어가라' '빨리 돈 벌어라' 했어요."라고도 호소하고 있습니다.

상담자는 우선적으로 내담자가 원하는 것을 상담목표에 반영해야 합니다. 내담자가 실천할 수 있고, 상담자 자신이 감당할 수 있는 것을 상담목표로 세울 수 있어야 합니다. 호소문제의 명료화에 따른 목표 행동은 내담자가 해결하고자 하는 문제임과 동시에 대처 전략이 될 수 있기 때문입니다.

그러므로 상담목표에 '현재 내담자가 느끼는 심리적 불안정감을 탐색한다' '진로에 대한 명확한 결정을 하고 그에 필요한 준비를 할 수 있도록 한다'는 것 등이 있었다면 내담자도 현재의 고민을 충분히 이야기하고 자기의 속마음을 이해하고, 진로에 대한 여러 가지 생각을 구체화하고 현실적으로 점검해 볼 수 있었을 것으로 보입니다.

청소년 내담자는 자신이나 가족들의 사회적 역할에 따라 정신건강이 좌우될 수 있기 때문에 청소년 상담에서 부모와의 상담은 꼭 필요합니다. 상담자는 내담자를 사회와 재연결하는 방법에 관심을 가져야 하고, 내담자가 처한 상황에서 새로운 역할을 하도록 도움으로써 그들을 고통에서 벗어나게 할 수 있습니다. 예를 들어, 열악한 직장을 가진 어머니에게 자녀와 더 많은 시간을 보내라고 충고한다면 어머니는 모욕감을 느낄 수 있습니다. 반면에 어머니가 어려운 상황에서도 어떻게 자녀들과 시간을 보내려고 노력해 왔는지에 대한 이야기를 공감하면서 들어주고, 불평등에 대한 사회 · 정치적인 영향력을 검토하면서 궁핍한 상황에 대해 스스로 비난하지 않도록 도와준다면, 어머니는 자신의 세계에서 기운을 되찾고 새롭게 도전하게 될 것입니다.

상담자는 내담자의 생각이 성숙해질 수 있도록 일종의 환경 역할을 해야 합니다. 내담자 자신의 고유한 생각과 이해를 확장해 나갈 수 있도록 돕는 것이 바로 상담자의 능력입니다. 따라서 문제를 없애려고 하기보다는 문제를 통해서 내담자를 이해하고 수용하는 것이 상담자의 태도라고 할 수 있습니다. 특히 청소년 상담자는 자연스러운 자기 자신이 될 때 내담자를 가장 잘 도울 수 있습니다.

가족관계

사례 7

내 안에 두 마음이 싸워요

내담자의 말

나는 고등학교 1학년 때 학교를 자퇴하고 아르바이트를 하면서 자격시험 공부를 하고 있어요. 예전에 학교를 자퇴하고 힘들어서 개인상담을 받은 적이 있어요. 부모님이 이혼해서 아버지와 같이 살고 있는데 아버지 때문에 정말 힘들어요. 아버지를 보면 너무너무 화가 나요. 한편으로는 아버지를 사랑하고 아버지에게 인정받고 싶은 마음도 커요. 혼란스럽고 어떻게 해야 할지 모르겠어요. 아버지에게는 이런 이야기를 잘 못하겠어요. 대화도 잘 안 되고, 말을 하다 보면 화가 나서 이야기를 못해요. 어떻게 하면 좋을지 상담받고 싶어요.

📋 내담자 기본 정보

1. 내담자 인적 사항

여, 19세, 외동딸

2. 내담자 상담 경위

아버지에 대한 분노 감정을 주체하기 힘들어서 자발적으로 상담을 신청했다. 고등학교 1학년 때 학교를 자퇴한 후 두통과 급체, 불면증 등의 증상이 있어 병원 치료를 받았는데, 친한 언니가 상담을 권유하여 3개월 정도 개인상담을 받은 경험이 있다.

3. 주 호소문제

아버지에 대한 마음이 너무 혼란스럽다. 아버지를 사랑하지만 미워하는 마음도 크다. 아버지를 보면 치밀어 오르는 분노 감정을 주체하기 힘들어 감정을 해소하는 방법을 알고 싶다. 아버지에게 화난 감정을 털어놓고 싶지만 아버지와는 대화가 잘 안되고 화가 나서 이야기를 잘 못한다.

4. 가족관계

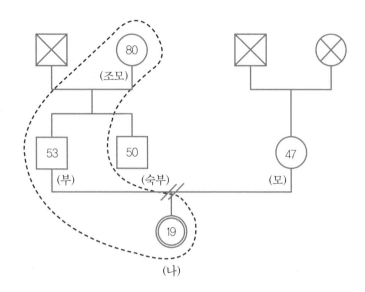

아버지(53세, 일용직 근로자) 내담자가 어렸을 때는 직장생활을 하였으나 현재는 일이 있을 때만 나간다. 항상 움직이고 뭔가를 하고 있으며, 그렇게 하지 않으면 게으른 낙오자가 된다고 생각한다. 별것도 아닌 일에 잔소리를 하고 짜증을 내며 버럭 고함을 지른다. 돈에 대한 집착이 강하고 도박에 빠져서 돈을 많이 날렸다. 내담자가 어렸을 때부터 폭언을 일삼고 술을 마시면 내담자에게 화풀이를 하고 자주 폭행하였다. 그래서 내담자는 아버지에게 분노를 느끼고 아버지를 떠나고 싶어 한다.

어머니(47세, 일용직 근로자) 내담자가 여섯 살 때 이혼하여 다른 지역에 살고 있다. 말이 좀 많은 편이고 사람들과 어울리기를 좋아해서 집에 잘 들어오지 않았다. 어린 내담자의 식사를 제대로 챙겨 주지 않고 방치했으며, 외도 장면을 내담자에게 보인 적도 있다. 내담자를 작은아버지에게 맡기고는 데리러 오지 않았기 때문에 내담자는 어머니가 자신을 버렸다고 생각한다. 가끔 내

담자에게 전화를 해서 만나자고 하지만, 내담자는 어머니를 원망하고 만나지
않고 있다.

할머니(80세, 무직) 말수가 적은 편으로 부지런하고 알뜰하다. 내담자가 초등
학생 때부터 같이 살았고, 묵묵히 챙겨 주어 내담자가 의지하는 사람이다. 노
환으로 거동이 불편하여 얼마 전부터 요양병원에 있다.

📝 상담자가 본 내담자 문제 이해

내담자는 아버지를 사랑하지만 미워하고 화나는 감정이 너무 크며, 이러한
자신의 감정을 아버지에게 털어놓고 싶지만 아버지와는 대화가 잘 안 되고
갑자기 화가 치솟는다고 호소하며 상담을 신청했다. 내담자는 아버지에 대
한 애정과 함께 돈을 벌어 자랑스러운 모습으로 아버지에게 인정받고 싶다는
욕구가 크다. 그러나 화를 내는 아버지를 보면 어린 시절 폭행당했을 때 느꼈
던 분노가 올라와 아버지를 떠나고 싶다고 느낀다. 내담자의 이러한 양가감
정은 부모의 방치와 폭력, 애정과 돌봄의 결핍에서 비롯된 것으로 보인다.

내담자의 성장과정을 살펴보면, 여섯 살 때 부모가 이혼한 후 내담자는 어
머니와 함께 생활하면서 식사도 제대로 하지 못하는 등 적절한 돌봄과 양육
을 받지 못했다. 그러다가 작은아버지 집에 맡겨졌는데, 어머니가 다시 데리
러 오지 않았다. 그로 인해 내담자는 어머니에게 버려졌다고 느끼고 어머니
를 거부하고 원망하는 마음이 크다. 작은아버지 집에서 내담자는 음식을 흘
리고 먹는다는 이유로 혼났으며, 사촌들에게 빌붙어 산다는 말을 듣고 상처
를 받았다. 초등학생 때 할머니를 따라오면서 아버지와 함께 살게 되었는데,
할머니와 아버지가 일하러 나가고 혼자 지내는 시간이 많았다. 아버지는 술
을 마시면 내담자에게 화풀이하듯 폭언과 폭행을 했고, 내담자는 맞지 않기

위해 아버지에게 복종하고 잘 보이려고 애썼다.

이처럼 내담자는 어린 시절 주 양육자가 자주 바뀌고 제대로 된 관심과 돌봄을 받지 못했으며, 이로 인해 안정된 애착관계를 형성하지 못하고 사람으로부터 버려지는 두려움을 갖게 된 것으로 보인다. 또한 어린 시절부터 아버지에게 폭언과 폭행을 당하면서 아버지에 대한 분노와 적개심을 가지게 되었지만, 혼자 남겨지는 것에 대한 두려움이 커서 아버지를 떠나지 못하는 것으로 보인다. 그래서 아버지에게 복종하고 잘 보이려고 노력하지만 아버지가 화를 내면 극도로 불안해진다. 하지만 이러한 불안과 두려움을 적절하게 표현하거나 해소하지 못하고 내적으로 억압하면서 두통과 급체, 불면증 등의 신체화 증상과 정서적 혼란을 겪었던 것으로 보인다.

교우관계를 살펴보면, 초등학생 때 내담자는 친구들에게 따돌림을 당하면서 친구를 사귀어 볼 경험을 갖지 못했다. 그래서 대인관계의 폭이 좁고 미숙하며, 혼자 남겨지는 것에 대한 불안과 두려움이 크다. 고등학생 때 친구를 사귀기는 했지만, 자기주장을 하기보다는 친구에게 일방적으로 맞춰 주면서 관계를 유지하려고 노력했다. 이러한 대인관계 패턴은 아르바이트를 할 때도 드러나는데, 내담자는 아르바이트 가게 사장에게 인정받으려고 노력하지만, 사장이 자신의 부족한 부분을 지적하면 불안이 높아지고 부정적인 생각으로 스트레스를 심하게 받는다.

📑 상담의 진행

1. 상담 목표 및 전략

1) 상담목표

- 아버지에게서 느끼는 분노 감정을 탐색하여 원인을 안다.

• 아버지에게 쌓인 분노 감정을 적절하게 표현하고 대처해 나간다.

> 내담자는 아버지에 대한 분노 감정과 함께 아버지에게 자신의 감정을 털어놓고 싶지
> 만 대화가 잘 안된다고 호소하였다. 따라서 내담자의 주 호소문제에 근거하여 다음과
> 같은 상담목표를 추가할 수 있을 것이다.
> • 아버지와의 관계에서 자신의 생각과 감정을 적절하게 표현하며 올바른 의사소통을
>   할 수 있다.

2) 상담전략

• 아버지에 대한 부정적인 감정들을 충분히 표출하도록 한다.
• 아버지에 대한 양가감정을 객관적으로 볼 수 있도록 한다.

> 상담전략을 좀 더 구체적으로 설정할 필요가 있다. 또한 추가된 상담목표 달성을 위해
> 서 다음과 같은 상담전략을 수립할 수 있을 것이다.
> • 내담자와 아버지 및 가족의 관계를 탐색하여 내담자가 아버지에게서 느끼는 부정적
>   감정의 원인을 이해하도록 한다.
> • 상담과정에서 아버지에 대한 분노와 미움, 두려움 등을 표출할 수 있도록 지지하고
>   격려한다.
> • 아버지에 대한 부정적 감정과 함께 사랑하는 감정이 있음을 인식하고 이를 충분히
>   표현하여 두 감정을 통합할 수 있도록 한다.
> • 상담장면에서 자신의 생각과 감정을 솔직하고 적극적으로 표현하도록 한다.
> • 올바른 의사소통 방법을 연습하고 가족 및 다양한 관계에서 실행해 본다.

2. 상담내용(총 9회)

1회

(어떻게 왔나?) 아버지에 대한 마음이 혼란스럽다. 아버지를 보면 화를 주체하기 힘들다. (¹아버지에 대한 마음이 어떻게 혼란스러운가?) 아버지를 사랑하고 아버지와 잘 지내고 싶지만, 미워하는 마음이 너무 크다. 아버지가 옛날 얘기를 하면 화가 치밀어 오른다. 어렸을 때부터 내게 욕을 했고 많이 때렸다. 아버지와 부딪히면 감정 조절이 잘 안 된다. (어머니는?) 엄마는 내가 어릴 때 아버지와 이혼해서 다른 지역에 살고 있다. 엄마도 보기가 싫다. 엄마하고 살 때, 엄마가 다른 남자를 만나는 걸 본 적이 있다. 이런 부모를 생각하면 너무 화가 난다. 집을 나가서 독립해야 했는데 왜 지금까지 참고 살았는지…… 집을 나가면 죽는다고 생각했다. 밥 줄 사람도 없고 갈 곳도 없었다. 또 할머니가 있어서 참고 살았다. 아는 언니와 함께 살고 싶은데 아버지에게 말할 수가 없다. (아버지에게 말하지 못하는 이유는?) 무섭다. 어렸을 때 아버지에게 많이 맞았다. 아버지와는 벽을 보고 말하는 것처럼 말이 통하지 않는다. 스트레스를 받으면 옛날 기억이 떠올라서 화가 나고 아버지가 미워진다. (²요즘 들어서 감정이 크게 올라오는 이유는?) 얼마 전까지 아르바이트를 했는데 그러면서 어렸을 때 겪었던 일들이 많이 생각났다. 지금은 아르바이트를 그만뒀다. (³학교는 어떻게 그만두게 되었나?) 학교와 맞지 않았고, 친구도 별로 없었다. 자퇴해서 얼른 돈을 벌어 독립하고 싶었다. (이전 상담 경험은?) 학교를 자퇴하고 몸이 좋지 않아서 3개월 정도 개인상담을 받았다. (⁴몸이 어떻게 안 좋았나?) 두통이 심하고 잘 체하고 불면증도 심했다. 의

1. 아버지에 대한 내담자의 혼란스러운 마음을 좀 더 구체적으로 탐색한다.

2. 최근의 사건을 통해 주호소문제를 촉발한 요인을 알아본다.
3. 자퇴를 한다고 했을 때, 아버지의 동의를 어떻게 얻었는지를 추가로 질문한다면 아버지와의 관계가 더 잘 드러날 것이다. "자퇴를 한다는 말을 아버지에게 어떻게 하게 되었니? 아버지는 어떻게 허락을 하였지?"
4. 심리적인 불편감이 신체에 어떻게 나타나는지를 확인한다.

사선생님이 약을 처방해 줘서 먹고 좀 괜찮았다. (개인상담
은?) 친하게 지내는 언니가 자기도 상담을 받은 적이 있는데
도움이 된다고 했다.

 1회 멘토의 이야기

1. 내담자의 행동 변화

내담자는 처음에는 아버지에 대한 혼란스러운 마음을 호소하였지만, 차츰 아버지에 대한 미움과 분노를 분명하게 이야기하고 있습니다.

2. 내담자의 행동 변화 계기 분석

이러한 변화는 내담자가 자신의 감정과 문제를 잘 이야기할 수 있는 분위기를 상담자가 조성하였기 때문인 것으로 보입니다. 또한 내담자가 이전에 개인상담 경험이 있어 상담 동기가 높았던 것으로 보입니다.

3. 추가 탐색이 되면 좋을 부분

이전 상담 경험이 내담자에게 어떤 영향을 주었는지 조금 더 구체적으로 탐색할 필요가 있습니다. 그러면서 내담자가 상담에 대해 어떤 기대를 하고 있는지를 탐색하여 내담자의 호소문제를 구체화하면 좋겠습니다. 또한 내담자는 아르바이트를 하면서 어린 시절의 일이 많이 생각나고 감정이 크게 올라왔다고 보고하였습니다. 따라서 이에 대한 추가 탐색을 통해 내담자의 문제를 좀 더 명확하게 파악할 수 있을 것입니다. 또 집을 나가서 아는 언니와 살고 싶다고 했는데, 그 언니와 같이 살고 싶은 마음에 대해서 추가로 탐색할 필요가 있습니다. 그래서 청소년인 내담자를 도와줄 수 있는 인적 자원을 확인한다면 내담자의 문제 해결에 도움이 될 것입니다.

2회

요즘 계속 자고 싶고 힘이 없고 말하기도 싫다. 할머니는 아파서 병원에 있고 아버지도 짜증내고 집안 분위기가 싫고 자꾸 눈물이 난다. (무슨 일인가?) 아버지에게 내가 우울증 같다고 말했더니 아버지가 화를 냈다. 열심히 사는 사람은 우울증에 걸릴 틈도 없다면서, 내가 인성이 나빠서 그런다고 욕했다. 그런 아버지 때문에 더 초조해지고 미칠 것 같은 기분이 들어서 펑펑 울었다. (^{1}서운했겠구나.) 아버지 말이 자꾸 신경 쓰이고, 아버지가 돈 이야기를 하면 더욱 신경 쓰인다. (아버지가 돈 이야기를 하는 것이 어떻게 들리나?) 빨리 돈 벌어 오라는 소리로, 내가 돈을 벌지 않는 것을 탓하는 것으로 들린다. 내가 계속 울었더니 아버지가 '네가 왜 힘들어하는지 모르겠다'고 말해서 더 화가 났다. 아버지는 나의 고통을 잘 모른다. ○○ 자격증 공부도 해야 하는데 불안해서 전혀 못하고 있다. 예전에 아르바이트를 할 때 몸이 안 좋아서 못 가겠다고 하면 아버지가 미친 듯이 화를 냈고, 그럴 때마다 너무 힘들었다. (그중에서 가장 힘든 것은?) 잘 모르겠다. 모든 것이 다 힘들다. (자격증 공부는 어떻게 하게 되었나?) ○○ 공부가 내 적성에 맞는 것 같다. 시작하게 된 계기는 아버지가 돈에 대한 집착이 강해서인 것 같다. 돈을 많이 모아서 아버지를 자랑스럽게 하고 싶었다. (^{2}돈 이야기 하는 게 아버지랑 같구나.) 〈^{3}침묵〉 아침에 기분이 안 좋았는데 ^{4}심리학 책을 읽었더니 기분이 좋아졌다. 심리학 책을 보면 어떤 틀을 깰 수 있는 것 같다. 내가 행복해지기 위해서 심리 분야를 공부하고 싶다. 문제는 공부가 안 되고 생활이 힘들다는 것이다. 아버지 눈치를 보지 않고 내가 하고 싶은 것을 마음대로 하고 싶은데 아버지가 옭아매는 것 같아 미칠 것 같

1. 내담자에 대한 공감적 반응과 함께 아버지 때문에 초조하고 미칠 것 같다는 마음을 좀 더 탐색할 필요가 있다. "초조해지는 이유는 뭐지?"

2. 내담자가 아버지와 같다고 단정 짓기보다는 아버지로 인해 돈을 벌고 싶다는 내담자의 마음을 탐색하는 것이 더 적절하다. 내담자가 부정적으로 생각하는 아버지와 동일하다는 말은 저항을 불러올 수 있다.

3. 내담자가 침묵하는 이유가 자신을 탐색하기 위한 것인지, 아니면 저항에서 비롯된 것인지 정확하게 탐색할 필요가 있다. "돈 이야기 하는 게 아버지와 같다는 내 말이 어떻게 느껴지지?"

4. 심리학 책에 대한 이야기를 꺼내는 이유가 현실에 대한 회피에서 비롯된 것인지, 상담자에 대한 인정 욕구 때문인지, 또는 이전 상담 경험에 대한 긍정적 감정

다. (⁵아버지 눈치를 보지 않고 네가 원하는 대로 살고 싶은 마음이 이해된다.) 아버지도 하루하루 일하느라 힘들고, 사기를 당한 적도 있다. 그런 일을 생각하면 아버지가 불쌍하기도 하다. 하지만 내가 밤에 집으로 가는 길이 무서워서 마중 나오라고 전화했는데 오히려 욕했다. 도박에 빠져 돈을 크게 잃은 적도 있다고 들었다. 힘들게 모은 돈을 한꺼번에 날린 것이다. 그 생각을 하면 너무너무 화가 난다. (아버지에 대한 연민도 있지만, 아버지 잘못에 대한 화가 더 크구나.)

때문인지 탐색할 필요가 있다.

5. 자기 마음대로 하고 싶다는 내담자의 마음을 읽어 주고, 무엇이 가장 하고 싶은지 질문한다면 내담자의 욕구가 더욱 구체적으로 드러날 것이다. "네 마음대로 한다면 무엇이 가장 하고 싶니?"

 2회 멘토의 이야기

1. 내담자의 행동 변화

내담자는 아버지에게 자신이 우울증 같다고 말했는데 전혀 이해받지 못해 속상한 마음을 표현하고 있습니다. 자신을 이해하려고 하지 않고 오히려 욕을 하는 아버지에 대한 분노와 자신이 원하는 것을 할 수 없도록 옭아매는 것 같은 괴로움, 도움이 필요할 때 외면당한 고통을 표현하고 있습니다. 하지만 아버지에 대한 연민과 기대에 부응하고 싶은 마음도 있음을 살짝 드러내고 있습니다.

2. 내담자의 행동 변화 계기 분석

이번 상담에서 내담자는 아버지에 대한 분노와 원망을 더욱 구체적으로 표현하고 있습니다. 또한 이러한 감정을 가지게 된 이유를 분명하게 이야기하고 있습니다. 그 영향으로 후반부에는 아버지에 대한 연민의 감정을 조금이나마 드러낼 수 있었던 것으로 보입니다.

3. 추가 탐색이 되면 좋을 부분

내담자가 아버지에게 자신이 우울증 같다고 말하게 된 상황이나 이유를 탐색한다면 아버지와 내담자의 관계 패턴을 더욱 구체적으로 알 수 있을 것으로 보입니다. 또한 아버지가 내담자에게 인성이 나쁘다고 말했는데, 그 의미가 무엇인지, 또 그로 인해 내담자가 느끼는 초조함과 미칠 것 같은 마음에 대해서도 구체적으로 탐색하는 것이 필요합니다.

 3회

(지난주에 네가 아프다고 해서 상담을 못했는데 몸은 좀 어떤가?) 이제 괜찮다. 실은 지난 회기에 상담자에게 내가 돈 이야기하는 게 아버지와 같다는 말을 들은 것이 화가 나서 한 주 동안 힘들었다. (구체적으로 말하면?) 나는 아버지와 다르다. 아버지는 술을 마시고 행패를 부리거나 나를 때렸다. [1]무섭고 화가 났지만 반항하지 않고 아버지 눈치를 보면서 더 잘 하려고 했다. (아프고 화가 많이 났을 텐데 왜 그랬나?) 아버지가 나를 먹여 살려 준다고 생각했기 때문이다. 하지만 어른이 되면 독립해서 극복하고 싶었다. 나는 독립을 위해 돈이 필요한 거고, 아버지는 술 먹고 도박하려고 돈에 집착한다. (그래서 아버지와 같다는 내 말에 화가 났구나.) [2]아버지 영향 때문인지 아르바이트를 할 때면 사장님에게 무조건 복종하고 잘 보이려 하고, 이 사람 덕분에 산다는 생각에 계산적인 행동을 하는 것 같다. ([3]네가 살기 위해서 그렇게 애쓴 것이다. 그와 관련된 어린 시절 기억이 있나?) 어릴 때 엄마와 함께 살았는데 밥을 안 해 줘서 제대로 먹지

1. 아버지에 대한 내담자의 대응 방식이 나타나고 있다.
2. 아버지와 사장을 대하는 자신의 행동을 연결시키면서 중요한 타인에게 잘 보이려고 노력하는 자신의 모습을 통찰하고 있다.
3. 내담자의 애씀을 공감하면서 그와 관련된 어린 시절의 경험을 탐색하고 있다.

못했다. [4]엄마가 나를 작은아버지 집에 맡겼는데 다시 데리러 오지 않았다. 그래서 작은아버지 집에서 살았는데, 밥 먹는 게 적응이 안 돼서 자꾸 음식을 흘렸다. 작은아버지에게 크게 혼났는데, 그 뒤 음식을 절대로 흘리지 않고 작은아버지에게 밉보이지 않으려고 애썼다. (어머니가 떠나고 무척 힘들었겠구나.) 사촌들도 나를 원망했다. (어떤 원망?) 자기 집도 아닌데 빌붙어 지낸다고 욕했다. (친구들과는?) 초등학생 때 친구들이 따돌렸다. 체험학습을 갔는데 친구들이 내게 욕하고 밀치고 때렸다. 내 책상에 욕을 써 놓고, 내 물건을 화장실에 숨겨 놓기도 했다. 누구에게도 말하지 못했다. (어째서 말하지 못했나?) 아버지는 내게 관심이 없었고 할머니는 일하느라 힘들었다. 혼자서 얼마나 울었는지 모른다. (그렇게 힘들었는데 도움을 요청할 사람도 없고 어린 나이에 혼자서 화를 삼켰구나.) 너무너무 억울하고 분해서 집을 나가고 싶었다. 하지만 집을 나가는 것은 더 무서웠다. ([5]내가 아버지와 한번 이야기를 나누었으면 좋겠는데. 아버지가 상담을 받으면 더욱 좋고.) 만약 아버지가 상담을 하게 되면 선생님에게 하게 되는지 궁금하다. (어떻게 하길 원하니?) 상담자가 달랐으면 좋겠다. 아버지에게 물어보겠다.

4. 주 양육자인 어머니가 돌아오지 않는 것은 매우 중요한 문제로 내담자의 핵심 감정과 이후 대인관계에 큰 영향을 준다. 어머니가 오지 않은 것에 대한 내담자의 생각과 감정을 탐색할 필요가 있다. "어머니가 다시 데리러 오지 않았을 때 어땠어?"

5. 내담자가 아버지 상담에 대한 마음의 준비가 되어 있는지를 살핀 후 점차적으로 들어가는 것이 필요하다.

3회 멘토의 이야기

1. 내담자의 행동 변화

내담자가 지난 상담에서 상담자의 말에 화가 났음을 직접적으로 표현하고 있습니다. 또한 내담자가 중요한 통찰, 즉 자신을 먹여 살려 주는 사람으로 생각하여 아버지 눈치를 살피며 잘 보이려고 했던 것과 같이 아르바이트 사장에게도 잘 보이려고 노력한 것을 연결하여 통찰하고 있습니다. 자신이 살기 위해서 중요한 타인(아버지, 아르바이트 사장, 작은아버지)에게 복종하는 패턴이 있음을 자각하는 것으로 보입니다.

2. 내담자의 행동 변화 계기 분석

내담자가 상담자에게 보이는 감정을 상담자가 담담히 받아 주고 공감해 주었습니다. 지금까지 내담자의 마음을 이해해 주지 않던 중요한 타인들과는 다르게 말입니다. 그래서 내담자가 상담자와의 관계에서 새로운 관계 경험을 하고 자신을 좀 더 객관적으로 탐색할 수 있었던 것이 아닌가 싶습니다.

3. 추가 탐색이 되면 좋을 부분

'돈 이야기를 하는 것이 아버지와 같다'는 상담자의 말이 내담자에게 어떤 의미로 들렸는지 좀 더 구체적으로 탐색하지 못한 부분이 아쉽습니다. 상담자의 단정적인 말은 내담자에게 상처가 될 수 있지요. 내담자가 화를 표현했을 때, 상담자가 "내 말을 듣고 네가 화가 나서 힘들었던 것에 대해 진심으로 미안하구나."라고 사과를 한다면 신뢰관계가 더욱 돈독해질 수 있습니다. 또한 내담자가 초등학생 때 친구들에게 집단 따돌림과 폭행까지 당한 경험을 호소하고 있는데, 그것이 현재 친구관계 및 대인관계에 어떤 영향을 미치고 있는지 구체적으로 탐색할 필요가 있습니다. 아울러 중요한 타인에게 잘 보이려고 하고 복종하는 자신의 모습이 스스로 어떻게 느껴지는지를 탐색한다면 내담자가 자신을 이해하는 데에 도움이 될 것입니다.

4회

아버지가 처음으로 상담을 받았는데 상담을 좋아하는 것 같다. 집에서 나를 편하게 해 주려고 하는 것 같다. (아버지가 어떻게 하나?) 둘이 같이 집에 있을 때 최대한 내게 말을 안 걸고, TV만 보면서 멀리 떨어져 있다. (아버지의 그런 행동이 너는 어때?) 나는 편한데 아버지가 힘들 것 같다. 아버지에게 휘둘리기 싫고 반항하고 싶다. 아버지와 말하기 싫고 아버지를 괴롭히고 싶다. 아버지의 약한 모습, 눈물을 보는 게 무섭다. (어째서?) [1]내가 아버지를 용서할까 봐. 죽을 때까지 미운 감정을 가지고 싶다. 〈울음〉 내가 이런 마음이라는 것을 알고 아버지가 충격을 받았으면 좋겠다. 그래도 내가 받은 상처에는 미치지 못할 것이다. 아버지를 보면 과거가 떠오르고 아픈 감정이 올라와서 용서하고 싶지 않다고 아버지에게 말하고 싶다. 어릴 때부터의 일을 구체적으로 이야기하면 아버지도 이해할 것 같다. (지금이라도 독립해서 살 수 있을까?) 잘 모르겠다. 〈침묵〉 아버지와의 사이에서 문제를 일으키지 않으려고 애쓰고 있다. 아는 언니 집에서 자고 싶은데도 그냥 집에서 잔다. (아버지에게 말은 해 봤나?) 못했다. 허락하지 않을 것이다. 아버지가 내게 믿음이 안 간다고 하면서 내가 의지가 약하고 인내심도 없다고 했다. [2]상담자도 나를 그렇게 생각할 것 같다. (아니다.) 물어서 확인하는 것이다. 아버지에게 ○○ 자격증 공부를 하지 않겠다고 말했고, 당분간은 진짜 안 할 것이다. (어떻게 할 건지?) 결과물이 생기면 말할 것이다. [3]아버지나 엄마는 무식하다. 하지만 나는 독서를 좋아해서 자주 책을 읽고 자격시험 공부도 한다. 내가 우리 집에서 제일 낫다는 생각이 든다.

1. 아버지에 대한 미움과 용서 사이의 갈등이 나타나고 있다.

2. 상담자에 대한 전이를 보이고 있는데, 이에 대해 탐색할 필요가 있다. "네가 그렇게 생각하는 이유는 뭐지?"

3. 상담자에게 긍정적인 모습을 보이고자 하는 내담자의 모습이다.

4회 멘토의 이야기

1. 내담자의 행동 변화

내담자가 이번 상담을 통해 아버지가 자신을 위해 노력하고 있다는 것을 인식하게 되었네요. 자신도 아버지와의 갈등을 줄이기 위해 노력하고 있음을 이야기하고 있습니다. 또 아버지를 끝까지 미워하고 싶지만 아버지가 약해지면 용서할지도 모른다는 두려움과 상담자에 대한 전이 감정을 내비치는 것으로 보입니다.

2. 내담자의 행동 변화 계기 분석

아버지가 상담을 받으면서 내담자를 배려하는 등 행동에 변화를 보이는 것 같습니다. 그리고 이전 상담에서 내담자의 자기통찰, 즉 아버지나 사장과 같은 중요한 사람에게 잘 보이려고 애쓴다는 것을 통찰한 것이 내담자의 행동 변화에 영향을 주었을 것으로 보입니다.

3. 추가 탐색이 되면 좋을 부분

내담자가 가지고 있는 용서에 대한 두려움이 무엇인지 구체적으로 탐색하면 좋겠습니다. 아버지를 용서하게 될까 봐 무섭다는 것은 용서하고 싶은 마음이 있음을 의미하는 것으로 생각되네요. 이러한 탐색을 통해 내담자가 진심으로 원하는 것이 무엇인지를 스스로 깨닫게 되는 것이 내담자의 심리적 갈등과 어려움을 줄이는 데에 도움이 될 수 있을 겁니다. 또한 내담자는 집을 떠나 아버지로부터 독립하고 싶다고 말하고 있습니다. 하지만 아르바이트를 그만두었고 ○○ 자격증 공부도 하지 않겠다고 말하는 등 독립을 위한 구체적인 계획이나 노력을 보이지 않고 있어 이 부분을 직면시키는 시도를 할 필요가 있습니다.

🎁 5회

며칠 전부터 집 앞 ◇◇식당에서 서빙 아르바이트를 시작했다. 낮에는 ○○ 공부를 하려고 저녁 시간에 아르바이트를 잡았다. 아버지는 아르바이트를 반대한다. (그런데도 하는 이유는?) 내가 하고 싶은 것을 하려면 돈을 모아야 한다. [1]지난 상담 때 선생님이 지금이라도 독립할 수 있냐고 물었는데, 내가 독립하기 위해 준비한 것이 별로 없다는 생각이 들었다. 아르바이트 일이 힘들기는 한데, 사장님이 내게 잘 한다고 칭찬했다. (아버지와는 어떤가?) [2]달라진 점은 내가 아르바이트 마치는 12시가 되면 여러 번 전화를 한다는 것이다. (무슨 일로?) 데리러 오겠다고. 집 앞 길이 어두컴컴하다. 아버지가 타이밍을 좀 못 맞추는 것 같다. 〈웃음〉 (어떤 타이밍?) 내가 어렸을 때 그러지라는 생각이 든다. (아버지와의 사이가 좀 편해졌나 보네.) 요즘 아버지가 이것저것 챙겨 준다. 내가 어렸을 때 그렇게 해 주지, 그때 아버지가 필요했다는 생각이 들면서 슬프다. 그런데 또 얼마 못 가서 태도가 돌변해 내게 화를 내고 욕을 할 것이다. (어머니는 만났나?) [3]원망스럽고 싫어서 만나고 싶지 않다. 요즘 가장 큰 고민은 절에 가기 싫은데 같이 다녔던 친구 △△에게 안 가겠다는 말을 못하는 것이다. (싫다는 말을 못 하는 이유는?) △△는 내가 힘들 때 같이 있어 준 친구다. 힘들 때 나를 절에 데려갔고, 함께 다니면서 위로를 많이 해 줬다. △△가 계속 같이 절에 다니자고 하는데 나는 마음이 내키지 않는다. ([4]네가 원하는 것을 솔직하게 말하는 것도 중요하다. 그래야 올바른 관계가 된다.) 말하고 싶은데 잘 되지 않는다. 내가 싫다고 말하면 사이가 멀어지고 나는 또 혼자 남겨질 것이다. 늘 친구가 없었다. 따돌림 당한 만큼 친구가 필요했다. 친구가 요구하면 나는 싫어도 싫은 내색을 잘 못한다.

1. 상담자의 말이 자신을 되돌아보는 계기가 되었음을 알 수 있다.

2. 아버지가 내담자에게 관심을 표현하고 있으며, 내담자도 그 관심이 싫지 않음을 알 수 있다.

3. 어머니에 대해 어떤 원망이 있는지 질문할 필요가 있다. "어머니에 대해 어떤 원망이 드나?

4. 청소년 내담자의 경우 교육적 지도가 필요하지만, 질문을 통해 내담자가 스스로 깨닫도록 하는 것이 적절하다. "친구가 요구하지만 너는 하고 싶지 않을 때 어떻게 하는 것이 좋을까?"

5회 멘토의 이야기

1. 내담자의 행동 변화

   아버지의 반대에도 불구하고 아르바이트를 시작하는 등 자신이 원하는 것을 실행하고 있는 것으로 보입니다. 그리고 친구의 요구를 거절하지 못하고 싫다는 말을 하지 못하는 자신의 태도가 혼자 남겨질지도 모른다는 두려움에서 비롯된 것임을 깨달았네요.

2. 내담자의 행동 변화 계기 분석

   이전 상담에서 내담자는 부모에 대한 분노와 적개심 등 부정적 감정을 표현하면서 아버지에게서 벗어나 독립하고 싶은 마음을 드러냈지요. 아버지에게서 독립하기 위해서는 경제적인 준비가 필요한데, 자신은 별다른 준비를 하지 못하고 있다는 것을 인식하였습니다.

3. 추가 탐색이 되면 좋을 부분

   내담자가 힘들 때 같이 있어 주었다는 친구에 대한 감정을 구체적으로 탐색할 필요가 있습니다. 이를 통해 부모나 친구에게 버려져 혼자가 되는 것에 대한 두려움으로 인해 타인에게 맞추려고 노력하는 자신의 모습을 전체적으로 조망해 볼 수 있을 것입니다. 차후 내담자의 대인관계 및 의사소통 방식을 점검해 보고 자신의 의사를 적절하게 표현하기 위해서는 어떻게 해야 하는지 함께 나눠 볼 필요가 있습니다.

🎁 6회(축어록)

상₁: 어떻게 지냈어? 아르바이트는 잘 다니고 있어?

내₁: 아르바이트 하는 가게 사모님 때문에 스트레스가 많았어요.

상₂: 사모님과 어떻게?

내₂: 사모님이 제게 집중력이 없고 일을 대충 한다면서 그러지 말라고, 자꾸 그러면 손님이 싫어한다면서 화를 냈어요. 또 저는 원래 홀에서 서빙만 하면 된다고 알고 있었는데, 제가 설거지까지 다 해야 하는 거래요. 하지만 말을 안 해 줘서 몰랐어요. 그래서 기분이 너무 안 좋았어요. 사모님은 계속 화를 내고, 제가 하는 행동 하나하나 관찰하고. 너무 눈치가 보였어요.

상₃: 불안하고 힘들었겠구나.

내₃: 예전에는 아르바이트하면서 늘 칭찬만 받았는데…… 집중력 없고 일을 대충 한다는 말이 쉬는 날 내내 생각났어요. 두려움이 마구 올라오더라고요.

상₄: 어떤 두려움?

내₄: 결국 아르바이트를 그만두라고 하면 어떡하나 하는.

상₅: 아르바이트생에게 '이것은 이렇게 하면 좋고, 저것은 저렇게 해야 좋다'고 구체적으로 가르쳐 주면 좋을 텐데. 그걸 가르쳐 주지도 않고 모두 책임져야 한다는 식으로 말하면 안 되지.

내₅: 사모님의 어머니도 가게 일을 도와주는데 성격이 더 꼼꼼하고 간섭이 심해요. 음식에 대해 세세한 것까지 신경

상₁: 두 가지 질문을 동시에 하는 것은 내담자가 집중하여 답하는 데 방해요인이 될 수 있다. 가능하면 한 가지 질문을 하는 것이 좋다.

상₂: 스트레스의 원인을 질문하고 있다.

내₃: 상담자의 공감으로 칭찬받고 싶은 욕구와 비난에 대한 두려움을 드러내고 있다.

상₅: 아르바이트를 그만둬야 할지도 모른다는 두려움을 말하고 있는 내담자에게 상담자는 일이 서툰 것은 내담자 잘못이 아니라고 반응하고 있다. 이러

쓰고, 제가 잠깐이라도 가만히 있으면 이거 해라 저거 해라 시키고.

상₆: 그렇게 스트레스 받는데, 몸은 괜찮아?

내₆: 많이 피곤해요. 며칠 전에 계단을 올라가다가 넘어졌어요. 그런 적이 없었는데, 다리가 풀리면서 계단 난간을 붙들고 간신히 버텼어요.

상₇: 큰일 날 뻔했구나. 몸도 마음도 모두 힘드네.

내₇: 요즘은 아르바이트하느라 밤에 늦게 자니까 아침에 잠을 많이 자거든요. 그런데 아버지가 ○○ 자격증 시험이 얼마 안 남았는데 늦잠 자냐면서 화내며 소리를 질렀어요. 그러면 심장이 두근두근거려요. 일하느라 힘들어서 그런 건데 야단만 치고…….

상₈: 잠이라도 푹 자게 좀 내버려 두시지.

내₈: 아버지는 ○○ 시험 공부 안 하고 뭐하는 짓이냐고, 하루에 몇 천 원 번다고 그러냐면서. 그러면 아버지와 잘 지내다가도 화가 나요.

상₉: 잘 해 보겠다고 열심히 아르바이트를 하고 있는데 그렇게 말하면 참 섭섭하고 화가 나지.

내₉: 아버지 입장에선 불안하겠죠. 내가 학교도 안 다니고 아르바이트가 안정적인 직장도 아니니까. 그래서인지 얼마 전에는 제게 시집이나 가라고, 빨리 치워 버리고 싶

한 반응보다는 아르바이트를 그만두는 것이 내담자에게 어떤 의미가 있는지, 내담자의 심정에 대한 탐색적 질문이 필요하다. "아르바이트를 그만두면 어떻게 될 것 같아?"

상₆: 이전에 신체화 증상이 있었던 내담자이기에 신체화 증상을 점검하고 있다.

내₇: 신체적 어려움에 미치는 아버지의 영향을 말하면서 이야기의 흐름을 아버지에게로 전환하고 있다. 내담자의 힘든 상황을 이해하지 못하고 소리치는 아버지에 대한 서운함과 불안이 느껴진다.

상₈: 내담자에게 공감하며 그 마음을 따라가고 있는데, 아버지의 행동에 대한 내담자의 느낌이나 아버지의 행동에 어떻게 대처하는지를 알아보는 질문이 필요하다. "아버지가 그렇게 하실 때 너는 어떻게 하니?"

다고 하는 거예요. 그 소리를 듣는데 돌아 버리겠더라고요.

상_10: 진짜 황당하고 섭섭했겠네.

내_10: 어떻게 딸에게 치워 버리고 싶다고 말할 수 있는지……. 얼마 전에 작은아버지에게서 전화가 왔어요. 일자리를 소개시켜 준다면서. 그래서 '싫어요.'라고 말했는데, 아버지가 옆에서 듣고는 화를 내는 거예요. 전화를 끊고 나서 아버지가 물건을 집어던지면서 그냥 좋게 말하면 되지, 아르바이트 다니면서 ○○ 공부하고 있다고 말하면 되지, 작은아버지에게 일하기 싫다는 얘기는 왜 하냐면서 시집이나 가라고 소리를 질렀어요. 진짜 섭섭하고 미웠어요.

상_11: 작은아버지 이야기를 그냥 들어주면 되지, 왜 그랬어?

내_11: 그냥 고분고분하게 말하기 싫었어요. 또 옆에 아버지가 있으니까, 일부러 아버지 화를 돋우려고요. 〈웃음〉

상_12: 내가 보기에도 그런 거 같네.

내_12: 전 그냥 기뻐요. 〈웃음〉 아버지한테 반항하는 것이 조금씩 힘이 생겨서 기뻐요. 이전 같았으면 고분고분 말하고 넘어갔겠죠. 하지만 이제는 싫어요. 아버지나 가족이 저

상_10: 내담자에 대한 공감을 통해 좀 더 구체적으로 탐색할 수 있도록 하고 있다.

상_11: 내담자는 독립하기 위해서 돈을 벌고 싶어 했다. 그런데 작은아버지에게 일하기 싫다고 말한 이유를 탐색하는 것이 필요하다. "네가 그렇게 말한 의도가 있을 것 같은데, 어떤 마음이었어?"

상_12: 내담자가 자신의 마음을 탐색할 수 있도록 하는 질문이 더 적절하다. "그렇게 말하고 나서 너의 마음은 어땠어?"

내_12: 아버지에게 복종하던 이전과 달리 반항할 수 있게 된 자신

를 포기해 줬으면 좋겠어요.

상₁₃: 가족이 네게 뭘 포기하지 못할까?

내₁₃: 대학은 안 가더라도 적당한 직장에 들어가서 가족을 먹여 살리기를 바라는 기대가 있어요. 그 기대를 좀 포기했으면 좋겠어요. 하지만 포기를 못하니까 제 꼴을 보면 화가 나겠죠. 아무튼 아르바이트하느라 정말 피곤한데 집에서 잠을 못 자요.

상₁₄: 그럼 여기서 자도 돼. 불 꺼 줘?

내₁₄: 그게 아니라 〈웃음〉 맨날 자고 싶은데 못 잔다고요.

〈중략〉

내₁₈: 종교 문제도 엄청 스트레스예요. 예전에 알고 지내던 친구 □□에게서 연락이 와서 만났는데, □□를 만나자마자 이단종교를 전도하는 사람들이 저를 찾아온 거예요.

상₁₉: 우연히 만난 거야?

내₁₉: 아니요. □□가 연락을 한 거예요. 알고 보니 □□가 원래 이단종교 신자인데, 처음부터 이단종교 집단에 저를 데리고 가려고 접근한 것 같아요. □□가 제게 계획적으로 접근했다는 게 충격적이고 화가 났어요. 그것도 모르고 □□가 만나자고 연락해서 좋았어요.

상₂₀: □□와 그것에 대해 이야기해 봤어?

내₂₀: 아직 못했어요. 어떻게 말해야 할지 모르겠어요.

상₂₁: 네 마음을 솔직하게 말하면 된다. 그러면서 □□ 이야기도 들어 보고.

의 변화에 대해 말하고 있다.

내₁₃: 가족을 먹여 살려야 한다는 부담감에서 벗어나고 싶은 마음을 드러내고 있다.

상₂₀: 내담자가 친구에게 자신의 생각과 감정을 표현했는지 확인하고 있다.

내₂₀: 친구에게 부정적 감정을 표현하지 못하는 내담자의 관계 패턴이 나타나고 있다.

상₂₁: 내담자가 자신의 마음을 상대방에게 솔직하게 표현하도록 내₂₁: 그래도 △△에게는 절에 가기 싫다고 솔직하게 말했어요.

상₂₂: 그랬구나. 말하면서 어땠어?

내₂₂: 진짜 힘들었어요. △△에게 가까스로 말했는데 결국엔 싸우고 말았어요. △△가 제게 배신자라고 욕하고 절교하자고 했어요. 저도 화가 나서 배신하는 게 아니다, △△ 네가 싫어서가 아니라 그냥 절에 가고 싶지 않은 거다라고 말했지만, 결국 싸우다가 헤어졌어요. 너무너무 속상했어요.

상₂₃: 절에 가더라도 몸과 마음이 일치되어야지.

내₂₃: 아버진 아버지대로, 친구는 친구대로 난리고, 알바는 알바대로 난리고.

상₂₄: 그중에 가장 중요한 사람은 누구?

내₂₄: 가장 중요한 사람은…… 〈침묵〉 매일 부딪히는 아버지죠.

상₂₅: 아니, 너야. 관계에서 중심을 잡는 사람도 너고, 중심에서 흔들리는 사람도 너란다. 네 생각이 중요하다. 그 사람들이 뭐라고 얘기하든 너 자신이 너를 제일 잘 알잖아! 할 수 있는 것과 할 수 없는 것들이 있잖아. 상대방의 말을 들어본 후에 '나 좋으라고 이끌어 주는 것은 알겠지만 나는 그걸 못하겠다'. 그렇게 네 마음을 솔직하게 말할 수 있어야 한다. 네가 할 수 없는 한계를 말해 주는 게 필요해.

내₂₅: 저는 어떤 상황에서든, 일할 때도 그렇고 친구도 그렇고, 두려움이 앞서요. 사람을 잃을까 봐! 버림받을까 봐 불안한…….

상₂₆: 사람을 만나는데 어째서 버림받는 두려움부터 생길까?

내₂₆: 그냥 자연적으로 그런 느낌이 먼저 들어요.

격려하고 있다.

내₂₃: 여러 관계에서 어려움이 있음을 인식하고 있다.

상₂₅: 대인관계의 주체가 내담자 자신이라는 것을 일깨우고, 올바른 관계를 위해서는 내담자가 자신의 생각과 감정을 적절하게 표현할 수 있어야 함을 교육하고 있다.

내₂₅: 사람을 대할 때 버려지는 두려움이 강함을 드러내고 있다.

상₂₇: 어렸을 때는? 그때도 버림받는 두려움이 있었어?

상₂₇: 이러한 두려움이 언제부터 시작되었는지 탐색한다. "언제부터 그런 느낌이 들었어?"

내₂₇: 어렸을 때…… 그러고 보니 어릴 때 친구들에게 따돌림을 당했을 때 너무 힘들었어요. 엄마도 작은아버지 집에 나를 맡기고 돌아오지 않았어요. 작은아버지 집에서도 쫓겨날까 봐 무서웠어요. 생각해 보니 그 두려움이 아르바이트나 친구관계에서도 비슷하게 있는 거 같아요.

내₂₇: 두려움이 어린 시절 경험에서 비롯되었고, 그것이 현재 대인관계에도 나타나고 있음을 통찰하고 있다.

상₂₈: 그래, 어렸을 때부터 겪었으니까, 자꾸 그런 마음이 일어날 수 있다.

내₂₈: 일요일에 미친 듯이 힘들었어요. 아르바이트에서 해고되면 어떡하지, 친구와 헤어지면 나 혼자 잘 살 수 있을까, 누군가가 나를 버리는 상황이 생길까 봐 너무 무서웠어요.

상₂₉: 만약에 네가 아르바이트에서 해고된다면, 그럼 네 인생이 끝나는 거야?

상₂₉: 내담자가 아르바이트에서 해고될 경우 발생할 수 있는 결과를 예측하게 한다. 이때 내담자 스스로 탐색할 수 있도록 폐쇄적 질문보다는 개방적 질문을 하는 것이 더 적절하다. "만약 아르바이트에서 해고된다면 어떻게 될 것 같아?"

내₂₉: 그렇지는 않죠.

상₃₀: 그렇지, 아니지. 그럼 알바에서 해고되면 어떻게 할 거야?

내₃₀: 음…… 다른 아르바이트를 찾아야겠죠.

내₂₉: 파국적인 결과는 일어나지 않을 것임을 깨닫고 있다.

상₃₁: 그렇지. 다른 곳에 가면 되잖아! 또 만약에 친구가 있는데 그 친구가 네 생각을 존중해 주지 않는다면 그 친구가 진짜 친구라고 생각해?

내₃₁: △△가 저보고 이기적이라고 말했어요, 내 생각만 한다고. 제가 잘못한 걸까요?

상₃₂: 친구가 절에 같이 가기를 원하더라도 네가 원하지 않는다면 싫다고 말할 수 있어. 진짜 친구라면 싫다는 마음도 존중해야 하지.

상₃₂: 이기적이라는 친구의 말에 대한 내담자의 감정과 생각을 살펴볼 필요가 있다. "친구가 이기적이라고 말했는데 너는 어떻게 생각하니?"

내₃₂: 저는 친구가 생기면 너무 좋아서 친구가 원하는 건 무조건 들어주고 맞춰 주려고 애썼어요. 하지만 시간이 지날수록 친구를 한 명씩 잃어 가요. 그게 너무 힘들어요.

내₃₂: 친구관계를 유지하기 위해 친구에게 맞춰 주었지만 친구가 떠나는 경험이 반복되면서 내담자의 아픔이 크다는 것을 알 수 있다.

상₃₃: 진정한 만남을 못하니까 그런 거야. 일방적으로 네가 다 맞춰 주는 것, 친구들이 너를 떠날까 봐 무서워서 무조건 네가 맞추는 관계는 오래가지 못한다.

상₃₃: 내담자가 버려지는 두려움으로 인해 타인에게 맞춰 주는 패턴을 가지게 되었음을 설명하고 있다.

내₃₃: 어렸을 때부터 그랬어요. 사람들이 떠날까 봐.

내₃₃: 자신의 대인관계 패턴이 어린 시절부터 형성된 것임을 인식하고 있다.

상₃₄: 안 맞으니까 떠날 사람은 떠나야 하는 거야. 떠나는 것에 대해 두려워하지 마. 아닌 사람은 빨리 떠나야 해!

상₃₄: 내담자가 버려지는 두려움을 극복하도록 격려하고 있다.

내₃₄: 〈웃음〉 아닌 사람들은 떠나야 해. 그래서 너무 좋아요. 그런 말을 해 줘서.

7회

아르바이트 월급을 타면 내가 알아서 돈을 관리하고 싶은데, 아버지는 무조건 자기에게 맡기고 용돈을 타서 쓰라고 한다. 하지만 끝까지 버텨 볼 생각이다. [1]아버지는 자기 일에 최선을 다하는 편인데, 나도 일할 때 열심히 하는 것 같다. (아버지를 닮았구나.) 그런 것 같기도 하다. 하지만 [2]내게 아버지를 닮은 부분이 있다는 말은 기분이 상한다. 아르바이트를 하면서 힘들었다. 전에 선생님이 내게 몸을 아끼면서 일하라고 했지만, 그것이 어렵다. 그건 내 스타일이 아니다. 원래 내 스타일대로 열심히 일을 하니까 칭찬받을 수 있었다. 혼나는 것에 익숙하지 않고 칭찬받는 것에 익숙해서 안 좋은 말을 들으면 오래 남는다. (칭찬이나 비난을 받는 것이 어떤 의미가 있나?) [3]내가 다른 사람 마음에 드는지 아닌지, 겁나고 생존이 걸린 것같이 죽느냐 사느냐의 문제로 느껴진다. 지난번에 싸운 뒤로 △△에게서 연락이 없어 힘들었다. (다른 친구들은?) 딱히 친구가 없다. 고등학교 1학년 때 △△를 만나 가장 가깝게 지냈다. 친구를 많이 사귀고 싶어 노력했지만 친구가 없는 편이었다. (친구들을 사귀기 위해 구체적으로 어떻게 했나?) 돌이켜 보니 사귀고 싶은 마음은 컸지만 어울리기 어려워서 내가 먼저 피했던 것 같다. ([4]어울리기 어려웠던 이유는?) 친구들과 형편이 다르다 보니 열등감이 많았던 것 같다. 나는 집도 가난하고 부모로부터 사랑받지도 못했다. 친구들이 부모 이야기를 할 때면 주눅이 들어서 그 자리에 있을 수가 없었다. 학벌도 차이가 난다는 생각이 들었다. 내가 스스로 학교를 그만두었지만 대학생을 보면 부럽기도 하다.

1. 내담자가 아버지에 대해 처음으로 긍정적인 평가를 하고 있다.

2. 부정적 감정을 억누르지 않고, 상담자에게 솔직하게 표현하고 있다.

3. 내담자에게 칭찬은 삶을, 비난은 죽음을 뜻한다. 즉, 내담자의 이분법적 사고(인지 왜곡)를 엿볼 수 있다.

4. 내담자가 친구들과 어울리기 어려웠던 본마음이 무엇인지 탐색하고 있다.

7회 멘토의 이야기

1. 내담자의 행동 변화

이번 상담에서 내담자가 자신의 감정을 분명하게 표현하고 있네요. 일을 할 때 최선을 다하는 사람이라고 아버지를 긍정적으로 평가하면서도 자신이 아버지와 닮았다는 상담자의 말에 기분이 상했다면서 자신의 감정을 솔직하게 말하고 있어요. 또한 내담자는 이전 상담에서 칭찬에 대한 욕구와 비난에 대한 두려움을 호소하였는데, 이번 상담을 통해 칭찬과 비난이 생존과 관련된 문제라고 생각하고 있음을 깨닫고 있습니다. 그리고 교우관계를 어려워하는 원인이 자신이 가진 열등감에 있음을 보고하였습니다.

2. 내담자의 행동 변화 계기 분석

상담자가 내담자의 불안과 고통을 든든하게 받아 주면서 내담자가 상담자에 대한 신뢰감과 자신감을 갖게 된 것으로 보입니다. 칭찬과 비난이 내담자에게 어떤 의미가 있는지, 친구들과 어울리지 못한 원인이 무엇인지에 대한 상담자의 탐색적 질문이 주효하게 작용했다고 여겨지네요.

3. 추가 탐색이 되면 좋을 부분

내담자는 아버지가 일할 때 최선을 다한다고 평가했습니다. 이에 대해 좀 더 구체적으로 이야기한다면, 아버지가 내담자에게 미친 긍정적인 영향을 살펴보고 내담자가 균형 있는 시각을 갖도록 하는 데에 도움이 될 것입니다. 또한 내담자의 감정 표현을 격려하여 다른 관계에서도 자신의 감정을 적절하게 표현할 수 있도록 조력할 필요가 있습니다.

8회

서빙 아르바이트를 그만두었다. 사모님이 내가 일할 때 옆에서 자꾸 이래라저래라 간섭했다. 내가 시큰둥하게 행동했더니 사모님이 내게 예의가 없다고 욕했다. 욕을 많이 듣고 그만두었지만 좋은 경험이었던 것 같다. 더 힘든 일도 있었다. 아버지 친구가 집에 놀러 와서 아버지와 함께 술을 마셨는데, 그 아저씨가 아버지에게 어린 나를 왜 때렸냐고 물었다. 그 순간 잊고 있던 분노가 확 올라왔다. 아버지가 그때는 너무 힘들어서 살고 싶지 않았다고, 사는 게 지옥 같아서 그랬던 것 같다고 말했다. 늘 술을 마시고 화내는 아버지가 이해되지 않았는데, 그 이야기를 듣고 조금은 이해가 되었다. (어떻게 이해되었나?) [1]힘든 시기에 나까지 있어서 아버지가 더 힘들었나 보다. 그래서 나를 그렇게 때렸나 보다. 아버지가 내게 이제는 때리지 않으니 옛날 일은 잊으라고 말해서 너무 화가 났다. 그렇게 나를 때렸으면서…… 아버지에게 소리를 질렀다. 아버지에게 맞았을 때 너무 무섭고 너무 미웠다고. 초등학생인데 가정폭력에 따돌림까지 당하고. 그 일을 잊으려고 노력했지만 누군가가 이야기를 꺼내면 기억이 다시 떠올라 고통스럽다고 소리를 질렀다. (아버지의 반응은?) 아무 말도 안 했다. [2]아버지를 용서하고 싶은 마음도 있지만, 이렇게 고통스러운데 용서해야 하는 건지 정말 모르겠다. 〈울음〉 (네가 하고 싶은 대로, 네 마음이 가는 대로 하면 된다.) 만약 아버지와 같이 가족상담을 하게 된다면 어렸을 때 그렇게 때렸으면서 지금 잘 해 주는 것으로 과거를 모두 잊고 잘 해야 한다고 하는 것은 말도 안 되는 소리라고 말할 것이다.

1. 아버지가 자신을 폭행한 이유를 아버지의 입장에서 이해해 보려고 시도하고 있다. 그 당시 내담자의 감정에 대해서도 탐색할 필요가 있다. "그 생각이 들었을 때, 네 기분은 어땠지?"

2. 아버지를 용서하고 싶은 마음과 용서하지 못하는 마음 사이에서 혼란을 보이고 있다.

8회 멘토의 이야기

1. 내담자의 행동 변화

내담자가 자신의 고통과 분노를 아버지에게 직접적으로 표출하였네요. 과거 아버지의 폭력과 집단 따돌림의 경험 때문에 지금도 고통스럽다고 소리를 지르면서 자신의 분노와 고통을 극적으로 표출하였습니다. 한편으로는 아버지가 자신을 폭행한 이유를 아버지의 입장에서 이해하는 모습도 보이고 있습니다.

2. 내담자의 행동 변화 계기 분석

내담자는 이전 상담장면에서 아버지에 대한 부정적 감정과 생각을 자주 표현해 왔습니다. 이것이 자신의 분노를 아버지에게 직접적으로 표출하도록 하는 힘이 된 것으로 보입니다. 또한 아버지에 대한 분노와 적개심을 폭발적으로 표출함으로써 아버지의 입장을 이해할 수 있는 마음의 여지가 생긴 것으로 보입니다. 아버지가 자신에게 관심과 애정을 표현하는 등 변화를 보인 것도 내담자에게 영향을 주었을 것으로 생각됩니다.

3. 추가 탐색이 되면 좋을 부분

내담자의 분노감을 해결하기 위해 아버지가 어떻게 해 주기를 바라는지 구체적으로 탐색하여 실현 가능성을 의논하는 과정이 필요하다고 봅니다. 이를 위해 내담자의 말처럼 아버지와 내담자가 함께 가족상담을 실시하는 것도 도움이 될 것입니다.

9회

(요즘 아버지와는?) 아버지가 내게 사과를 했다. 어렸을 때 아버지가 나를 때린 것을 인정하고 잘못했다고 말했다. 전에는 그렇게 잘못을 인정한 적도 없고 사과를 한 적도 없었다. (기분이 어땠나?) 너무 놀랐다. 진심인지 의심돼서 물었더니, 진심으로 잘못했다면서 미안하다고 진지하게 말했다. 뭔가 짠한 느낌이 들었고 눈물이 자꾸 났다. (아버지의 사과에 너는 어떻게 했니?) [1]아버지가 때렸을 때 너무 무섭고 아팠다고, 지금도 가끔 그때 기억이 되살아나서 고통스럽고 아버지가 밉다고 말해 줬다. ([2]후련하겠네. 아버지가 사과해서 마음은 좀 풀어졌나?) 그런 거 같다. 많이 편해졌다. 요즘은 아버지가 잘못하면 끝까지 사과를 받아 내고 못 이기는 척 용서해 준다. (사이가 좋아졌네.) [3]내가 아버지에게 어렸을 때 못 받은 사랑을 지금 받으려고 하는 것 같다. (어떻게?) 아버지에게 장난을 치고 사랑한다는 말도 했다. 어렸을 때 이랬으면 좋았을 텐데 하는 마음이 들었다. 아버지도 변하고 나도 변하는 것 같다. 아버지가 상담을 몇 번 받고 나서 내게 사랑한다는 말도 하고, 내가 화내면 풀어 주려고 한다. 반대로 아버지가 화를 내면 [4]아버지에게 내 감정을 말하면서 화해하려고 애쓴다. 하지만 욱하고 올라오는 화를 참고 아버지와 대화를 하는 건 여전히 어렵다. (앞으로 어떻게 할 생각인가?) 당분간은 아버지와 함께 지낼 생각이다. 그러면서 ○○ 자격증 공부도 하고 독립하기 위해 돈도 모을 계획이다. (오늘이 마지막 상담인데, 밝은 얼굴을 보니 좋다.) [5]사실 아버지와 계속 잘 지낼 수 있을지, 분노가 확 치밀어 오르면 어떻게 할지 걱정되기도 한다. ([6]충분히 그럴 수 있다. 많이 힘들면 또 얼굴 보고 상담하면 된다. 그럴 땐 혼자 고민하지 말고 언제든지 연락하면 된다.)

1. 내담자가 폭행의 고통과 분노를 아버지에게 또다시 직접적으로 표현하고 있다.
2. 아버지의 사과로 인해 분노가 다소 누그러진 내담자의 마음을 반영하고 있다.
3. 아버지의 관심과 사랑을 받고 싶었던 자신의 욕구를 깨닫고 표현하고 있다.
4. 내담자가 아버지에게 자신의 생각과 감정을 표현하고 있다. 이에 대해 상담자는 지지하고 격려할 필요가 있다.
5. 상담 종결 시 내담자들이 흔히 가지는 불안감을 표현하고 있다.
6. 내담자를 응원하고 추수상담의 가능성을 알려 주고 있다.

9회 멘토의 이야기

1. 내담자의 행동 변화

내담자와 아버지의 관계에 큰 변화가 있음을 보고하고 있네요. 내담자가 아버지에게 장난을 치고 사랑한다는 말도 하는 등 애정을 표현하며, 아버지의 사과를 받고 나서 한결 편안해진 모습을 보이고 있습니다.

2. 내담자의 행동 변화 계기 분석

이전 상담에서 내담자가 아버지에게 분노를 직접적으로 표출하였고 이에 대해 아버지가 잘못을 인정하고 내담자에게 사과를 한 것이 중요한 계기가 되었다고 여겨집니다. 또한 상담자가 상담과정에서 내담자로 하여금 자신의 감정을 깊이 보고 표현할 수 있도록 지지한 것이 도움이 되었다고 할 수 있습니다.

3. 추가 탐색이 되면 좋을 부분

내담자는 계속 아버지와 잘 지낼 수 있을지, 분노가 치밀어 오르면 어떻게 할지 걱정하고 있습니다. 그럴 때 어떻게 하면 좋을지 함께 탐색해 본 후 상담이 종결되었다면 더 좋을 것 같습니다. 상담을 종결하는 회기이므로 내담자의 변화를 방해하는 여러 요인에 대한 탐색도 필요합니다. 이것이 내담자가 상담 종결 후에도 긍정적인 변화를 유지하는 데에 도움이 될 것입니다.

상담전문가의 사례 되짚어 보기

1. 내담자 문제 발생

내담자의 주 호소문제는 아버지에 대한 상반된 감정, 즉 아버지에 대한 애틋한 마음과 미움, 분노, 용서와 복수, 의존과 독립 등의 감정으로 인해 혼란스럽다는 것이다. 내담자는 아버지에 대한 사랑과 적대감이라는 양가감정으로 인해 아버지로부터 사랑받기를 원하면서도 적대감이나 분노감을 표출하며 독립을 갈구한다.

이러한 혼란된 감정은 내담자가 어렸을 때 받았던 버림과 방임, 폭력의 경험에서 비롯된 것이라 할 수 있다. 내담자는 어린 시절 부모로부터 적절한 애정과 보살핌을 받지 못하고 방치되거나 폭언과 폭행을 당했으며, 학교에서는 집단 따돌림을 경험하였다. 그래서 부모나 친구에게 버림받지 않기 위해 자신의 욕구나 감정을 표현하기보다는 상대방에게 맞추면서 완벽한 모습으로 인정받으려고 애썼다. 이로 인해 아버지나 친구에게 분노, 원망, 적개심을 느끼면서도 혼자 남겨지는 두려움 때문에 그 관계에서 벗어나지 못하고 있다. 어린 시절 충족되지 못한 애착 욕구에 대한 보상 심리 또한 내담자 독립의 걸림돌로 작용하고 있는 것으로 보인다. 그래서 떠나고 싶지만 떠나지 못하고 얽매이게 되면서 심리적 혼란이 가중되었다.

2. 치료적 개입

상담자는 상담 초기부터 일관되게 공감과 정서적 지지를 통해 내담자가 상반된 감정들을 표출하도록 도왔다. 내담자가 아버지에 대한 분노와 적개심, 자신의 고통 등 내면에 억눌렀던 부정적 감정을 충분히 표현하도록 하였고, 쏟아지듯 표출되는 내담자의 감정에 공감하면서 든든하게 받아 주었다. 그러면서 차츰 회기가 진행됨에 따라 적절한 해석과 내담자 모순에 대한 직면으로 내담자가 통찰할 수 있도록 촉진하였다. 내담자가 가진 아버지에 대한 분노와 적개심의 원인이 무엇인지 찾고, 아버지와의 관계에서 내담자가 진정으로 원하는 것을 살펴보도록 하였으며, 아버지와의 관계에서 보이는 특징적 양상이 다른 사람과의 관계에서도 반복적으로 나타나고 있는지를 내담자가 점검할 수 있도록 조력하였다. 또한 청소년인 내담자의 특성을 고려하여 아버지에게 상담을 권유하여 내담자 문제 해결과 관계 개선을 도모하였다.

3. 상담의 적절성

내담자는 아버지에 대한 양가감정, 즉 아버지를 사랑하는 마음과 미워하고 분노하는 감정의 혼란을 해결하고 아버지에 대한 분노를 해소하는 방법을 찾기 위해 상담을 신청하였다. 이에 상담자는 상담목표를 아버지에게 느끼는 분노 감정의 원인 파악 및 분노 감정 표현과 대처로 수립하고, 상담장면에서 내담자가 아버지에 대한 부정적인 감정을 충분히 표출하도록 하는 동시에 분노 감정과 양가감정의 근원에 대해 탐색하였다.

또한 내담자는 중요한 타인에 대한 애착 및 인정 욕구와 함께 버려지는 것에 대한 두려움이나 불안이 높다. 이러한 내담자의 경우, 상담자는 내담자와의 라포 형성을 통해 상담장면에서 내담자가 하고 싶었던 이야기를 충분히 할 수 있도록 수용적이고 지지적인 분위기를 만드는 것이 중요하다. 이를 통해 내담자는 자신의 생각과 감정을 수용받는 경험을 하게 되고, 더 나아가 부모와의 관계에서 결핍되었던 관심과 애정의 욕구를 충족시키는 경험을 하게 된다. 이 상담에서 상담자는 공감과 지지, 인정, 격려를 통해 내담자로 하여금 내면에 억눌렀던 부정적 감정을 털어냄과 동시에 가족이나 친구에게 받지 못한 관심과 애정을 경험할 수 있는 교정적 정서 체험을 할 수 있도록 하였다.

이러한 상담의 결과, 내담자는 아버지에 대한 분노와 적대감을 덜어 내고 어린 시절에 자신을 폭행한 아버지의 마음을 어느 정도 이해할 수 있게 되었다. 또한 분노와 미움을 주로 표현하던 내담자와 아버지가 서로에 대한 관심과 애정을 표현할 수 있게 되었다. 내담자가 버려지는 두려움으로 인해 가족이나 친구 관계 및 대인관계에서 자신의 욕구를 억압하였음을 통찰하고 다양한 대인관계에서 자신의 생각과 감정을 표현하려고 시도하게 된 것도 상담의 성과라고 할 수 있다.

한편, 내담자는 아버지에게 치밀어 오르는 분노를 해소하는 방법을 알고 싶고, 아버지에게 이런 감정을 털어놓고 싶지만 대화가 잘 안 된다고 호소하였다. 상담의 종결이 가까워질수록 내담자가 아버지나 친구에게 자신의 욕구와 감정을 표현하려고 노력하고 있지만, 분노 감정을 표출하고 아버지와 의사소통하는 방법에 대해서는 아직 미숙함이 보이고 있다. 따라서 분노 감정을 적절하게 표출할 수 있는 방법을 살펴보고, 아버지나 친구와 올바르게 의사소통할 수 있는 지속적인 훈련과정이 필요하다. 내담자는 버려짐과 혼자 남겨지는 것에 대한 두려움으로 자신의 욕구나 감정을 표현하기보다는 상대방(아버지, 친구, 아르바이트 사장 등)의 눈치를 살피고, 상대방에게 맞추면서 인정받으려고 하였다. 이처럼 자신의 욕구나 감정을 억압하는 것은 올바른 대인관계 방법이 아니며, 오히려 억압함으로써 또 다른 부정적 정서를 유발할 수 있음을 인식하도록 해야 한다. 자신의 욕구와 감정, 생각을 적절히 표현하고 올바르게 의사소통함으로써 궁극적으로 건강한 인간관계를 형성하도록 도와야 한다. 따라서 내담자의 역기능적 사고와 대인관계 패턴을 탐색하는 동시에 인지적 왜곡을 점검 · 수정하고 대인관계에서 내담자의 욕구를 좀 더 구체적으로 탐색하여 올바른 대처 방식을 훈련하는 상담전략을 수립하는 것이 필요하다.

4. 대안

- 내담자는 아버지에 대한 양가감정으로 혼란스러워 상담을 신청하였는데, 이 두 감정을 충분히 표출하면서 통합할 수 있도록 조력할 필요가 있다.

- 내담자뿐만 아니라 아버지도 상담을 받았는데, 두 사람이 함께 하는 상담을 통해 서로의 생각이나 마음을 표현할 수 있는 기회를 갖는 것이 내담자의 분노와 적개심을 덜고 관계를 회복하는 데 도움이 될 것이다.

- 내담자는 버려지는 것에 대한 두려움이 강렬하다. 이는 어린 시절에 경험한 어머니와의 관계에서 발생한 것으로 보인다. 내담자는 여러 회기에 걸쳐 어머니에 대한 원망과 미움을 꾸준히 표현하였다. 내담자는 어머니가 어린 자신을 방치하고 작은아버지 집에 맡기고는 데리러 오지 않았던 기억을 갖고 있는데, 이처럼 양육자에게 버려지는 경험은 내담자의 핵심 감정에 중요한 영향을 미친다. 따라서 차후에는 내담자와 어머니의 관계에 초점을 맞춰 상담을 진행하는 것이 필요하다. 이것이 현재 내담자가 겪고 있는 대인관계에서의 어려움을 이해하고 극복하는 데 도움이 될 것으로 보인다.

- 내담자는 집을 나와서 독립하고 싶은 욕구가 크다. 하지만 학업 중단으로 인한 열등감이 있고 자신의 진로와 관련하여 명확한 계획이 부족한데, 이는 청소년인 내담자에게 중요한 문제이다. 따라서 내담자가 하고 싶은 일이 무엇인지, 어떻게 준비하려고 하는지 등을 탐색하고 이에 대한 적절한 정보를 제공하는 과정도 필요하다고 본다.

후배 청소년 상담자에게 보내는 선배의 따뜻한 한마디

차지영 센터장(부산광역시 서구청소년상담복지센터)

이상심리학 강의에서 배운 반응성 애착장애가 생각이 나네요. 반응성 애착장애의 핵심은 애착 외상입니다. 다시 말하면, 부모나 양육자와의 관계에서 입은 심리적 상처로 인해 심각하게 애착이 결핍되었다는 것입니다. 이러한 반응성 애착장애의 경향성을 이 사례에 대입해 보면 큰 그림을 그릴 수 있지요. 이 큰 그림으로 목표와 전략도 짤 수 있습니다. 그럼 시작해 볼까요?

우선, 내담자는 어릴 때 어머니와 이별을 겪으면서 애착 외상을 가지게 됩니다. 이로 인해 일상의 인간관계에서 아버지, 친구 등이 떠나서 버림받을까 봐 두려워 불안한 마음에 상대방에게 맞추는 패턴을 가지고 있어요. 하지만 뭔가 바꾸고 싶은 변화에 대한 욕구를 가지게 됩니다. 찌뿌둥한 불편감을 포착해 상담의 필요성을 갖게 된 것이지요. 의지가 대단한 내담자라고 생각합니다.

상담자는 내담자와 관계를 맺은 아버지에게 초점을 맞추어 상담 목표와 전략을 구성하였지요. 하지만 간과한 것이 있다면 청소년 상담에서는 청소년들이 말하지 않은 것에도 의미를 두어야 한다는 것입니다. 즉, 관계를 맺지 않은 어머니의 영향력을 탐색할 필요가 있다는 것입니다. 상대적으로 짧게 다루어진 어머니가 애착 외상의 주요한 원인이기 때문입니다. 큰 그림을 그리지 않고 상담을 하면 돛을 잃어버린 배처럼 방향성을 잃게 되어 상담자의 인간적인 자질에 의지하게 됩니다. 말하지 않는 부분은 끈질기게 다른 언어로 똑같은 내용의 질문을 하는 것이 팁이기도 합니다. '엄마가 밥을 안 해 줬다. 작은아버지 집에 맡겼는데 그 후로 나를 데리러 오지 않았다(3회).' 이 말 이후 상담자는 "엄마가 떠나고 무척 힘들었겠구나."라고 엄마에 대한 감정을 언급하지만 내담자는 사촌들의 이야기로 말을 돌립니다. 이 역시 내담자가 어머니의 이야기를 하지 않은 것처럼 보이지만, 말하지 않음으로써 이야기한 것으로 간주해야 합니다. 어렵나요?

상담자는 매 회기에 내담자의 행동적 변화를 이끌어 냅니다. 어떻게 이런 변화를 만들어 낸 걸까요? 상담자가 내담자의 결핍 부분을 대신해 준 것이지요. 그 어느 누구에게도 자신의 존재 자체를 이해받지 못해 답답해하고 힘들어하는 내담자에게 상담자는 공감하고 지지하고 격려한 것이 그것입니다. 여기에서 조금 더 나아가서 치료적인 변화를 이끌어 간다면 내담자가 아버지와 친구 그리고 아르바이트 사장에게 복종할 수밖에 없었던 내담자의 삶을 진심으로 이해하고 인정하는 것입니다. 이 마음에 머물면 내담자에게 연민이 생깁니다. 이때의 공감은 내담자의 모든 것에 타당성을 부여하게 됩니다. 이것은 치유의 순간이며 내담자는 예전과는 질적으로 다른 삶의 에너지를 가지게 됩니다. 물론 상담 후반부에 해야 할 작업임을 명심해야 할 것입니다. 초반이나 초중반에 했다가는 '저 상담자가 날 어떻게 이해해.'라며 역효과를 불러일으킬 수 있습니다. 상담자의 진솔성, 로저스(Rogers)가 말한 이 진솔성이 치유적인 변화를 일으킨다는 것이지요.

또한 청소년 내담자에게 직면을 시키는 것은 아주 조심해야 합니다. 다행히 이 사례의 내담자는 변화와 성장의 의지가 강해서 상담자에게 바로 반응을 하였지요. '돈 이야기를 하는 게 아버지와 같다는 말을 들은 것이 화가 나서 한 주 동안 힘들었다'고 말했고(3회), 실제로 아프다면서 상담을 한 번 쉬었지요. 이와 같은 일이 청소년으로 하여금 상담을 중도 포기하게 하는 결과를 초래하기도 합니다. 물론 상담자가 내담자의 자아 강도에 따라 시기를 판단하는 것이 맞지만, 다른 방법이 있다면 질문을 던져 내담자가 생각해 보게 하거나 내담자 스스로가 이야기할 수 있도록 기다리고 지켜봐 주는 것도 하나의 방법이자 우리 상담자의 역할입니다. 그럼 여러분의 상담을 응원하며, 저도 그 시절이 있었음을 미소로 힘을 보탭니다! 파이팅~!

참고문헌

구본용(2002). 청소년 상담 모형의 정립과 발전과제. 한국 청소년 상담원 제9회 청소
년 상담학 세미나. 한국에서의 청소년 상담-미래와 전망-.

구본용, 김성이, 강지원, 황순길(1996). 청소년비행상담. 서울: 한국청소년상담원.

김충기, 강봉균(2001). 현대 상담이론과 실제. 서울: 교육과학사.

박지선, 박진희(2018). 청소년 심리와 상담. 서울: 동문사.

신효정, 송미경, 오인수, 이은경, 이상민, 천성문(2016). 생활지도와 상담. 서울: 박영스
토리.

이경희, 가영희, 배석영(2016). 청소년 상담. 서울: 동문사.

이혜성, 이재창, 금명자, 박경애(1996). 청소년 개인 상담. 서울: 청소년대화의광장.

장성화, 구승신, 정옥희(2012). 청소년 심리 및 상담. 서울: 정민사.

정옥분(1998). 청소년발달의 이해. 서울: 학지사.

Geldard, K., & Geldard, D. (2009). *Counselling adolescents: The proactive
approach for young people*. Sage.

Hill, C. E., Thompson, B. J., Coga, M. C., & Denman, D. W. (1993). Beneath the
surface of long-term therapy: Therapist and client report of their own and
each other's covert processes. *Journal of Counseling Psychology, 49*, 278-287.

Kiesler, D. J., & Watkins, L. M.(1989). Interpersonal complementarity and the
therapeutic alliance: A study in relationship in psychotherapy. *Psychotheray:*

Research and practice, 16, 183-194.

Lazovsky, R. (2008). Maintaining confidentiality with minors: Dilemmas of school counselors. *Professional School Counseling, 11*(5), 335-346.

Sciarra, D. T. (2004). *School counseling: Foundations and contemporary issues.* Belmont, CA: Brooks/Cole.

Welfel, E. R. (2010). *Ethics in counseling and psychotherapy: Standards, research, and emerging issues* (4th ed.). Belmont, CA: Brooks/Cole.

저자 소개

천성문(Cheon Seongmoon)
현 부경대학교 평생교육상담학과 교수(상담심리학 박사)
전 (사)한국상담학회 학회장
    스탠퍼드 대학교 연구 및 방문 교수
    서울대학교 객원교수

김선형(Kim Seonhyeong)
현 춘해보건대학교 유아교육과 강사(상담심리학 박사)
    울산대학교 학생상담센터 객원상담원
전 부산광역시교육청 교원치유지원센터 전문상담사

김영미(Kim Youngmi)
현 울산광역시 청소년상담복지센터 팀원(상담심리학 박사)
전 SM심리건강연구소 상담위원
    한국교육치료연구소 객원상담원

김 원(Kim Won)
현 동평중학교 진로상담교사(상담심리학 박사)
전 부경대학교 평생교육상담학과 강사
    부경대학교 교육대학원 강사

문정희(Moon Jeonghee)

현 부산대학교 교육학과 강사(상담심리학 박사)

전 울산광역시 청소년상담복지센터 상담지원팀장

    부경대학교 교육학과 강사

박미경(Park Migyeong)

현 울산 화정초등학교 전문상담사(상담심리학 박사)

전 경성대학교 교육대학원 외래교수

    한국교육치료학회 이사

박연심(Park Yeonsim)

현 울산광역시 청소년상담복지센터 수석동반자(상담심리학 박사)

전 경성대학교 교육대학원 외래교수

    춘해보건대학교 간호학과 강사

설정희(Seol Jeonghui)

현 부산대학교 교육학과 강사(상담심리학 박사)

    부경대학교 학생상담센터 객원상담원

전 부경대학교 평생교육상담학과 강사

초보상담자를 위한

청소년 상담사례의 이해와 실제
Understanding and Practice of Youth Counseling
Cases for Beginner Counselors

2020년 6월 30일 1판 1쇄 발행
2023년 1월 20일 1판 4쇄 발행

지은이 • 천성문 · 김선형 · 김영미 · 김 원 · 문정희 · 박미경 · 박연심 · 설정희
펴낸이 • 김 진 환
펴낸곳 • (주) **학지사**

　　　　04031 서울특별시 마포구 양화로 15길 20 마인드월드빌딩 5층

대표전화 • 02) 330-5114　　　팩스 • 02) 324-2345

등록번호 • 제313-2006-000265호

홈페이지 • http://www.hakjisa.co.kr
페이스북 • https://www.facebook.com/hakjisabook

ISBN 978-89-997-2113-7 93180

정가 17,000원

저자와의 협약으로 인지는 생략합니다.
파본은 구입처에서 교환하여 드립니다.

이 책을 무단으로 전재하거나 복제할 경우 저작권법에 따라 처벌을 받게 됩니다.

출판미디어기업 **학지사**

간호보건의학출판 **학지사메디컬** www.hakjisamd.co.kr
심리검사연구소 **인싸이트** www.inpsyt.co.kr
학술논문서비스 **뉴논문** www.newnonmun.com
원격교육연수원 **카운피아** www.counpia.com